編者的話

「指定科目考試」是進入大學的主要管道，自 104 學年度起，各大學會依照科系的需求，分發入學採計指定科目考試，各招生校系採計科目由現行 3 到 6 科，降為 3 到 5 科作為招生入學的標準。因此「指考」每一年度的考題，對考生而言都非常重要，都具有參考及練習的價值。

為了提供同學珍貴的資料，我們特別蒐集了 103 年度指考各科試題，做成「**103 年指定科目考試各科試題詳解**」，書後並附有大考中心所公佈的各科選擇題參考答案，及各科成績一覽表，同學在做完題目之後，不妨參考那些統計表，就可以知道有哪些科目需要加強。

這本書的完成，要感謝各科老師協助解題：

英文 / 謝靜芳老師・蔡琇瑩老師・李冠勳老師
　　　葉哲榮老師・謝沛叡老師・陳怡蓓老師
　　　劉　毅老師
　　　美籍老師 Laura E. Stewart
　　　美籍老師 Christian Adams

數學 / 徐家鵬老師　　　歷史 / 李　曄老師
地理 / 許大千老師　　　公民與社會 / 李　易老師
物理 / 陳怡婷老師　　　化學 / 趙人平老師
生物 / 詹宗岳老師　　　國文 / 李雅清老師

另外，也要感謝白雪嬌小姐設計封面，黃淑貞小姐、蘇淑玲小姐負責打字及排版，李冠勳老師協助校稿。本書編校製作過程嚴謹，但仍恐有缺失之處，尚祈各界先進不吝指正。

劉　毅

目　錄

103 年大學入學指定科目考試試題
英文考科

第壹部分：選擇題（占 72 分）

一、詞彙（占 10 分）

說明： 第 1 題至第 10 題，每題 4 個選項，其中只有一個是正確或最適當的選項，請畫記在答案卡之「選擇題答案區」。各題答對者，得 1 分；答錯、未作答或畫記多於一個選項者，該題以零分計算。

1. When dining at a restaurant, we need to be _____ of other customers and keep our conversations at an appropriate noise level.
   (A) peculiar　　(B) defensive　　(C) noticeable　　(D) considerate

2. John shows _____ towards his classmates. He doesn't take part in any of the class activities and doesn't even bother talking to other students in his class.
   (A) indifference　(B) sympathy　(C) ambiguity　(D) desperation

3. To meet the unique needs of the elderly, the company designed a cell phone _____ for seniors, which has big buttons and large color displays.
   (A) necessarily　(B) relatively　(C) specifically　(D) voluntarily

4. A well-constructed building has a better chance of _____ natural disasters such as typhoons, tornadoes, and earthquakes.
   (A) undertaking　(B) conceiving　(C) executing　(D) withstanding

5. Our family doctor has repeatedly warned me that spicy food may _____ my stomach, so I'd better stay away from it.
   (A) irritate　　(B) liberate　　(C) kidnap　　　(D) override

6. Because the new principal is young and inexperienced, the teachers are _____ about whether he can run the school well.
   (A) passionate　(B) impressive　(C) arrogant　(D) skeptical

7. Many universities offer a large number of scholarships as an _____ to attract outstanding students to enroll in their schools.
　(A) ornament　　(B) incentive　　(C) emphasis　(D) application

8. Since Diana is such an _____ speaker, she has won several medals for her school in national speech contests.
　(A) authentic　　(B) imperative　　(C) eloquent　(D) optional

9. The candidate made energy _____ the central theme of his campaign, calling for a greater reduction in oil consumption.
　(A) evolution　　(B) conservation　(C) donation　(D) opposition

10. Concerned about mudslides, the local government quickly _____ the villagers from their homes before the typhoon hit the mountain area.
　(A) evacuated　　(B) suffocated　　(C) humiliated　(D) accommodated

二、綜合測驗（占 10 分）

說明：　第 11 題至第 20 題，每題一個空格，請依文意選出最適當的一個選項，請畫記在答案卡之「選擇題答案區」。各題答對者，得 1 分；答錯、未作答或畫記多於一個選項者，該題以零分計算。

第 11 至 15 題為題組

　　Brushing your teeth regularly will help you maintain a healthy smile. But that smile won't last long if you don't take proper care of your toothbrush and switch to a new one often. According to the American Dental Association (ADA), toothbrushes can harbor bacteria. These germs come from the mouth and can ___11___ in toothbrushes over time.

　　Many Americans replace their toothbrushes only once or twice a year. The ADA, however, recommends ___12___ a new toothbrush every three to four months. Children's toothbrushes may need to be changed more ___13___.

During those three to four months of use, there are several ways to keep a toothbrush clean. ___14___, rinse your toothbrush thoroughly with tap water after use, making sure to remove any toothpaste and debris. Store your toothbrush in an upright position, and let ___15___ air dry. Most importantly, do not share toothbrushes.

11. (A) accumulate   (B) crumble   (C) establish   (D) radiate
12. (A) use   (B) to use   (C) using   (D) used
13. (A) essentially   (B) frequently   (C) typically   (D) objectively
14. (A) In short   (B) Otherwise
    (C) Nevertheless   (D) For example
15. (A) it   (B) one   (C) the   (D) which

第 16 至 20 題為題組

Hiding herself among the trees near a chimpanzee habitat, Elizabeth Lonsdorf is using her camera to explore mysteries of learning. The chimpanzee she records picks up a thin flat piece of grass and then digs out tiny insects from a hole. Dinner is ___16___! But how did the chimp develop this ingenious skill with tools? Do the chimp babies copy their parents in using tools? Do the mothers most skilled with tools have offspring who are also good at using tools? Here in Africa, Lonsdorf is conducting one of the world's longest wildlife studies, trying to discover how learning is transferred ___17___ generations.

Lonsdorf has always been interested in animal learning and tool use, ___18___ the way young animals grow up and learn their way in the world. Her chimpanzee study shows a clear link between humans and the rest of the animal kingdom. The chimps make and use tools and have mother-child relationships very ___19___ to those of humans. Through observing chimpanzees' learning process, researchers hope to gain insight into what the development of our earliest ancestors ___20___ like.

Lonsdorf hopes that by understanding the complexity of animal behavior, we can better appreciate and protect the diversity of life on this planet.

16. (A) proposed　　　(B) ordered　　　(C) digested　　　(D) served
17. (A) across　　　　(B) beside　　　　(C) upon　　　　　(D) within
18. (A) especially　　(B) originally　　(C) consequently　(D) fortunately
19. (A) casual　　　　(B) similar　　　 (C) direct　　　　(D) grateful
20. (A) is to be　　　　　　　　　　　(B) was to be
　　(C) might have been　　　　　　　(D) will have been

三、文意選填（占 10 分）

說明： 第 21 題至第 30 題，每題一個空格，請依文意在文章後所提供的 (A) 到
　　　　(L) 選項中分別選出最適當者，並將其英文字母代號畫記在答案卡之
　　　　「選擇題答案區」。各題答對者，得 1 分；答錯、未作答或畫記多於
　　　　一個選項者，該題以零分計算。

第 21 至 30 題為題組

The practice of burning paper money or paper model offerings at funerals in Chinese society can be traced back to the Tang dynasty (618-907 AD). Chinese people believe that when someone passes away, there is a death of the body, but the ___21___ continues to live in the next world. This "next world" is a mirror of the human world, where the "residents" need places to live, money to spend, daily necessities, and entertainment just like when they were ___22___. Some of these necessities are buried with the deceased, while most others are "shipped" to them by burning paper models. As the ashes fly high, the offerings are ___23___ by the residents in the next world.

Relatives of the deceased want to see their beloved family members live comfortably in the next world, so the paper houses are big and the cars are very ___24___, mostly Mercedes-Benzes. A complete package of paper offerings may include a couple of servants, cash, and credit cards so that the deceased will have all their ___25___ satisfied.

These traditional paper offerings were sold only at specialty stores in the past. The style and variety of the products were ___26___. For example, "houses" looked all the same and were built by pasting paper around a bamboo frame, with ___27___ of a door, windows, and a roof printed on it. There were no trendy, modern supplies to choose from. Now, the ___28___ can be made on the Internet. And with the incorporation of new materials and designs, paper offerings come in many more varieties. The old one-style-fits-all houses have been ___29___ by buildings that are fully equipped with decorations, furniture, and household appliances. Digital cameras, iPhones, and even skin care products are also ___30___. It seems that, with the help of a simple click, this old Chinese tradition has been given a face-lift

(A) replaced	(B) mortal	(C) spirit	(D) available
(E) journey	(F) luxurious	(G) collected	(H) purchase
(I) alive	(J) needs	(K) limited	(L) images

四、篇章結構（占 10 分）

說明： 第 31 題至第 35 題，每題一個空格。請依文意在文章後所提供的 (A) 到
(F) 選項中分別選出最適當者，填入空格中，使篇章結構清晰有條理，
並將其英文字母代號畫記在答案卡之「選擇題答案區」。每題答對者，
得 2 分；答錯、未作答或畫記多於一個選項者，該題以零分計算。

第 31 至 35 題為題組

Eccentrics are people who have an unusual or odd personality, set of beliefs, or behavior pattern. They may or may not comprehend the standards for normal behavior in their culture. They simply don't care about the society's disapproval of their habits or beliefs.

Once considered socially unacceptable, eccentric people have been found to possess some positive characteristics. ___31___ They often have more curiosity about the world and, in many cases, are contentedly obsessed by hobbies and interests   32   They live in a world of their own and do not worry about what others think of them. So they are usually less restricted and therefore more carefree in forming new ideas.

   33   Statistics show they visit their doctors less—about once in eight to nine years, which is 20 times less than the average person. This could be partly due to their innate traits such as humor and happiness   34   This may explain why eccentrics are, on the whole, healthier.

Psychologists therefore suggest that we pay attention to those who do not conform. It could be our aunt who has been raising pet lizards.   35   Their crazy hobby or strange sense of humor is what keeps them going. Eccentric people may seem odd, but they will likely live a happier and healthier life because they enjoy what they are doing. In fact, many of history's most brilliant minds have displayed some unusual behaviors and habits.

(A) Eccentrics are also found to be healthier.
(B) According to a recent study in England, eccentrics are more creative.
(C) Or it could be our best friend's brother who wears shorts to a formal dance.
(D) People may have eccentric taste in clothes, or have eccentric hobbies.
(E) Psychologists also find that eccentric people do not follow conventions.
(F) Such personal traits are found to play an important role in boosting the body's immune system.

五、閱讀測驗（占 32 分）

說明： 第 36 題至第 51 題，每題請分別根據各篇文章之文意選出最適當的一個選項，請畫記在答案卡之「選擇題答案區」。各題答對者，得 2 分；答錯、未作答或畫記多於一個選項者，該題以零分計算。

第 36 至 39 題爲題組

Opened in 1883, the Brooklyn Bridge was the first long-span suspension bridge to carry motor traffic, and it quickly became the model for the great suspension bridges of the following century. Spanning New York's East River, it provided the first traffic artery between Manhattan Island and Brooklyn. Before that, the only transportation was by ferries, which were slow and could be dangerous in winter.

The construction of a bridge over the East River had been discussed since the early 19th century, but the outbreak of the Civil War in 1861 **deflected** all consideration of the project. When the war ended in 1865, the bridge became an important issue once more. In 1867, the New York State legislature passed an act incorporating the New York Bridge Company for the purpose of constructing and maintaining a bridge between Manhattan Island and Brooklyn.

John Augustus Roebling was chosen to design the bridge. Born in Germany in 1806, he held radical views as a student and was listed by the German police as a dangerous liberal. He emigrated to America in 1830 to escape political discrimination.

Roebling proposed a bridge with a span of 1,500 feet (465 m), with two masonry towers in the East River serving as the main piers. The bridge that was actually built is longer—1,597 feet (486 m), the longest suspension bridge at that time.

36. What was the purpose of building the Brooklyn Bridge?
    (A) To replace an old bridge.
    (B) To set up a model for bridge construction.
    (C) To build a suspension bridge for the Civil War.
    (D) To provide faster and safer transportation than boats.

37. Which of the following is closest in meaning to **"deflected"** in the
    second paragraph?
    (A) Blocked.　　(B) Detected.　　(C) Engaged.　　(D) Indicated.

38. Which of the following is true about the Brooklyn Bridge?
    (A) It was built in 1865.
    (B) It is shorter than originally planned.
    (C) It was first proposed after the Civil War.
    (D) It was built by the New York Bridge Company.

39. According to the passage, which of the following correctly describes
    John Augustus Roebling?
    (A) He participated in the Civil War and was seriously wounded.
    (B) He was chosen to design the bridge because of his radical views.
    (C) He was the first person to propose the construction of the bridge.
    (D) He moved to America because he was discriminated against in
    　　his home country.

第 40 至 43 題為題組

　　The Japanese have long puzzled public health researchers because
they are such an apparent paradox: They have the world's lowest rates
of heart disease and the largest number of people that live to or beyond
100 years despite the fact that most Japanese men smoke—and smoking
counts as one of the strongest risk factors for heart disease. So what's
protecting Japanese men?

　　Two professors at the University of California at Berkeley hoped to
find out the answer. They investigated a pool of 12,000 Japanese men
equally divided into three groups: One group had lived in Japan for all
their lives, and the other two groups had emigrated to Hawaii or Northern
California. It was found that the rate of heart disease among Japanese
men increased five times in California and about half of that for those in
Hawaii.

The differences could not be explained by any of the usual risk factors for heart disease, such as smoking, high blood pressure, or cholesterol counts. The change in diet, from sushi to hamburgers and fries, was also not related to the rise in heart disease. However, the kind of society they had created for themselves in their new home country was. The most traditional group of Japanese Americans, who maintained tight-knit and mutually supportive social groups, had a heart-attack rate as low as their fellow Japanese back home. But those who had adopted the more isolated Western lifestyle increased their heart-attack incidence by three to five times.

The study shows that the need to bond with a social group is so fundamental to humans that it remains the key determinant of whether we stay healthy or get ill, even whether we live or die. We need to feel part of **something bigger** to thrive. We need to belong, not online, but in the real world of hugs, handshakes, and pats on the back.

40. What is the best title of this passage?
    (A) Heart Diseases and Their Causes
    (B) The Power of Social Connection
    (C) Differences in Japanese Americans
    (D) The Sense of Belonging vs. Isolation

41. Which of the following is a finding of the two American professors' study?
    (A) Many Japanese men that lived up to 100 years were smokers.
    (B) Those who often ate hamburgers and fries were more likely to fall sick.
    (C) Japanese immigrants to America usually formed a tight-knit community.
    (D) Westernized social life was related to the heart-attack rate of Japanese Americans.

42. Which of the following is an example of "**something bigger**" in the last paragraph?
    (A) A family.   (B) A stadium.
    (C) The universe.   (D) The digital world.

43. What is the ratio of heart disease between Japanese living in Japan and Japanese Americans in Hawaii?
    (A) 1 to 2.5   (B) 1 to 5   (C) 3 to 5   (D) 1.5 to 5

第 44 至 47 題爲題組

Bitcoin is an experimental, decentralized digital currency that enables instant payments to anyone, anywhere in the world. Bitcoin uses peer-to-peer technology to operate with no central authority; that is, managing transactions and issuing money are carried out collectively through the network.

Any transaction issued with Bitcoin cannot be reversed; it can only be refunded by the person receiving the funds. That means you should do business with people and organizations you know and trust, or who have an established reputation. Bitcoin can detect typos and usually won't let you send money to an invalid address by mistake.

All Bitcoin transactions are stored publicly and permanently on the network, which means anyone can see the balance and transactions of any Bitcoin address. However, the identity of the user behind an address remains unknown until information is revealed during a purchase or in other circumstances.

The price of a bitcoin can unpredictably increase or decrease over a short period of time due to its young economy, novel nature, and sometimes illiquid markets. Consequently, keeping your savings with Bitcoin is not recommended at this point. Bitcoin should be seen like a high risk asset, and you should never store money that you cannot afford to lose with Bitcoin. If you receive payments with Bitcoin, many service providers can convert them to your local currency.

Bitcoin is an experimental new currency that is in active development. Although it becomes less experimental as usage grows, you should keep in mind that Bitcoin is a new invention that is exploring ideas that have never been attempted before. As such, its future cannot be predicted by anyone.

44. What is the purpose of this article?
    (A) To introduce a new currency.
    (B) To prove the value of a young economy.
    (C) To explore ways to do online transactions.
    (D) To explain how to build up a business network.

45. Why is the value of Bitcoin not stable?
    (A) Because its use is illegal.
    (B) Because it is not a valid investment.
    (C) Because it is still developing.
    (D) Because its circulation is limited to the youth.

46. Which of the following is true about Bitcoin?
    (A) Bitcoin addresses are known only to their owners.
    (B) Once a transaction is made, the Bitcoin cannot be refunded.
    (C) Bitcoin user's identity is always open to the general public.
    (D) When a payment is received, the Bitcoin can be turned into local currency.

47. What advice would the author give to those who are interested in keeping money in Bitcoin?
    (A) Better late than never.
    (B) Look before you leap.
    (C) Make hay while the sun shines.
    (D) No pain, no gain.

第 48 至 51 題為題組

Scientists are trying to genetically modify the world in which we live. They are even trying to wipe out diseases via genetic modification. For example, researchers have tried to engineer mosquitoes to kill malaria parasites. The malaria parasite is carried by the female *Anopheles* mosquito. When transmitted to a human, the parasite travels first to the liver and then on to the bloodstream, where it reproduces and destroys red blood cells. An estimated 250 million people suffer from malaria each year, and about one million die—many of them children. There are currently no effective or approved malaria vaccines.

To "kill" malaria, scientists are genetically modifying a bacterium in mosquitoes so that it releases toxic compounds. These compounds are not harmful to humans or the mosquito itself, but they do kill off the malaria parasite, making the mosquito incapable of infecting humans with malaria.

Despite this achievement, scientists are faced with the challenge of giving the modified mosquitoes a competitive advantage so that they can eventually replace the wild population. Complete blockage of the malaria parasite is very important. If some of the parasites slip through the mechanism, then the next generation will likely become resistant to it. And if **that** happens, the scientists are back where they started.

Another challenge for scientists is to gain public approval for this genetic modification regarding mosquitoes and malaria control. Environmental activists have raised concerns about the release of genetically engineered organisms without any clear knowledge of their long-term effect on ecosystems and human health. There is still a long way to go before genetic modification techniques are put to use in disease control.

48. What is the main idea of this passage?
(A) Researchers have found an effective way to halt the spread of insect-borne diseases around the world.
(B) Many people are worried about the effects of genetically modified organisms on the environment.
(C) It takes time to gain public support for the application of genetic modification to disease control.
(D) Genetic engineering looks promising in reducing malaria, though there may be unknown consequences.

49. Which of the following best shows the organization of this passage?
(A) Introduction → Comparison → Contrast
(B) Problem → Solution → Potential difficulties
(C) Proposal → Arguments → Counter-arguments
(D) Definition → Examples → Tentative conclusions

50. According to the passage, which of the following is true about malaria parasites?
(A) They are resistant to genetic modification and vaccines.
(B) They reproduce in the human liver and grow stronger there.
(C) They can be found in only one gender of a class of mosquitoes.
(D) They are transmitted to around one million children each year.

51. What does "**that**" in the third paragraph refer to?
(A) Some malaria parasites escaping from the ecosystems.
(B) Malaria parasites becoming immune to the engineered bacterium.
(C) Modified mosquitoes becoming more competitive than the wild ones.
(D) Transmission of malaria being blocked from mosquitoes to humans.

第貳部份：非選擇題（占 28 分）

說明： 本部分共有二題，請依各題指示作答，答案必須寫在「答案卷」上，
並標明大題號（一、二）。作答務必使用筆尖較粗之黑色墨水的筆書
寫，且不得使用鉛筆。

一、中譯英（占 8 分）

說明： 1. 請將以下中文句子譯成正確、通順、達意的英文，並將答案寫在「答案卷」上。
2. 請依序作答，並標明子題號（1、2）。每題 4 分，共 8 分。

1. 食用過多油炸食物可能會導致學童體重過重，甚至更嚴重的健康問題。

2. 因此，家長與老師應該共同合作，找出處理這個棘手議題的有效措施。

二、英文作文（占 20 分）

說明： 1. 依提示在「答案卷」上寫一篇英文作文。
2. 文長至少 120 個單詞（words）。

下圖呈現的是美國某高中的全體學生每天進行各種活動的時間分配，請寫一篇
至少120 個單詞的英文作文。文分兩段，第一段描述該圖所呈現之特別現象；
第二段請說明整體而言，你一天的時間分配與該高中全體學生的異同，並說明
其理由。

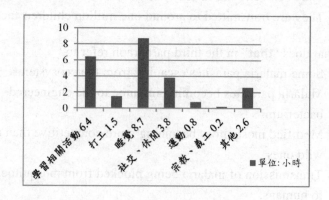

103年度指定科目考試英文科試題詳解

第壹部分：選擇題

一、詞彙：

1. (**D**) When dining at a restaurant, we need to be <u>considerate</u> of other customers and keep our conversations at an appropriate noise level.
   在餐廳用餐時，我們必須體貼別的顧客，適度保持我們談話的音量。
   (A) peculiar〔pɪˈkjuljɚ〕 *adj.* 獨特的
   (B) defensive〔dɪˈfɛnsɪv〕 *adj.* 防禦性的
   (C) noticeable〔ˈnotɪsəbḷ〕 *adj.* 引人注目的
   (D) ***considerate***〔kənˈsɪdərɪt〕 *adj.* 體貼的
   * dine〔daɪn〕 *v.* 用餐　　appropriate〔əˈproprɪɪt〕 *adj.* 適當的
   　 level〔ˈlɛvḷ〕 *n.* 等級；程度

2. (**A**) John shows <u>indifference</u> towards his classmates. He doesn't take part in any of the class activities and doesn't even bother talking to other students in his class.
   約翰對他的同班同學表現得漠不關心。他不參加任何班上的活動，甚至也不想和班上其他的同學說話。
   (A) ***indifference***〔ɪnˈdɪfrəns〕 *n.* 漠不關心
   (B) sympathy〔ˈsɪmpəθɪ〕 *n.* 同情
   (C) ambiguity〔ˌæmbɪˈgjuətɪ〕 *n.* 含糊；模稜兩可
   (D) desperation〔ˌdɛspəˈreʃən〕 *n.* 不顧一切；拼命；自暴自棄
   * towards〔tords〕 *prep.* 對於　　***take part in*** 參加
   　 bother〔ˈbɑðɚ〕 *v.* 費心；費事

3. (**C**) To meet the unique needs of the elderly, the company designed a cell phone <u>specifically</u> for seniors, which has big buttons and large color displays. 為了滿足老年人的獨特需求，這家公司專門為老年人設計了一款有大按鍵和大型彩色螢幕的手機。
   (A) necessarily〔ˈnɛsəˌsɛrəlɪ〕 *adv.* 必定；必然
   (B) relatively〔ˈrɛlətɪvlɪ〕 *adv.* 相對地；相當
   (C) ***specifically***〔spɪˈsɪfɪkḷɪ〕 *adv.* 特別地；專門地；明確地
   (D) voluntarily〔ˈvɑlənˌtɛrəlɪ〕 *adv.* 自願地

* meet〔mit〕v. 滿足（需求）　　　***the elderly*** 老人
design〔dɪ'zaɪn〕v. 設計　　　　***cell phone*** 手機
senior〔'sinjɚ〕n. 年長者　　　　button〔'bʌtn̩〕n. 按鈕
color〔'kʌlɚ〕adj. 彩色的　　　　display〔dɪ'sple〕n. 顯示器

4. (**D**) A well-constructed building has a better chance of <u>withstanding</u>
natural disasters such as typhoons, tornadoes, and earthquakes.
一棟建造得很好的建築物，比較能夠<u>抵抗</u>像是颱風、龍捲風，和地
震這樣的天災。

　(A) undertake〔ˌʌndɚ'tek〕v. 承擔
　(B) conceive〔kən'siv〕v. 想像；認為
　(C) execute〔'ɛksɪˌkjut〕v. 執行；處死
　(D) ***withstand***〔wɪθ'stænd〕v. 抵抗

* construct〔kən'strʌkt〕v. 建造　　disaster〔dɪ'zæstɚ〕n. 災難
natural disaster 天災　　　tornado〔tɔr'nedo〕n. 龍捲風

5. (**A**) Our family doctor has repeatedly warned me that spicy food may
<u>irritate</u> my stomach, so I'd better stay away from it.
我們的家庭醫師不斷地警告我，辣的食物可能會<u>刺激</u>我的胃，所以
我最好要避免。

　(A) ***irritate***〔'ɪrəˌtet〕v. 刺激　　(B) liberate〔'lɪbəˌret〕v. 解放；釋放
　(C) kidnap〔'kɪdnæp〕v. 綁架
　(D) override〔ˌovɚ'raɪd〕v. 比⋯重要；優先於；壓倒

* repeatedly〔rɪ'pitɪdlɪ〕adv. 反覆地；再三地
spicy〔'spaɪsɪ〕adj. 辣的　　stomach〔'stʌmək〕n. 胃
stay away from 遠離

6. (**D**) Because the new principal is young and inexperienced, the teachers
are <u>skeptical</u> about whether he can run the school well.
因為新的校長年輕又沒經驗，所以對於他是否能好好經營學校，老
師們都很<u>懷疑</u>。

　(A) passionate〔'pæʃənɪt〕adj. 熱情的
　(B) impressive〔ɪm'prɛsɪv〕adj. 令人印象深刻的
　(C) arrogant〔'ærəgənt〕adj. 自大的
　(D) ***skeptical***〔'skɛptɪkl̩〕adj. 懷疑的

* principal〔'prɪnsəpl̩〕n. 校長
inexperienced〔ˌɪnɪk'spɪrɪənst〕adj. 無經驗的
run〔rʌn〕v. 經營；管理

7. (**B**) Many universities offer a large number of scholarships as an
   <u>incentive</u> to attract outstanding students to enroll in their schools.
   許多大學提供很多的獎學金作爲誘因，想吸引優秀的學生來就讀他
   們學校。
   (A) ornament（'ɔrnəmənt）*n.* 裝飾品
   (B) *incentive*（ɪn'sɛntɪv）*n.* 誘因；動機
   (C) emphasis（'ɛmfəsɪs）*n.* 強調
   (D) application（͵æplə'keʃən）*n.* 申請；應徵
   * *a large number of* 許多的
     scholarship（'skɑlə͵ʃɪp）*n.* 獎學金
     attract（ə'trækt）*v.* 吸引　　enroll（ɪn'rol）*v.* 入學 < *in/at* >

8. (**C**) Since Diana is such an <u>eloquent</u> speaker, she has won several
   medals for her school in national speech contests.
   因爲黛安娜口才很好，所以她在全國的演講比賽中爲她的學校贏得
   好幾面獎牌。
   (A) authentic（ɔ'θɛntɪk）*adj.* 眞的
   (B) imperative（ɪm'pɛrətɪv）*adj.* 緊急的；必須的；命令式的
   (C) *eloquent*（'ɛləkwənt）*adj.* 口才好的
   (D) optional（'ɑpʃənḷ）*adj.* 可選擇的
   * medal（'mɛdḷ）*n.* 獎牌　　national（'næʃənḷ）*adj.* 全國的
     contest（'kɑntɛst）*n.* 比賽　　*speech contest* 演講比賽

9. (**B**) The candidate made energy <u>conservation</u> the central theme of his
   campaign, calling for a greater reduction in oil consumption.
   這位候選人把節約能源當作他競選的主軸，要求大幅減少石油的消
   耗量。
   (A) evolution（͵ɛvə'luʃən）*n.* 進化；演化
   (B) *conservation*（͵kɑnsə'veʃən）*n.* 節省；保育；保護
   (C) donation（do'neʃən）*n.* 捐贈
   (D) opposition（͵ɑpə'zɪʃən）*n.* 反對；對立
   * candidate（'kændə͵det）*n.* 候選人　　energy（'ɛnə˞dʒɪ）*n.* 能源
     central（'sɛntrəl）*adj.* 中心的；主要的　　theme（θim）*n.* 主題
     central theme 中心思想；主軸
     campaign（kæm'pen）*n.* 競選活動　　*call for* 要求
     reduction（rɪ'dʌkʃən）*n.* 減少
     consumption（kən'sʌmpʃən）*n.* 消耗

10. (**A**) Concerned about mudslides, the local government quickly
    evacuated the villagers from their homes before the typhoon hit
    the mountain area. 當地政府擔心土石流，因此在颱風侵襲該山區
    之前，就很快地將村民們自他們的家中撤離。

    (A) ***evacuate*** 〔 ɪ'vækjuˌet 〕 *v.* 使撤離；使疏散

    (B) suffocate 〔'sʌfəˌket 〕 *v.* 使窒息

    (C) humiliate 〔 hju'mɪlɪˌet 〕 *v.* 使丟臉

    (D) accommodate 〔 ə'kɑməˌdet 〕 *v.* 容納

    ＊ ***be concerned about*** 擔心　　mudslide 〔'mʌdˌslaɪd 〕 *n.* 土石流
    villager 〔'vɪlɪdʒɚ 〕 *n.* 村民　　hit 〔 hɪt 〕 *v.* 侵襲

二、綜合測驗：

第 11 至 15 題為題組

    Brushing your teeth regularly will help you maintain a healthy smile.
But that smile won't last long if you don't take proper care of your
toothbrush and switch to a new one often. According to the American
Dental Association (ADA), toothbrushes can harbor bacteria. These germs
come from the mouth and can accumulate in toothbrushes over time.

11

    定期刷牙能幫助你保有健康的笑容，但如果沒有好好照顧好並常常更換新
牙刷，那笑容便無法持久。根據美國牙醫協會（ADA）的說法，牙刷藏有細菌，
這些細菌來自口腔，會隨著時間累積在牙刷。

    regularly 〔'rɛgjələˑlɪ 〕 *adv.* 定期地

    maintain 〔 men'ten 〕 *v.* 維持　　last 〔 læst 〕 *v.* 持續

    take care of 照顧　　proper 〔'prɑpɚ 〕 *adj.* 適當的

    toothbrush 〔'tuθˌbrʌʃ 〕 *n.* 牙刷　　switch 〔 swɪtʃ 〕 *v.* 轉換

    dental 〔'dɛntḷ 〕 *v.* 牙齒的；牙科的

    American Dental Association 美國牙醫協會

    harbor 〔'hɑrbɚ 〕 *v.* 窩藏　　bacteria 〔 bæk'tɪrɪə 〕 *n. pl.* 細菌

    germ 〔 dʒɝm 〕 *n.* 細菌；病菌

11. (**A**) 依據文意，應選 (A)。

    (A) ***accumulate*** 〔 ə'kjumjəˌlet 〕 *v.* 累積

    (B) crumble 〔'krʌmbḷ 〕 *v.* 粉碎

    (C) establish 〔 ə'stæblɪʃ 〕 *v.* 建立

    (D) radiate 〔'redɪˌet 〕 *v.* 發出（光、熱等）；散發

Many Americans replace their toothbrushes only once or twice a year.
The ADA, however, recommends <u>using</u> a new toothbrush every three to four
　　　　　　　　　　　　　　　　　12
months.　Children's toothbrushes may need to be changed more <u>frequently</u>.
　　　　　　　　　　　　　　　　　　　　　　　　　　　　　　　　13

許多美國人一年只換一兩次牙刷，然而美國牙醫協會建議，每三到四個月
應換一支新牙刷，小孩的牙刷可能需要更常換。

> replace〔rɪ'ples〕v. 更換；取代
> recommend〔ˌrɛkə'mɛnd〕v. 建議；推薦

12. (**C**) recommend（推薦）之後可接名詞或動名詞作爲受詞，故選 (C)。

13. (**B**) 依據文意，應選 (B)。
　　(A) essentially〔ɪ'sɛnʃəlɪ〕adv. 本質上
　　(B) ***frequently***〔'frikwəntlɪ〕adv. 經常地
　　(C) typically〔'tɪpɪkl̩ɪ〕adv. 典型地；通常
　　(D) objectively〔əb'dʒɛktɪvlɪ〕adv. 客觀地

During those three to four months of use, there are several ways to keep
a toothbrush clean.　<u>For example</u> , rinse your toothbrush thoroughly with
　　　　　　　　　　　　　　　14
tap water after use, making sure to remove any toothpaste and debris.　Store
your toothbrush in an upright position, and let <u>it</u> air dry.　Most importantly,
do not share toothbrushes.　　　　　　　　　　　　　15

在三、四個月的使用期間，有許多方法來保持牙刷的清潔。例如，使用後
用自來水徹底沖洗牙刷，確定有將牙膏和殘渣清除。將牙刷直立放置，讓它風
乾，最重要的是，不要共用牙刷。

> rinse〔rɪns〕v. 沖洗　　thoroughly〔'θɜolɪ〕adv. 徹底地
> tap〔tæp〕n. 水龍頭　　***make sure*** 確定
> remove〔rɪ'muv〕v. 清除　　toothpaste〔'tuθˌpest〕n. 牙膏
> debris〔də'bri〕n. 殘渣　　store〔stor〕v. 儲藏
> upright〔'ʌpˌraɪt〕adj. 直立的
> position〔pə'zɪʃən〕n. 姿態；位置　　***air dry*** 風乾；晾乾
> share〔ʃɛr〕v. 分享；共用

14. (**D**) 依據文意，應選 (D)。
　　(A) in short 簡言之　　　　(B) otherwise〔'ʌðəˌwaɪz〕adv. 否則
　　(C) nevertheless〔ˌnɛvəðə'lɛs〕adv. 然而
　　(D) ***for example*** 例如

15.（**A**）此句為 let + O. + V 的句型。let 為使役動詞，後面可接受詞再接原形
　　　動詞，空格後的 air dry 為原形的動詞片語，意指「風乾」，故空格應
　　　選受詞 it，指「牙刷」，故選 (A)。

第 16 至 20 題為題組

　　Hiding herself among the trees near a chimpanzee habitat, Elizabeth
Lonsdorf is using her camera to explore mysteries of learning. The
chimpanzee she records picks up a thin flat piece of grass and then digs out
tiny insects from a hole. Dinner is <u>served</u> !
16

　　Elizabeth Lonsdorf 將自己隱藏在黑猩猩棲息地附近的樹林中，用相機來探
索學習的奧秘。她所記錄的黑猩猩撿起一根細細扁扁的草，然後從洞裡挖出小
昆蟲，晚餐就準備好了！

　　　　hide〔haɪd〕v. 隱藏　　　chimpanzee〔ˌtʃɪmpænˈzi〕n. 黑猩猩
　　　　habitat〔ˈhæbəˌtæt〕n. 棲息地　　camera〔ˈkæmərə〕n. 相機
　　　　explore〔ɪksˈplor〕v. 探索　　mystery〔ˈmɪstərɪ〕n. 奧秘
　　　　record〔rɪˈkɔrd〕v. 記錄　　***pick up*** 撿起
　　　　thin〔θɪn〕adj. 細的　　flat〔flæt〕adj. 扁平的
　　　　dig〔dɪg〕v. 挖掘　　tiny〔ˈtaɪnɪ〕adj. 微小的
　　　　insect〔ˈɪnsɛkt〕n. 昆蟲　　hole〔hol〕n. 洞

16.（**D**）依據文意，應選 (D)。
　　　(A) propose〔prəˈpoz〕v. 提議
　　　(B) order〔ˈɔrdɚ〕v. 命令；訂購
　　　(C) digest〔daɪˈdʒɛst〕v. 消化
　　　(D) ***serve***〔sɝv〕v. 供應；上（菜）；端上；擺出

But how did the chimp develop this ingenious skill with tools? Do the chimp
babies copy their parents in using tools? Do the mothers most skilled with
tools have offspring who are also good at using tools? Here in Africa,
Lonsdorf is conducting one of the world's longest wildlife studies, trying to
discover how learning is transferred <u>across</u> generations.
17
但是黑猩猩如何培養出使用工具的巧妙技術？黑猩猩的嬰兒會模仿牠們的父母
使用工具嗎？使用工具最熟練的母猩猩，她的下一代也會善於使用工具嗎？
Lonsdorf 在非洲這裡，正進行全世界最長的野生動物研究之一，試圖發現學習
是如何傳遞給下一代。

chimp〔tʃɪmp〕*n.* 黑猩猩（= *chimpanzee*）
develop〔dɪ'vɛləp〕*v.* 培養　ingenious〔ɪn'dʒinjəs〕*adj.* 巧妙的
copy〔'kɑpɪ〕*v.* 模仿　skilled〔skɪld〕*adj.* 熟練的；有技巧的
offepring〔'ɔf,sprɪŋ〕*n.* 後代　**be good at** 善於
conduct〔kən'dʌkt〕*v.* 進行；做
wildlife〔'wɪld,laɪf〕*n.* 野生動物
transfer〔træns'fɜ〕*v.* 轉移　generation〔,dʒɛnə'reʃən〕*n.* 世代

17.(**A**) 此處 transfer 與介系詞 across（穿越；跨越）連用，表示猩猩將這樣
　　的學習一代傳給下一代，故選 (A)。

Lonsdorf has always been interested in animal learning and tool use,
especially the way young animals grow up and learn their way in the world.
　　18
Her chimpanzee study shows a clear link between humans and the rest of the
animal kingdom.　The chimps make and use tools and have mother-child
relationships very similar to those of humans.
　　　　　　　　　　　　19
　　Lonsdorf 一直對動物的學習和工具的使用感興趣，尤其是幼獸如何長大以
及如何學到在世上生存的方法。她所做的黑猩猩研究顯現出人類和其餘動物界
中清楚的關聯。黑猩猩製作及使用工具，並且擁有跟人類非常相似的親子關係。

tool〔tul〕*n.* 工具　　link〔lɪŋk〕*n.* 關聯
human〔'hjumən〕*n.* 人類　kingdom〔'kɪŋdəm〕*n.* 界
relationship〔rɪ'leʃən,ʃɪp〕*n.* 關係

18.(**A**) 依據文意，應選 (A)。
　　(A) *especially*〔ə'spɛʃəlɪ〕*adv.* 尤其；特別地
　　(B) originally〔ə'rɪdʒənlɪ〕*adv.* 原本
　　(C) consequently〔'kɑnsə,kwɛntlɪ〕*adv.* 因此
　　(D) fortunately〔'fɔrtʃənɪtlɪ〕*adv.* 幸運地

19.(**B**) 依據文意，應選 (B)。
　　(A) casual〔'kæʒʊəl〕*adj.* 非正式的；偶然的
　　(B) *similar*〔'sɪmələ〕*adj.* 相似的
　　(C) direct〔də'rɛkt〕*adj.* 直接的
　　(D) grateful〔'gretfəl〕*adj.* 感激的

Through observing chimpanzees' learning process, researchers hope to gain insight into what the development of our earliest ancestors <u>might have been</u> like.   20

透過觀察黑猩猩的學習過程，研究人員希望洞悉我們最早的祖先當時是如何發展。

> observe〔əb'zɚv〕v. 觀察　　insight〔'ɪn,saɪt〕n. 洞悉
> development〔dɪ'vɛləpmənt〕n. 發展
> ancestor〔'ænsɛstɚ〕n. 祖先

Lonsdorf hopes that by understanding the complexity of animal behavior, we can better appreciate and protect the diversity of life on this planet.

Lonsdorf 希望藉著了解複雜的動物行為，我們能更珍惜、更保護地球上的各種生物。

> complexity〔kəm'plɛksətɪ〕n. 複雜　　behavior〔bɪ'hevɪɚ〕n. 行為
> appreciate〔ə'priʃɪ,et〕v. 珍惜；欣賞
> diversity〔daɪ'vɚsɪtɪ〕n. 多樣性　　life〔laɪf〕n. 生物
> planet〔'plænɪt〕n. 行星

20.（ C ）依據文意，應選 (C) *might have been*。might 後加完成式，表示對過去的推測。

三、文意選填：

第 21 至 30 題為題組

The practice of burning paper money or paper model offerings at funerals in Chinese society can be traced back to the Tang dynasty (618-907 AD). Chinese people believe that when someone passes away, there is a death of the body, but the [21](C) spirit continues to live in the next world. This "next world" is a mirror of the human world, where the "residents" need places to live, money to spend, daily necessities, and entertainment just like when they were [22](I) alive. Some of these necessities are buried with the deceased, while most others are "shipped" to them by burning paper models. As the ashes fly high, the offerings are [23](G) collected by the residents in the next world.

在中國社會裡，在喪禮中燒紙錢或其他紙模型祭品的習俗，可以回朔到唐朝的時候（西元 618 至 907 年）。中國人相信當一個人過世的時候，雖然軀體已經死亡，但靈魂會在死後的世界繼續活著。死後的世界和人類世界一樣，那邊的居民，跟活著的時候一樣，需要地方住，需要錢花，需要日用品和娛樂。有一些必需品已經和往生者一起入葬，但其他的要藉由燒紙模型才能送到他們手上。隨著灰燼飛揚，意味著那邊的居民已經收到了。

practice〔ˋpræktɪs〕*n.* 習俗　**paper money** 紙錢
model〔ˋmɑdḷ〕*n.* 模型　offering〔ˋɔfərɪŋ〕*n.* 祭品；供品
funeral〔ˋfjunərəl〕*n.* 喪禮　trace〔tres〕*v.* 回溯
dynasty〔ˋdaɪnəstɪ〕*n.* 朝代　***Tang Dynasty*** 唐朝
pass away 過世　***the next world*** 死後的世界；來生；來世
mirror〔ˋmɪrɚ〕*n.* 反映真實之物　resident〔ˋrɛzədənt〕*n.* 居民
necessity〔nəˋsɛsətɪ〕*n.* 必需品　bury〔ˋbɛrɪ〕*v.* 埋
decease〔dɪˋsis〕*v.* 死亡　***the deceased*** 死者
ship〔ʃɪp〕*v.* 載運；運送　ash〔æʃ〕*n.* 灰

Relatives of the deceased want to see their beloved family members live comfortably in the next world, so the paper houses are big and the cars are very [24](F) luxurious, mostly Mercedes-Benzes. A complete package of paper offerings may include a couple of servants, cash, and credit cards so that the deceased will have all their [25](J) needs satisfied.

往生者的親戚想要看到他們的親人，可以在另一個世界過得舒適，因此，紙房子都很大，車子都很豪華，大多是賓士汽車。整套的紙類祭品，可能包括幾個僕人，現金和信用卡，如此一來往生者他們所有的需求都可以被滿足。

relative〔ˋrɛlətɪv〕*n.* 親戚　beloved〔bɪˋlʌvɪd〕*adj.* 心愛的
member〔ˋmɛmbɚ〕*n.* 成員
luxurious〔lʌgˋʒʊrɪəs〕*adj.* 奢侈的；豪華的
complete〔kəmˋplit〕*adj.* 完整的　package〔ˋpækɪdʒ〕*n.* 一套
a couple of 幾個　servant〔ˋsɝvənt〕*n.* 僕人
satisfy〔ˋsætɪsˏfaɪ〕*v.* 滿足

These traditional paper offerings were sold only at specialty stores in the past. The style and variety of the products were [26](K) limited. For example, "houses" looked all the same and were built by pasting paper

around a bamboo frame, with ²⁷(L) images of a door, windows, and a roof
printed on it. There were no trendy, modern supplies to choose from. Now,
the ²⁸(H) purchase can be made on the Internet. And with the incorporation
of new materials and designs, paper offerings come in many more varieties.
The old one-style-fits-all houses have been ²⁹(A) replaced by buildings that
are fully equipped with decorations, furniture, and household appliances.
Digital cameras, iPhones, and even skin care products are also ³⁰(D) available.
It seems that, with the help of a simple click, this old Chinese tradition has
been given a face-lift.

　　以前這些傳統的紙類祭品只有在專賣店才買得到。產品的樣式和變化都有
限。舉例來說，房子都長得一樣，也都是用紙黏在竹子骨架上，上面印著門，
窗戶，和屋頂的圖案，沒有現代流行的產品可選。目前已經可以利用網路訂購。
現在，結合新的材質和設計，這些紙類祭品有更多的變化。以前單一樣式的房
子，現在已經被有裝飾，有傢俱還有家庭用具的新房子取代。連數位相機，蘋
果手機，甚至護膚產品都買得到。現在看起來只要用滑鼠點一點，舊有的中國
傳統就可以煥然一新。

specialty (ˈspɛʃəltɪ) n. 專門；特產　　*specialty store* 專賣店
the past 以前　　　style (staɪl) n. 款式
variety (vəˈraɪətɪ) n. 變化　　limited (ˈlɪmɪtɪd) adj. 有限的
paste (pest) v. 用膠水黏　　bamboo (bæmˈbu) n. 竹子
frame (frem) n. 骨架　　image (ˈɪmɪdʒ) n. 意象；圖像
trendy (ˈtrɛndɪ) adj. 流行的　　supplies (səˈplaɪz) n. pl. 用品
purchase (ˈpɝtʃəs) n. 購買
incorporation (ɪnˌkɔrpəˈreʃən) n. 結合
material (məˈtɪrɪəl) n. 材質　　design (dɪˈzaɪn) n. 設計
come in 有～　　　one-style-fits-all adj. 單一樣式的
replace (rɪˈples) v. 取代　　equip (ɪˈkwɪp) v. 裝備
be equipped with 具有　　decoration (ˌdɛkəˈreʃən) n. 裝飾
furniture (ˈfɝnɪtʃɚ) n. 傢俱
household (ˈhausˌhold) adj. 家庭的
appliance (əˈplaɪəns) n. 用具　　digital (ˈdɪdʒɪtḷ) adj. 數位的
skin care 護膚　　available (əˈveləbḷ) adj. 可以得到的
click (klɪk) n. 按滑鼠
face-lift (ˈfesˌlɪft) n. 拉皮（整形美容術）；外觀的改善

四、篇章結構：

第 31 至 35 題為題組

Eccentrics are people who have an unusual or odd personality, set of beliefs, or behavior pattern. They may or may not comprehend the standards for normal behavior in their culture. They simply don't care about the society's disapproval of their habits or beliefs.

怪人有不尋常或奇怪的性格、信念，或是行為模式。他們可能或可能不了解在他們文化裡正常的行為標準。他們只是不在意社會不認同他們的行為或信念。

eccentric〔ɪkˈsɛntrɪk〕n. 怪人　adj. 奇怪的
odd〔ɑd〕adj. 奇怪的；古怪的
personality〔ˌpɝsṇˈælətɪ〕n. 個性；性格　　set〔sɛt〕n. 一套
belief〔bəˈlif〕n. 信念　　pattern〔ˈpætən〕n. 型態；模式
comprehend〔ˌkɑmprɪˈhɛnd〕v. 了解
standard〔ˈstændəd〕n. 標準；常規　　normal〔ˈnɔrml〕adj. 正常的
culture〔ˈkʌltʃə〕n. 文化
simply〔ˈsɪmplɪ〕adv. 只；僅僅（＝only）　　**care about** 關心；在意
disapproval〔ˌdɪsəˈpruvḷ〕n. 不贊成；不准

Once considered socially unacceptable, eccentric people have been found to possess some positive characteristics.　[31] **(B) According to a recent study in England, eccentrics are more creative.** They often have more curiosity about the world and, in many cases, are contentedly obsessed by hobbies and interests.　[32] **(E) Psychologists also find that eccentirc people do not follow conventions.** They live in a world of their own and do not worry about what others think of them. So they are usually less restricted and therefore more carefree in forming new ideas.

怪人曾經在社會上被認為是無法接受的，他們卻被發現擁有一些正面的特質。根據最近一個英國的研究，怪人是比較有創意的。他們常常對於世界有更多的好奇心，而且在很多狀況中，著迷於嗜好和興趣而感到滿足。心理學家也發現怪人不遵守社會規範。他們活在自己的世界裡，而且不擔心別人對他們的想法。所以他們通常比較不受拘束，也因此可以更自由自在地產生新的想法。

consider〔kənˈsɪdə〕v. 認為　　socially〔ˈsoʃəlɪ〕adv. 社會上地
unacceptable〔ˌʌnəkˈsɛptəbḷ〕adj. 不被接受的

possess〔pəˋzɛs〕v. 擁有　　positive〔ˋpɑzətɪv〕adj. 正面的
characteristic〔͵kærɪktəˋrɪstɪk〕n. 特質；特色
according to 根據　　study〔ˋstʌdɪ〕n. 研究
creative〔krɪˋetɪv〕adj. 有創造力的
curiosity〔͵kjʊrɪˋɑsətɪ〕n. 好奇（心）　　case〔kes〕n. 情況；例子
contentedly〔kənˋtɛntɪdlɪ〕adv. 滿足地；安心地
obsessed〔əbˋsɛst〕adj. 著迷的 < by/with >
psychologist〔saɪˋkɑlədʒɪst〕n. 心理學家　　follow〔ˋfalo〕v. 遵守
convention〔kənˋvɛnʃən〕n. 慣例習俗；常規
of one's own 自己的…　　restricted〔rɪˋstrɪktɪd〕adj. 受限制的
carefree〔ˋkɛr͵fri〕adj. 無憂無慮的　　form〔fɔrm〕v. 形成；產生

[33] (A) Eccentrics are also found to be healthier. Statistics show they visit their doctors less—about once in eight to nine years, which is 20 times less than the average person. This could be partly due to their innate traits such as humor and happiness. [34] (F) Such personal traits are found to play an important role in boosting the body's immune system. This may explain why eccentrics are, on the whole, healthier.

怪人也被發現比較健康。統計數字顯示，他們比較少去看醫生——大約是八到九年一次，這比一般人少二十倍。這可能部分是因為他們天生的特質，像是幽默和快樂。如此的個人特質被發現在提高人體的免疫系統上，扮演一個重要的角色。這可能解釋了為何怪人大體上比較健康。

statistics〔stəˋtɪstɪks〕n. pl. 統計數字　　time〔taɪm〕n. 倍
average〔ˋævərɪdʒ〕adj. 平均的；一般的
partly〔ˋpartlɪ〕adv. 部分地　　*due to* 因為
innate〔ɪˋnet〕adj. 先天的；天生的　　trait〔tret〕n. 特性；特徵
humor〔ˋhjumɚ〕n. 幽默　　personal〔ˋpɝsn̩l〕adj. 個人的
play an important role 扮演一個重要的角色
boost〔bust〕v. 提高；增加　　*immune system* 免疫系統
explain〔ɪkˋsplen〕v. 解釋　　*on the whole* 大體上；一般說來

Psychologists therefore suggest that we pay attention to those who do not conform. It could be our aunt who has been raising pet lizards. [35] (C) Or it could our best friend's brother who wears shorts to a formal dance. Their crazy hobby or strange sense of humor is what keeps them going. Eccentric people may seem odd, but they will likely live a happier and healthier life because they enjoy what they are doing. In fact, many of history's most brilliant minds have displayed some unusual behaviors and habits.

　　心理學家因此建議我們應該注意那些不服從的人。他們可能是我們的阿姨，一直飼養著寵物蜥蜴。也或者是我們最好朋友的弟弟，穿短褲去正式的舞會。他們瘋狂的嗜好或是奇怪的幽默感讓他們繼續生活下去。奇怪的人可能看似古怪，但是他們很可能過著更快樂且更健康的生活，因為他們享受他們正在做的事情。事實上，很多歷史上才華洋溢的人顯現出一些不尋常的行為和習慣。

suggest〔səgˊdʒɛst〕v. 建議　　***pay attention to*** 注意
conform〔kənˊfɔrm〕v. 遵從；遵循　　raise〔rez〕v. 養育；飼養
lizard〔ˊlɪzəd〕n. 蜥蜴　　shorts〔ʃɔrts〕n. pl. 短褲
formal〔ˊfɔrml̩〕adj. 正式的　　dance〔dæns〕n. 舞會
sense of humor 幽默感　　likely〔ˊlaɪklɪ〕adv. 可能地
live a~life 過～的生活　　***in fact*** 事實上
history〔ˊhɪstrɪ〕n. 歷史
brilliant〔ˊbrɪljənt〕adj. 聰明的；才華洋溢的
mind〔maɪnd〕n. …的人　　display〔dɪˊsple〕v. 表現；顯示

五、閱讀測驗：

第 36 至 39 題為題組

　　Opened in 1883, the Brooklyn Bridge was the first long-span suspension bridge to carry motor traffic, and it quickly became the model for the great suspension bridges of the following century. Spanning New York's East River, it provided the first traffic artery between Manhattan Island and Brooklyn. Before that, the only transportation was by ferries, which were slow and could be dangerous in winter.

　　開通於 1883 年，布魯克林大橋是第一座長跨度的運載汽機車的吊橋，而且此大橋很快地成為接下來這個世紀最偉大吊橋的模範。橫跨於紐約的東河，布魯克林大橋為曼哈頓島和布魯克林之間提供了第一條交通幹道。在此之前，來往曼哈頓島和布魯克林間唯一的交通工具是耗時的渡輪，而且在冬季搭乘渡輪可能是危險的。

bridge〔brɪdʒ〕n. 橋樑　　span〔spæn〕n. 跨度；跨距　v. 跨越
suspension〔səˊspɛnʃən〕n. 懸掛
suspension bridge 吊橋　　carry〔ˊkærɪ〕v. 運載；扛；搬
motor〔ˊmotə〕n. 馬達；汽車　　traffic〔ˊtræfɪk〕n. 交通；運輸

quickly〔'kwɪklɪ〕*adv.* 迅速地;立即
model〔'madl̩〕*n.* 模範;典型
artery〔'artərɪ〕*n.*(公路等的)要道　　island〔'aɪlənd〕*n.* 島
transportation〔ˌtrænspə'teʃən〕*n.* 運輸工具
ferry〔'fɛrɪ〕*n.* 渡輪　　slow〔slo〕*adj.* 緩慢的;耗時的
dangerous〔'dendʒərəs〕*adj.* 危險的

　　The construction of a bridge over the East River had been discussed since the early 19th century, but the outbreak of the Civil War in 1861 **deflected** all consideration of the project. When the war ended in 1865, the bridge became an important issue once more.　In 1867, the New York State legislature passed an act incorporating the New York Bridge Company for the purpose of constructing and maintaining a bridge between Manhattan Island and Brooklyn.

　　自 19 世紀初,已經在討論建設跨越東河的大橋,但 1861 年的南北戰爭爆發,使所有造橋計畫的考量都轉向了。1865 年,當戰爭結束時,這座橋再次成為重要的議題。在 1867 年,紐約州議會通過組成「紐約橋樑公司」的法案,目的是為了建設和維護來往曼哈頓島和布魯克林之間的橋樑。

construction〔kən'strʌkʃən〕*n.* 建造
discuss〔dɪ'skʌs〕*v.* 討論　　outbreak〔'aʊtˌbrek〕*n.* 爆發 <*of*>
civil〔'sɪvl̩〕*adj.* 國內的
Civil War 內戰(大寫 the Civil War 指「南北戰爭」)
deflect〔dɪ'flɛkt〕*v.* 使轉向;使停止
consideration〔kənˌsɪdə'reʃən〕*n.* 考慮
project〔'pradʒɛkt〕*n.* 計畫　　issue〔'ɪʃjʊ〕*n.* 爭議;議題
legislature〔'lɛdʒɪsˌletʃɚ〕*n.* 立法機關　　pass〔pæs〕*v.* 通過
act〔ækt〕*n.* 法案　　incorporate〔ɪn'kɔrpəˌret〕*v.* 組成公司
purpose〔'pɝpəs〕*n.* 目的;用途　　maintain〔men'ten〕*v.* 維持

　　John Augustus Roebling was chosen to design the bridge.　Born in Germany in 1806, he held radical views as a student and was listed by the German police as a dangerous liberal.　He emigrated to America in 1830 to escape political discrimination.

　　約翰・奧古斯都・羅布林被選來設計此橋。他 1806 年出生在德國,學生時代抱持激進的觀點,使他被德國警察列為是個危險的自由主義者。他在 1830 年移民到美國,為了逃離政治歧視。

design〔dɪ'zaɪn〕v. 設計　　hold〔hold〕v. 抱持
radical〔'rædɪkḷ〕adj. 激進的；極端的　　list〔lɪst〕v. 列入
liberal〔'lɪbərəl〕n. 支持變革的人；自由主義者
emigrate〔'ɛmə,gret〕v. 移居外國　　escape〔ə'skep〕v. 逃跑；逃脫
political〔pə'lɪtɪkḷ〕adj. 政治的
discrimination〔dɪ,skrɪmə'neʃən〕n. 歧視

Roebling proposed a bridge with a span of 1,500 feet (465 m), with two masonry towers in the East River serving as the main piers. The bridge that was actually built is longer—1,597 feet (486 m), the longest suspension bridge at that time.

羅布林提議建造總長度爲 1,500 英呎（465 公尺）的大橋，有兩座石造塔在東河兩端，作爲主要橋墩。實際上建造的橋更長，1,597 英呎（486 公尺）長，是當時最長的吊橋。

propose〔prə'poz〕v. 提議；建議
feet〔fit〕n. pl. 英呎　　masonry〔'mesṇrɪ〕n. 石造工程；石造建築
tower〔'tauɚ〕n. 塔　　serve as 作爲；充當
pier〔pɪr〕n. 橋墩　　main〔men〕adj. 主要的

36.(**D**) 建造布魯克林大橋的目的是？
　(A) 爲取代舊橋。　　　　(B) 爲建立造橋模範。
　(C) 爲南北戰爭建造一座吊橋。
　(D) 爲提供比船隻更快更安全的交通方式。
　replace〔rɪ'ples〕v. 取代　　set up 建立

37.(**A**) 下列哪一項的意思最接近文中第二段的 "**deflected**"？
　(A) 阻擋。　　　　(B) 發現。
　(C) 從事。　　　　(D) 指出。
　block〔blɑk〕v. 阻擋；凍結　　detect〔dɪ'tɛkt〕v. 發現；察覺
　engage〔ɪn'gedʒ〕v. 從事　　indicate〔'ɪndə,ket〕v. 指出

38.(**D**) 下列對布魯克林大橋的敘述何者爲眞？
　(A) 它建造於 1865 年。　　(B) 它建造得比原本計畫的短。
　(C) 它最初被提議建造是在南北戰爭之後。
　(D) 它是「紐約橋樑公司」所建造的。
　originally〔ə'rɪdʒənḷɪ〕adv. 起初；原來

39.(**D**) 根據本文,下列對約翰‧奧古斯都‧羅布林的敘述何者正確?

　　(A) 他參與南北戰爭而且受傷嚴重。

　　(B) 他被選來設計大橋是因為他的激進觀點。

　　(C) 他是提議建造此橋的第一人。

　　(D) <u>他移居至美國,因為他被自己的祖國所歧視。</u>

　　seriously (ˈsɪrɪəslɪ) adv. 嚴重地;嚴肅地

　　wounded (ˈwundɪd) adj. 受傷的

　　discriminate (dɪˈskrɪməˌnet) v. 歧視 < *against* >

第 40 至 43 題為題組

　　The Japanese have long puzzled public health researchers because they are such an apparent paradox: They have the world's lowest rates of heart disease and the largest number of people that live to or beyond 100 years despite the fact that most Japanese men smoke—and smoking counts as one of the strongest risk factors for heart disease. So what's protecting Japanese men?

　　日本人已經長期使公共衛生研究員困惑,因為他們是如此明顯的矛盾:儘管大多數的日本男士吸菸——而且吸菸被認為是心臟病最強烈的危險因子之一,但他們的心臟病比例全世界最低,而且活到 100 歲或超過的人數最多。所以,什麼在保護日本男士?

　　Japanese (ˌdʒæpəˈniz) adj. 日本的　　n. 日本人

　　long (lɔŋ) adv. 長期地;長時間地　　puzzle (ˈpʌzl) v. 使困惑

　　public (ˈpʌblɪk) adj. 公共的　　health (hɛlθ) n. 衛生

　　researcher (ˈrisɝtʃɚ) n. 研究員　　apparent (əˈpærənt) adj. 明顯的

　　paradox (ˈpærəˌdɑks) n. 矛盾的事　　world (wɝld) n. 世界

　　low (lo) adj. 低的　　rate (ret) n. 率;比例

　　heart (hɑrt) n. 心臟　　disease (dɪˈziz) n. 疾病

　　heart disease 心臟病　　large (lɑrdʒ) adj. 多的;多數的

　　despite the fact that 儘管　　smoke (smok) v. 吸菸

　　smoking (ˈsmokɪŋ) n. 吸菸

　　count (kaʊnt) v. 視為;認為　　n. 總數;總計

　　strong (strɔŋ) adj. 強烈的　　risk (rɪsk) n. 危險;風險

　　factor (ˈfæktɚ) n. 因素;因子　　protect (prəˈtɛkt) v. 保護

　　Two professors at the University of California at Berkeley hoped to find out the answer. They investigated a pool of 12,000 Japanese men equally divided into three groups: One group had lived in Japan for all their lives, and the other two groups had emigrated to Hawaii or Northern California. It was found that the rate of heart disease among Japanese men increased five times in California and about half of that for those in Hawaii.

　　兩位在加州大學柏克萊分校的教授想找出答案。他們研究了一群日本人，共 12,000 人，被平均分成三個群組：一個群組的人是終其一生都住在日本，而另外兩個群組的人已移民至夏威夷或者北加州。研究發現，日本男士心臟病的比例在加州增加了五倍，而在夏威夷的那些日本男士大約是在加州的一半。

professor〔prə'fɛsə〕*n.* 教授　　university〔ˌjunə'vɜsətɪ〕*n.* 大學
California〔ˌkælə'fɔrnjə〕*n.* 加州【美國西岸一州】
Berkeley〔'bɜklɪ〕*n.* 柏克萊【美國加州的城市】
University of California at Berkeley 加州大學柏克萊分校
hope〔hop〕*v.* 希望　　find〔faɪnd〕*v.* 找到
answer〔'ænsə〕*n.* 答案
investigate〔ɪn'vɛstəˌget〕*v.* 研究；調查　　pool〔pul〕*n.* 集合
equally〔'ikwəlɪ〕*adv.* 平均地　　divide〔də'vaɪd〕*v.* 分；分割
group〔grup〕*n.* 群；團體　　Japan〔dʒə'pæn〕*n.* 日本
emigrate〔'ɛməˌgret〕*v.* 移居　　Hawaii〔hə'waɪjə〕*n.* 夏威夷
northern〔'nɔrðən〕*adj.* 北部的　　increase〔ɪn'kris〕*v.* 增加
time〔taɪm〕*n.* 倍數

The differences could not be explained by any of the usual risk factors for heart disease, such as smoking, high blood pressure, or cholesterol counts. The change in diet, from sushi to hamburgers and fries, was also not related to the rise in heart disease. However, the kind of society they had created for themselves in their new home country was. The most traditional group of Japanese Americans, who maintained tight-knit and mutually supportive social groups, had a heart-attack rate as low as their fellow Japanese back home. But those who had adopted the more isolated Western lifestyle increased their heart-attack incidence by three to five times.

　　這些差異不能由任何心臟病的常見危險因子來解釋，像是吸菸、高血壓，或者膽固醇總數。飲食的改變，從壽司到漢堡和薯條，也沒有和心臟病的增加有關。然而，是他們為自己在新家園所創造的社會種類才有關。最傳統的一群，維持著緊密和互助合作的社會群體的日裔美國人，心臟病發作的比率和他們在

家鄉的日本同胞一樣低。但那些已採納比較孤立的西方生活方式的人，心臟病發生率增加了三到五倍。

difference ('dɪfərəns) *n.* 不同；差異
explain (ɪk'splen) *v.* 解釋
usual ('juʒuəl) *adj.* 常見的　　blood (blʌd) *n.* 血
pressure ('prɛʃə) *n.* 壓力　　**high blood pressure** 高血壓
cholesterol (kə'lɛstə‚rol) *n.* 膽固醇
change (tʃendʒ) *n.* 改變；變化　　diet ('daɪət) *n.* 飲食
sushi ('susɪ) *n.* 壽司　　related (rɪ'letɪd) *adj.* 有關的 < *to* >
rise (raɪz) *n.* 增加　　society (sə'saɪətɪ) *n.* 社會
create (krɪ'et) *v.* 創造　　traditional (trə'dɪʃənḷ) *adj.* 傳統的
American (ə'mɛrɪkən) *n.* 美國人　　maintain (men'ten) *v.* 維持
tight-knit ('taɪt'nɪt) *adj.* 緊密的
mutually ('mjutʃuəlɪ) *adv.* 互相地
supportive (sə'portɪv) *adj.* 支持的　　heart-attack *adj.* 心臟病發的
fellow ('fɛlo) *adj.* 同伴的　　adopt (ə'dapt) *v.* 採納
isolated ('aɪsḷ‚etɪd) *adj.* 孤立的　　Western ('wɛstən) *adj.* 西方的
incidence ('ɪnsədəns) *n.* 發生；發生率

　　The study shows that the need to bond with a social group is so fundamental to humans that it remains the key determinant of whether we stay healthy or get ill, even whether we live or die. We need to feel part of **something bigger** to thrive. We need to belong, not online, but in the real world of hugs, handshakes, and pats on the back.

　　該研究顯示出，和一個社會團體連結的需要，對人類來說是如此必要，它仍然是我們保持健康或生病的重要決定因素，甚至是我們活著或死亡。我們需要感受自己是**某些更大的事物**的一部分來茁壯成長。我們需要有歸屬，不是在網路上，而是在真實世界中，有擁抱、握手，和被稱讚及鼓勵。

study ('stʌdɪ) *n.* 研究　　show (ʃo) *v.* 顯示
bond (band) *v.* 接合　　fundamental (‚fʌndə'mɛntḷ) *adj.* 必須的
human ('hjumən) *n.* 人類　　remain (rɪ'men) *v.* 仍然
key (ki) *adj.* 重要的　　determinant (dɪ'tɜmənənt) *n.* 決定因素
stay (ste) *v.* 保持　　ill (ɪl) *adj.* 生病的
thrive (θraɪv) *v.* 茁壯；成長　　belong (bə'lɔŋ) *v.* 屬於；歸屬
hug (hʌg) *n.* 擁抱　　handshake ('hænd‚ʃek) *n.* 握手
pat (pæt) *n.* 輕拍　　**pat on the back** 稱讚；鼓勵

40. (**B**) 這段文章的最佳標題什麼？
　　　(A) 心臟病和它們的成因。　　(B) <u>社會連結的力量。</u>
　　　(C) 日裔美國人的差異。　　　(D) 歸屬感對決孤立感。

title〔'taɪtl̩〕*n.* 標題　　cause〔kɔz〕*n.* 原因
power〔'pauɚ〕*n.* 力量　　connection〔kə'nɛkʃən〕*n.* 連結
sense〔sɛns〕*n.* 感覺

41. (**D**) 以下何者是兩位美國教授的研究的一項發現？
　　　(A) 許多活到 100 歲的日本男士是吸菸者。
　　　(B) 那些常常吃漢堡和薯條的人比較有可能生病。
　　　(C) 到美國的日本移民通常會形成一個緊密的共同體。
　　　(D) <u>西方化的社交生活和日裔美國人的心臟病發率有關。</u>

likely〔'laɪklɪ〕*adj.* 有可能的　　immigrant〔'ɪməgrənt〕*n.* 移民
Westernize〔'wɛstɚˏnaɪz〕*v.* 使西化

42. (**A**) 以下何者是最後一段中 **"something bigger"** 的一個例子？
　　　(A) <u>一個家庭。</u>　　　　　(B) 一座運動場。
　　　(C) 宇宙。　　　　　　　　(D) 數位世界。

stadium〔'stedɪəm〕*n.* 運動場　　universe〔'junəˏvɝs〕*n.* 宇宙
digital〔'dɪdʒɪtl̩〕*adj.* 數位的

43. (**A**) 住在日本的日本人，和住在夏威夷的日裔美國人之間的心臟病比例是
　　　多少？
　　　(A) <u>1 比 2.5。</u>　　　　　(B) 1 比 5。
　　　(C) 3 比 5。　　　　　　　(D) 1.5 比 5。

ratio〔'reʃo〕*n.* 比例

<u>第 44 至 47 題為題組</u>

Bitcoin is an experimental, decentralized digital currency that enables
instant payments to anyone, anywhere in the world. Bitcoin uses peer-to-
peer technology to operate with no central authority; that is, managing
transactions and issuing money are carried out collectively through the
network.

　　比特幣是一種還在實驗且分散的數位貨幣，它能夠立即付款給世界上任何
人和任何地方。比特幣使用點對點網路科技來運作並沒有透過中央機構，換句
話說，交易管理和貨幣發放，是透過網路集中執行。

bitcoin 比特幣　　experimental〔 ɪkˏspɛrə'mɛntḷ 〕*adj.* 實驗的
decentralized〔 di'sɛntrəlˏaɪzd 〕*adj.* 分散的
digital〔'dɪdʒɪtḷ 〕*adj.* 數位的　　currency〔'kʒənsɪ 〕*n.* 貨幣
enable〔 ɪn'ebḷ 〕*v.* 使能夠　　instant〔'pemənt 〕*adj.* 立即的
payment〔'pemənt 〕*n.* 付款　　central〔'sɛntrəl 〕*adj.* 中央的
authority〔 ə'θɔrətɪ 〕*n.* 權威；機構　　manage〔'mænɪdʒ 〕*v.* 管理
peer-to-peer 點對點的　　operate〔'ɑpəˏret 〕*v.* 運作
transaction〔 træns'ækʃən 〕*n.* 交易　　issue〔'ɪʃu 〕*v.* 發放；核發
carry out 實行；執行　　collectively〔 kə'lɛktɪvlɪ 〕*adv.* 共同地

　　Any transaction issued with Bitcoin cannot be reversed; it can only be refunded by the person receiving the funds. That means you should do business with people and organizations you know and trust, or who have an established reputation. Bitcoin can detect typos and usually won't let you send money to an invalid address by mistake.

　　任何由比特幣所核發的交易，都不能撤回，只有收到錢的人才能退款。意思就是你應該和你認識及相信的人和機構做生意，或是信譽良好的人。比特幣會檢測打字錯誤，不會因為失誤讓你把錢寄到無效的地址。

reverse〔 rɪ'vʒs 〕*v.* 翻轉
refund〔 rɪ'fʌnd 〕*v.* 退錢　　funds〔 fʌndz 〕*n. pl.* 錢
organization〔ˏɔrgənə'zeʃən 〕*n.* 機構
established〔 ə'stæblɪʃt 〕*adj.* 已確立的
reputation〔ˏrɛpjə'teʃən 〕*n.* 名聲　　detect〔 dɪ'tɛkt 〕*v.* 察覺
typo〔'taɪpo 〕*n.* 打字錯誤　　invalid〔 ɪn'vælɪd 〕*adj.* 無效的

　　All Bitcoin transactions are stored publicly and permanently on the network, which means anyone can see the balance and transactions of any Bitcoin address. However, the identity of the user behind an address remains unknown until information is revealed during a purchase or in other circumstances.

　　所有比特幣的交易都會公開並永遠儲存在網路上，意思就是每一個人都可以看到任何一個比特幣地址的結餘和交易。但是地址後的使用者身分會隱藏到當在交易或其他情況下，其資訊被公佈時。

store〔 stor 〕*v.* 儲存　　permanently〔'pʒmənəntlɪ 〕*adv.* 永遠地
publicly〔'pʌblɪklɪ 〕*adv.* 公開地　　identity〔 aɪ'dɛntətɪ 〕*n.* 身分

balance〔ˈbæləns〕*n.* 結餘　　remain〔rɪˈmen〕*v.* 維持

reveal〔rɪˈvil〕*v.* 展現；揭露　　purchase〔ˈpɝtʃəs〕*n.* 購買

circumstances〔ˈsɝkəmˌstænsɪs〕*n. pl.* 情況；環境

The price of a bitcoin can unpredictably increase or decrease over a short period of time due to its young economy, novel nature, and sometimes illiquid markets. Consequently, keeping your savings with Bitcoin is not recommended at this point. Bitcoin should be seen like a high risk asset, and you should never store money that you cannot afford to lose with Bitcoin. If you receive payments with Bitcoin, many service providers can convert them to your local currency.

因為比特幣是新貨幣有新奇的本質，有時在市場上不易換成現金，所以比特幣的價格會在短時間內無預警的上漲或下跌。因此，在這個時候，不推薦用比特幣儲蓄。比特幣應被看作高風險的資產，你不該用比特幣來儲存你不能失去的錢。如果你收到以比特幣支付的款項，很多服務提供商可以把它們轉換成你國家當地的貨幣。

unpredictably〔ˌʌnprɪˈdɪktəbl̩〕*adv.* 無法預測地

increase〔ɪnˈkris〕*v.* 增加　　decrease〔dɪˈkris〕*v.* 減少

period〔ˈpɪrɪəd〕*n.* 時期；期間　　**due to** 因為

economy〔ɪˈkɑnəmɪ〕*n.* 經濟　　novel〔ˈnɑvl̩〕*adj.* 新奇的

nature〔ˈnetʃɚ〕*n.* 本質　　illiquid〔ɪˈlɪkwɪd〕*adj.* 不易換成現金的

consequently〔ˈkɑnsəˌkwɛntlɪ〕*adv.* 因此

saving〔ˈsevɪŋ〕*n.* 儲蓄　　recommend〔ˌrɛkəˈmɛnd〕*v.* 推薦

at this point 此時此刻　　risk〔rɪsk〕*n.* 危險；風險

asset〔ˈæsɛt〕*n.* 資產　　afford〔əˈford〕*v.* 負擔

receive〔rɪˈsiv〕*v.* 收到　　payment〔ˈpemənt〕*n.* 付款

service〔ˈsɝvɪs〕*n.* 服務　　provider〔prəˈvaɪdɚ〕*n.* 提供者

convert〔kənˈvɝt〕*v.* 轉換　　local〔ˈlokl̩〕*adj.* 當地的

Bitcoin is an experimental new currency that is in active development. Although it becomes less experimental as usage grows, you should keep in mind that Bitcoin is a new invention that is exploring ideas that have never been attempted before. As such, its future cannot be predicted by anyone.

比特幣是一種還在實驗且正積極發展的新貨幣。雖然它因使用量上升而不那麼具實驗性了，但你應該牢記，比特幣是一項新發明，還在研究一些從未被嘗試過的想法。以此看來，它的未來任何人都無法預測。

active〔'æktɪv〕*adj.* 活耀的　　development〔dɪ'vɛləpmənt〕*n.* 發展

usage〔'jusɪdʒ〕*n.* 使用　　***keep** sth.* ***in mind*** 牢記

invention〔ɪn'vɛnʃən〕*n.* 發明　　explore〔ɪk'splor〕*v.* 探索

attempt〔ə'tɛmpt〕*v.* 嘗試　　predict〔prɪ'dɪkt〕*v.* 預測

as such 按照此身分（資格、名義）

44.（**A**）這篇文章的目的爲何？

(A) 介紹一種新貨幣。　　　　(B) 證明新貨幣的價值。

(C) 探索線上交易的方法。　　(D) 解釋如何建立交易網路。

purpose〔'pɝpəs〕*n.* 目的　　prove〔pruv〕*v.* 證明

value〔'vælju〕*n.* 價値

45.（**C**）爲何比特幣的價值是不穩定的？

(A) 因爲使用它是不合法的。　(B) 因爲它不是一種有效的投資。

(C) 因爲它仍在發展。

(D) 因爲它的流通是只限於年輕人。

stable〔'stebl〕*adj.* 穩定的　　illegal〔ɪ'ligl〕*adj.* 不合法的

valid〔'vælɪd〕*adj.* 有效的　　investment〔ɪn'vɛstmənt〕*n.* 投資

circulation〔,sɝkjə'leʃən〕*n.* 循環；流通　　limit〔'lɪmɪt〕*v.* 限制

46.（**D**）關於比特幣下列敘述何者正確？

(A) 比特幣的地址只有所有人才會知道。

(B) 一旦交易完成，錢是無法退回的。

(C) 比特幣使用者的身分永遠對大衆公開。

(D) 收到付款時，比特幣可以換成當地貨幣。

owner〔'onɚ〕*n.* 所有人　　***the general public*** 一般大衆

47.（**B**）作者會給那些對把錢存在比特幣裡有興趣的人什麼建議？

(A) 遲做總比不做好。　　　　(B) 三思而後行。

(C) 打鐵趁熱。　　　　　　　(D) 一分耕耘，一分收獲。

leap〔lip〕*v.* 跳　　hay〔he〕*n.* 乾草

第 48 至 51 題爲題組

　　Scientists are trying to genetically modify the world in which we live. They are even trying to wipe out diseases via genetic modification. For example, researchers have tried to engineer mosquitoes to kill malaria parasites. The malaria parasite is carried by the female Anopheles mosquito. When transmitted to a human, the parasite travels first to the liver and then on to the bloodstream, where it reproduces and destroys red blood cells. An estimated 250 million people suffer from malaria each year, and about one million die—many of them children. There are currently no effective or approved malaria vaccines.

　　科學家正要試對我們所生活的世界做基因修改。他們甚至嘗試透過基因改造消滅疾病。例如，研究員已經試著改變蚊子的基因來殺死瘧疾寄生蟲。瘧疾寄生蟲來自母按蚊。當寄生蟲感染到人體，它會先到肝臟接著到血液，並在血液中繁殖且破壞紅血球。估計每年約 2.5 億人感染瘧疾，約一百萬人死亡，其中有很多是孩童。目前沒有有效或經過核准的瘧疾疫苗。

> genetically〔dʒəˈnɛtɪklɪ〕*adv.* 基因地
> modify〔ˈmɑdəˌfaɪ〕*v.* 改造；修改　　disease〔dɪˈziz〕*n.* 疾病
> ***wipe out*** 消滅　　via〔ˈvaɪə〕*prep.* 經由；藉由
> genetic〔dʒəˈnɛtɪk〕*adj.* 基因的
> modification〔ˌmɑdəfəˈkeʃən〕*n.* 修改；改造
> researcher〔rɪˈsɝtʃɚ〕*n.* 研究員
> engineer〔ˌɛndʒəˈnɪr〕*v.* 處理；基因改造
> mosquito〔məsˈkito〕*n.* 蚊子　　malaria〔məˈlɛrɪə〕*n.* 瘧疾
> parasite〔ˈpærəˌsaɪt〕*n.* 寄生蟲　　carry〔ˈkærɪ〕*v.* 攜帶
> ***Anopheles mosquito*** 按蚊　　transmit〔trænsˈmɪt〕*v.* 使感染
> liver〔ˈlɪvɚ〕*n.* 肝臟　　bloodstream〔ˈblʌdˌstrim〕*n.* 血液
> reproduce〔ˌriprəˈdjus〕*v.* 繁殖　　destroy〔dɪˈstrɔɪ〕*v.* 破壞
> cell〔sɛl〕*n.* 細胞　　***red blood cell*** 紅血球
> estimate〔ˈɛstəˌmet〕*v.* 估計　　suffer from 受…之苦；罹患
> currently〔ˈkɝəntlɪ〕*adv.* 目前　　effective〔ɪˈfɛktɪv〕*adj.* 有效的
> approved〔əˈpruvd〕*adj.* 經認可的　　vaccine〔ˈvæksɪn〕*n.* 疫苗

To "kill" malaria, scientists are genetically modifying a bacterium in mosquitoes so that it releases toxic compounds. These compounds are not harmful to humans or the mosquito itself, but they do kill off the malaria parasite, making the mosquito incapable of infecting humans with malaria.

　　為了殺死瘧疾，科學家基因改造蚊子體內的細菌，如此一來它就會製造有毒的複合物。這些複合物不會對人體或蚊子本身有害，但它會除掉瘧疾寄生蟲，使蚊子無法用瘧疾感染人體。

bacterium〔bæk'tɪrɪəm〕*n.* 細菌　　release〔rɪ'lis〕*v.* 釋放
toxic〔'taksɪk〕*adj.* 有毒的　　compound〔'kampaʊnd〕*n.* 複合物
harmful〔'harmfəl〕*adj.* 有害的　　**kill off** 除掉
incapable〔ɪn'kepəb!〕*adj.* 不能的 < *of* >
infect〔ɪn'fɛkt〕*v.* 感染

Despite this achievement, scientists are faced with the challenge of giving the modified mosquitoes a competitive advantage so that they can eventually replace the wild population. Complete blockage of the malaria parasite is very important. If some of the parasites slip through the mechanism, then the next generation will likely become resistant to it. And if **that** happens, the scientists are back where they started.

儘管有這樣的成就，科學家面臨給予改造過的蚊子競爭優勢的挑戰，如此一來牠們就可以取代野生族群。完全封鎖瘧疾寄生蟲是非常重要的。如果有些寄生蟲逃過這樣的機制，下一代就有可能會對此有抵抗力。如果那個情形發生了，科學家就會到原點了。

despite〔dɪ'spaɪt〕*prep.* 儘管　　achievement〔ə'tʃivmənt〕*n.* 成就
be faced with 面臨（困難）　　challenge〔'tʃælɪndʒ〕*n.* 挑戰
competitive〔kəm'pɛtətɪv〕*adj.* 競爭的
advantage〔əd'væntɪdʒ〕*n.* 優點；優勢
eventually〔ɪ'vɛntʃʊəlɪ〕*adv.* 最終　　replace〔rɪ'ples〕*v.* 取代
population〔ˌpapjə'leʃən〕*n.* 族群；群體
complete〔kəm'plit〕*adj.* 完整的；完全的
blockage〔'blakɪdʒ〕*n.* 封鎖　　slip〔slɪp〕*v.* 溜走
mechanism〔'mɛkəˌnɪzəm〕*n.* 機制
generation〔ˌdʒɛnə'reʃən〕*n.* 世代　　likely〔'laɪklɪ〕*adv.* 可能地
resistant〔rɪ'zɪstənt〕*adj.* 有抵抗力的；抵抗的 < *to* >
happen〔'hæpən〕*v.* 發生

Another challenge for scientists is to gain public approval for this genetic modification regarding mosquitoes and malaria control. Environmental activists have raised concerns about the release of genetically engineered organisms without any clear knowledge of their long-term effect on ecosystems and human health. There is still a long way to go before genetic modification techniques are put to use in disease control.

　　科學家另一個挑戰是，對於蚊子和瘧疾控制這項基因改造，要得到大眾的認可。環境保護者已提出關切，基因改造生物的開放，對於生態系統和人體健康的長期影響並沒有明確了解。基因改造科技要被用在疾病控制，還有一段很長的路要走。

> gain〔gen〕*v.* 得到　　approval〔ə'pruvl〕*n.* 同意
> regarding〔rɪ'gɑrdɪŋ〕*prep.* 關於
> environmental〔ɪn,vaɪrən'mɛntl̩〕*adj.* 環境的
> activist〔'æktɪvɪst〕*n.* 行動主義者　　raise〔rez〕*v.* 提出
> concern〔kən'sɝn〕*n.* 關切
> ***genetically engineered*** 基因改造的
> organism〔'ɔrgən,ɪzəm〕*n.* 有機體；生物
> knowledge〔'nɑlɪdʒ〕*n.* 了解　　***long-term*** 長期的
> effect〔ɪ'fɛkt〕*n.* 影響；效果
> ecosystem〔'ɛko,sɪstəm〕*n.* 生態系統　　***be put to use*** 被利用

48. (**D**) 這篇短文主旨為何？
　　(A) 研究員已經發現一種有效的方式杜絕全世界經由昆蟲傳染的疾病。
　　(B) 很多人擔心基因改造生物對於環境的影響。
　　(C) 要得到大眾對於基因改造應用在疾病防治方面的支持需要時間。
　　(D) <u>基因改造工程對於減少瘧疾很有希望，但可能有未知的後果。</u>

> spread〔sprɛd〕*n.* 擴散；傳播
> ***insect-borne*** *adj.* 經由昆蟲傳染的【insect〔'ɪnsɛkt〕*n.* 昆蟲，
> 　　borne 是 bear 的過去分詞，在此表「傳染」之意。】
> application〔,æplə'keʃən〕*n.* 應用
> promising〔'prɑmɪsɪŋ〕*adj.* 有前景的
> consequence〔'kɑnsə,kwɛns〕*n.* 後果；結果

49. (**B**) 下列何者最能顯示出本短文的組織架構？
　　(A) 介紹，比較，對比。
　　(B) <u>問題，解決方法，潛在困難。</u>
　　(C) 提議，爭論，反駁。
　　(D) 定義，舉例，暫時結論。

> comparison〔kəm'pærəsn̩〕*n.* 比較
> contrast〔'kɑntræst〕*n.* 對比　　solution〔sə'luʃən〕*n.* 解決辦法

potential（pə'tɛnʃəl）adj. 潛在的　　proposal（prə'pozḷ）n. 提議
argument（'ɑrgjəmənt）n. 爭論
counter-（'kaʊntɚ）為表「對立；相反」的字首
definition（,dɛfə'nıʃən）n. 定義
tentative（'tɛntətɪv）adj. 暫時的；實驗的
conclusion（kən'kluʒən）n. 結論

50.（**C**）根據這篇短文，關於瘧疾寄生蟲下列敘述何者爲眞？
(A) 他們對基因改造及疫苗有抵抗力。
(B) 他們在人體肝臟內繁殖，並在肝臟內變得更強壯。
(C) <u>他們只在單一種類蚊子的單一性別被發現。</u>
(D) 他們每年感染大約一百萬個孩童。

gender（'dʒɛndɚ）n. 性別

51.（**B**）第三段裡的"**that**"指的是什麼？
(A) 有些瘧疾寄生蟲逃離生態環境。
(B) <u>瘧疾寄生蟲對基因改造的細菌有免疫力。</u>
(C) 改造過的蚊子比野生種更具競爭性。
(D) 瘧疾由蚊子向人傳播被阻斷。

refer to 指　　immune（ı'mjun）adj. 有免疫力的
transmission（træns'mıʃən）n. 傳播

第貳部分：非選擇題

一、中譯英：

1. 食用過多油炸食物可能會導致學童體重過重，甚至更嚴重的健康問題。

Eating too much fried food may <u>cause/lead to/result in</u> <u>overweight/</u>
<u>obesity</u> among schoolchildren <u>and/or</u> even more serious health
problems.

2. 因此，家長與老師應該共同合作，找出處理這個棘手議題的有效措施。

<u>Therefore/Thus/Hence/As a result/Consequently/Accordingly</u>, parents
and teachers should <u>cooperate/work together</u> to find effective measures
to <u>deal with/cope with/handle</u> the <u>thorny/sticky/nasty</u> issue.

二、英文作文：

【範例】

　　Perhaps the most outstanding feature of the chart is that these American students spend more time sleeping than anything else. The *second* and *third* most special features of the chart show that these students have part-time jobs and apparently, busy social lives. This may seem unusual to non-American high school students. *Meanwhile*, it is also remarkable that the students spend two and a half hours a day doing something which is not clearly defined ("Other").

　　I think I spend my days in a very different way. *First of all*, I don't have a part-time job, practice a religion, volunteer for a cause, or exercise very often. *Second*, I rarely if ever have time for leisure activities. *As a result*, I spend much more time—about 12 hours a day—in learning-related activities. *That is to say*, I'm either in school, studying or sleeping. *Therefore*, my chart would look considerably different.

outstanding〔'aʊt'stændɪŋ〕*adj.* 顯著的；突出的
feature〔'fitʃɚ〕*n.* 特徵；特色　　chart〔tʃart〕*n.* 圖表
part-time *adj.* 兼職的；打工的
apparently〔ə'pærəntlɪ〕*adv.* 明顯地
social life 社交生活　　*non-* （字首）非⋯
meanwhile〔'min,hwaɪl〕*adv.* 同時；另一方面
remarkable〔rɪ'markəbḷ〕*adj.* 值得注意的
define〔dɪ'faɪn〕*v.* 定義　　practice〔'præktɪs〕*v.* 實施；遵守
religion〔rɪ'lɪdʒən〕*n.* 宗教
volunteer〔,valən'tɪr〕*v.* 志願從事
cause〔kɔz〕*n.* 目的；主張
rarely〔'rɛrlɪ〕*adv.* 很少地　　*rarely if ever* 即使⋯也很少
leisure〔'liʒɚ〕*adj.* 空閒的；閒暇的　　*as a result* 因此
that is to say 也就是說；換言之（ = *in other words* = *namely* ）
considerably〔kən'sɪdərəblɪ〕*adv.* 頗；相當地

103年指定科目考試英文科出題來源

題　　號	出　　　　　　　處
一、詞彙 第 1～10 題	今年所有的詞彙題，除了第 5 題 (D) override（不理）之外，其餘選項均出自「新版高中常用 7000 字」。
二、綜合測驗 第 11～20 題	11~15 題改寫自 Change Your Toothbrush More Often（要更常更換你的牙刷）一文，敘述更換牙刷的重要性，和保持牙刷的清潔。 16~20 題改寫自 Africa Chimp Expert Extends "Path Goodall Blazed"（非洲黑星星專家延續「古德鬪的徑」）一文，描述非洲黑星星專家研究黑星星如何習得使用器具，並傳遞給下一代。
三、文意選填 第 21～30 題	改寫自 Heavenly Equipped（天堂的配備），敘述紙錢的歷史和現今的演變。
四、篇章結構 第 31～35 題	改寫自 Eccentricity（怪異）一文，敘述怪人的特質和其存活於社會的原因。
五、閱讀測驗 第 36～39 題	改寫自 Brooklyn Bridge（布魯克林大橋）一文，敘述布魯克林大橋建造的歷史和功用。
第 40～43 題	改寫自 Do You Belong?（你有歸屬感嗎？）一文，敘述日本人的長壽和其社交生活有重大的關係，即便他們有不良的吸煙習慣。
第 44～47 題	改寫自 Bitcoin(比特幣)一文，敘述比特幣作為數位貨幣的發明、交易方式，和其特殊的貨幣性質。
第 48～51 題	改寫自 Scientists Genetically Modify Bacteria in Mosquitoes for "Malaria Control"（科學家改造蚊子基因來控制瘧疾），敘述科學家如何基因改造蚊子消除瘧疾，以及遇到的挑戰。

【103 年指考】綜合測驗：11-15 出題來源：

—— http://www.usnews.com/news/50-ways-to-improve-your-life/
articles/2008/12/18/change-your-toothbrush-more-often

Change Your Toothbrush More Often

Brushing regularly will help you maintain a healthy smile. But that smile won't last long if you don't take proper care of your toothbrush and switch to a new one more frequently. According to the American Dental Association, toothbrushes can become infested with bacteria. These germs come from the mouth and can accumulate in the bristles of a toothbrush over time. Additionally, even a fresh toothbrush—one that's right out of the box—can contain bacteria because the packaging is not sterilized.

If you are like many Americans, chances are you switch to a new brush only once or twice a year. The ADA, however, recommends using a clean, new toothbrush every three to four months or once the bristles are frayed. (Some toothbrush brands, such as Oral B, feature brushes with bristles that fade or change color to indicate that it's time for a replacement.) Children's toothbrushes may need to be replaced more frequently.

⋮

【103 年指考】綜合測驗：16-20 出題來源：

—— http://news.nationalgeographic.com/news/2004/02/0223_
040223_lonsdorf.html

Chimp Expert Extends "Path Goodall Blazed"

Every fall for the past three years, Lonsdorf has traveled to Gombe to study the behavior of the ebullient chimpanzees. As director of field conservation at Lincoln Park Zoo in Chicago, Illinois, Lonsdorf focuses her research on tool use and infant development. She continues to be amazed by the similarity in traits between the primates and humans. "The most fun I have is watching mother chimpanzees interact with their kids," Lonsdorf said. "The behaviors are so strikingly similar to what we see in humans. Play, fear, tantrums, whining, testing boundaries—all are present in chimp and human kids."

Termite Fishing

Nestled on the shores of Lake Tanganyika, Gombe is the location of primatologist Jane Goodall's famous chimpanzee research project. Goodall, who arrived in the tiny and isolated park in 1960, rocked the scientific world in the 1960s with the discovery that chimpanzees make and use tools. Previously, only humans had been thought to use tools. More to the point, tool use had been cited as a key behavior separating humans and animals.

In a later, groundbreaking discovery, scientists found that tooluse practices represent different chimpanzee cultures. That is: Different groups use tools in different ways. Now, Lonsdorf is the first researcher to study how these cultures were developed and passed on in a community.

"I have always been interested in animal learning and tool use," the 29-year-old North Carolina native said. "Ever since I first had kittens, I've been fascinated by watching young animals grow up and learn their way in the world."
⋮

【103 年指考】文意選填：21-30 出題來源：

—— http://taiwantoday.tw/ct.asp?xItem=102743&CtNode=124

Heavenly Equipped

Quebec City, Canada-Many travellers to Scandinavia are familiar with ice hotels, edifices of frozen water that beckon guests with the prospect of an overnight stay in arctic-like cold. There is one such hotel in North America-in the predominantly French-speaking Canadian province of Quebec.

This winter, it will be open from January 4 to March 29.

The only warm things at the Hotel de Glace are the candles on the bedside tables. The air is so cold you can see your breath, which adheres in tiny droplets to the opening of your sleeping bag. The tip of your nose feels numb—almost as though it were frozen. Getting up for a little while, drinking a glass of milk or going to the toilet seem impossible without risking death.

Despite the seemingly uninviting prospect of sleeping in a room at minus 15 degrees Celsius, every year about 4,000 people do just that at the Hotel de Glace, in the town of Sainte-Catherine-de-la-Jacques-Cartier, near the provincial capital Quebec City.

From the outside, it looks like an oversized igloo. Inside, variously coloured lamps make the walls, columns and statues glow—sometimes in green, then in red and yellow. With its hand-carved, ice chandeliers, the hotel resembles a fairy-tale castle for snow kings.

⋮

【103 年指考】篇章結構：31-35 出題來源：

—— http://en.wikipedia.org/wiki/Eccentricity_(behavior)

Eccentricity

A person who is simply in a "fish out of water" situation is not, by the strictest definition, an eccentric since, presumably, he or she may be ordinary by the conventions of his or her native environment. Eccentrics may or may not comprehend the standards for normal behavior in their culture. They are simply unconcerned by society's disapproval of their habits or beliefs. Many of history's most brilliant minds have displayed some unusual behaviors and habits.

Some eccentrics are pejoratively considered "cranks", rather than geniuses. Eccentric behavior is often considered whimsical or quirky, although it can also be strange and disturbing. Many individuals previously considered merely eccentric, such as aviation magnate Howard Hughes, have recently been retrospectively-diagnosed as actually suffering from mental disorders (obsessive–compulsive disorder in Hughes' case). Other people may have eccentric taste in clothes, or have eccentric hobbies or collections they pursue with great vigor. They may have a pedantic and precise manner of speaking, intermingled with inventive wordplay.

Many individuals may even manifest eccentricities consciously and deliberately, in an attempt to differentiate themselves from societal norms or enhance a sense of inimitable identity; given the overwhelmingly positive stereotypes (at least in pop culture and especially with fictional characters) often associated with eccentricity, detailed above, certain individuals seek to be associated with this sort of character type. However, this is not always successful as eccentric individuals are not necessarily charismatic, and the individual in question may simply be dismissed by others as just seeking attention.

⋮

【102 年指考】閱讀測驗：36-39 出題來源：

—— http://en.wikipedia.org/wiki/Brooklyn_Bridge

Brooklyn Bridge

The Brooklyn Bridge was opened for use on May 24, 1883. The opening ceremony was attended by several thousand people and many ships were present in the East Bay for the occasion. PresidentChester A. Arthur and Mayor Franklin Edson crossed the bridge to celebratory cannon fire and were greeted by Brooklyn Mayor Seth Low when they reached the Brooklyn-side tower. Arthur shook hands with Washington Roebling at the latter's home, after the ceremony. Roebling was unable to attend the ceremony (and in fact rarely visited the site again), but held a celebratory banquet at his house on the day of the bridge opening. Further festivity included the performance of a band, gunfire from ships, and a fireworks display.

On that first day, a total of 1,800 vehicles and 150,300 people crossed what was then the only land passage between Manhattan and Brooklyn. Emily Warren Roebling was the first to cross the bridge. The bridge's main span over the East River is 1,595 feet 6 inches (486.3 m). The bridge cost$15.5 million[clarification needed] to build and an estimated number of 27 people died during its construction.

On May 30, 1883, six days after the opening, a rumor that the Bridge was going to collapse caused a stampede, which was responsible for at least twelve people being crushed and killed. On May 17, 1884, P. T. Barnum helped to squelch doubts about the bridge's stability—while publicizing his famous circus—when one of his most famous attractions, Jumbo, led a parade of 21 elephants over the Brooklyn Bridge.

⋮

【103 年指考】閱讀測驗：40-43 出題來源：

—— http://www.huffingtonpost.com/jurriaan-kamp/do-you-belong_
b_4285043.html

Do You Belong?

An important driver for a lifestyle of optimism is a sense of purpose. There's much truth in Nietzche's "If you know the why, you can live any how."

Ultimately, what creates purpose is the experience that one is able to make a meaningful contribution to someone else's life. We are social beings and we need each other to find meaning and fulfillment. There's a clear relationship between purpose and connection.

Lynne McTaggart, editor of What Doctors Don't Tell You, writes about a fascinating study in her book *The Bond: How to Fix Your Falling-Down World*. Public health researchers have long been puzzled by an apparent contradiction. Japan produces the largest number of centenarians in the world. Currently, there are 40,000 Japanese who have celebrated their hundredth birthday. The majority of those centenarians are women, but many of them are men too. Moreover Japan has one of the lowest rates of heart disease in the world.

Here's the strange phenomenon: Virtually all Japanese men smoke -- and smoking counts as one of the strongest risk factors for heart disease. So what's protecting Japanese men?

Two professors of epidemiology at the School of Public Health at the University of California, Berkeley, wanted to find out. They selected a group of 12,000 Japanese men equally divided over three groups. The men in one group had lived in Japan for all their lives. The second group had migrated to California and the third group to Hawaii.

The two professors found that the level of heart disease among Japanese men increased five times in California and about half of that in Hawaii.

:

【103 年指考】閱讀測驗：44-47 出題來源：

—— https://en.bitcoin.it/wiki/Main_Page

Bitcoin

Bitcoin is an experimental, decentralized digital currency that enables instant payments to anyone, anywhere in the world. Bitcoin uses peer-to-peer technology to operate with no central authority: managing transactions and issuing money are carried out collectively by the network.

The original Bitcoin software by Satoshi Nakamoto was released under the MIT license. Most client software, derived or "from scratch", also use open source licensing.

Bitcoin is one of the first successful implementations of a distributed crypto-currency, described in part in 1998 by Wei Dai on the cypherpunks mailing list. Building upon the notion that money is any object, or any sort of record, accepted as payment for goods and services and repayment of debts in a given country or socio-economic context, Bitcoin is designed around the idea of using cryptography to control the creation and transfer of money, rather than relying on central authorities.

Bitcoins are sent easily through the Internet, without needing to trust any third party.

Transactions:

Are irreversible by design
Are fast. Funds received are available for spending within minutes.
Cost very little, especially compared to other payment networks.
The supply of bitcoins is regulated by software and the agreement of users of the system and cannot be manipulated by any government, bank, organization or individual. The limited inflation of the Bitcoin system's money supply is distributed evenly (by CPU power) to miners who help secure the network.

⋮

【103 年指考】閱讀測驗：48-51 出題來源：

—— http://naturalsociety.com/malaria-control-mosquitoes-bacteria/

Scientists Genetically Modify Bacteria in Mosquitoes for 'Malaria Control'

In a further attempt to wipe out diseases via genetic modification, scientists are now genetically modifying bacteria found within the mid-gut of mosquitoes in order to 'wipe out malaria'. Of course this form of **malaria control** is not the safest or most predictable, but as we know, scientists are continuously trying to genetically modify the world in which we live.

Malaria Control—Reducing Malaria Through Genetic Modification?

In order to 'kill' malaria in mosquitoes, scientists are genetically modifying a bacterium called Pantoea agglomerans so that it secretes toxic proteins. These toxic proteins are 'not harmful' to humans or the mosquito itself, but they do kill off the malaria parasite. One of the toxic compounds blocks the malaria from attaching to a crucial protein which allows it to survive, while another compound may penetrate the malaria's protective outer layer, ultimately leading to it's death.

"There are not one, but several anti-malaria compounds the bacterium secretes...Each acts by a different mechanism and makes it much more difficult for the parasite to develop a resistance to it." explained Dr. Marcelo Jacobs-Lorena, senior author of the study and a professor at the Johns Hopkins Bloomberg School of Public Health.

Is this a good method for malaria control? If history has taught the world anything about genetic modification, absolutely not. In the past, scientists have actually modified the mosquitoes themselves. You may remember that before this endeavor of malaria control was the genetic modification of mosquitoes by a company called Oxitec.

⋮

103年指考英文科非選擇題閱卷評分原則說明

閱卷召集人：劉慶剛〈國立臺北大學人文學院院長〉

103學年度指定科目考試英文考科的非選擇題共有兩大題，第一大題是「中譯英」，題型與過去幾年相同，考生須將兩個中文句子譯成正確、通順而達意的兩個英文句子，兩題共計八分。第二大題是「引導式作文」，考生須從試卷提供的一個統計圖中找出相關資訊，以至少120個單詞（words），根據題目的提示，寫出一篇兩段的作文。作文部分滿分爲二十分。

關於閱卷籌備工作，在正式閱卷前，於7月7日先召開評分標準訂定會議，由正、副召集人及協同主持人共14位，參閱了3000份試卷，經過一天的討論，訂定評分標準，並選出合適的樣卷，編製成閱卷參考手冊，供閱卷委員參閱。

7月9日上午9：00到11：00，120位大學教授分組進行試閱會議，根據閱卷參考手冊的樣卷，分別評分，並討論評分準則，務求評分標準一致，確保閱卷品質。爲求慎重，試閱會議之後，正、副召集人及協同主持人進行第一次評分標準再確定會議，確認評分原則後才開始正式閱卷。

關於評分標準，在中譯英部分，每小題總分4分，原則上是每個錯誤扣0.5分。作文的評分標準是依據內容、組織、文法句構、字彙拼字、體例五個項目給分，字數明顯不足者扣總分1分。依閱卷流程，每份試卷皆會經過兩位委員分別評分，最後以二人平均分數計算。如果第一閱與第二閱分數差距超過標準，再請第三位委員（正、副召集人或協同主持人）評分。

　　今年的中譯英與「食用過多油炸食物」有關，句型及詞彙皆在高中生所熟悉的範圍之內。評量的重點在於考生是否能運用所學的詞彙與基本句型將中文翻譯成正確、通順且達意的英文句子。由於測驗之詞彙皆控制在大考中心詞彙表四級內之詞彙，中等程度以上的考生如果能使用正確句型，並注意用字、拼字的準確度，應能得到理想的分數。但在選取樣卷時，仍發現以下的缺失：例如在拼字方面，有一些學生把 therefore 寫成 therefor；把 Eating 寫成 Eeating；把 solve 寫成 slove 等，我們認爲這些拼字的錯誤，如果考生能在平常練習的時候多注意，應該是可以避免的。今年也有部分考生的翻譯直接以中文的結構表達，例如將「導致學童體重過重」翻譯成 "…cause the children's weight too heavy"。此外也有部分考生漏譯了「過多」(too much) 的意思，而只譯成 more，或漏譯了「棘手」及「有效」兩個重要的形容詞，相當可惜。

　　今年作文題目的引導方式是文字加上一幅與考生的生活經驗息息相關的統計圖表。統計圖中呈現的是「美國某高中的全體學生每天進行各種活動的時間分配」數據，圖表中的資料均以中文說明，而且臺灣的學生在國中時都已學過如何閱讀這樣的統計表，所以今年的考生多能發揮。

　　考生作文應分兩段，第一段描述該圖所呈現之特別現象；第二段說明就整體而言，考生本人的時間分配與圖中顯示的高中全體學生時間分配之異同。從樣卷中發現：英文寫作能力中等以上之考生皆能針對上述兩個引導原則發揮其寫作能力及創意，能在第一段說明該圖所呈現之「特別現象」，再引伸說明這種現象與臺灣當前現象之不同處，以凸顯統計圖表資料特別之處。在第二段則比較說明自己的時間安排與圖表所示之異同，中等以上之考生應能把不同處寫出來。評分的考量重點爲考生書寫的內容是否符合試題之圖、文引導與說明，組織是否完整，用字、拼字及句子結構是否正確，是否已把全文清楚地敘述出來等因素。

103 年指考英文科試題或答案之反映意見回覆

※ 題號：12

【題目】

第 11 至 15 題為題組

　　Brushing your teeth regularly will help you maintain a healthy smile. But that smile won't last long if you don't take proper care of your toothbrush and switch to a new one often. According to the American Dental Association (ADA), toothbrushes can harbor bacteria. These germs come from the mouth and can ___11___ in toothbrushes over time.

　　Many Americans replace their toothbrushes only once or twice a year. The ADA, however, recommends ___12___ a new toothbrush every three to four months. Children's toothbrushes may need to be changed more ___13___.

　　During those three to four months of use, there are several ways to keep a toothbrush clean. ___14___, rinse your toothbrush thoroughly with tap water after use, making sure to remove any toothpaste and debris. Store your toothbrush in an upright position, and let ___15___ air dry. Most importantly, do not share toothbrushes.

12. (A) use　　　(B) to use　　　(C) using　　　(D) used

【意見內容】

recommend 應+ to verb，應選 (B)。

【大考中心意見回覆】

本題評量考生是否能掌握 recommend 後用動名詞（V-ing）之用法；recommend 後不能直接加上 to V，必須先接受詞，而形成 recommend

＋受詞＋to V 的結構，此處並無受詞，不適用於此結構，因此選項 (C)
為最適當的答案。

※ 題號：17

【題目】

第 16 至 20 題為題組

　　Hiding herself among the trees near a chimpanzee habitat,
Elizabeth Lonsdorf is using her camera to explore mysteries of
learning. The chimpanzee she records picks up a thin flat piece of
grass and then digs out tiny insects from a hole. Dinner is ___16___!
But how did the chimp develop this ingenious skill with tools? Do
the chimp babies copy their parents in using tools? Do the mothers
most skilled with tools have offspring who are also good at using
tools? Here in Africa, Lonsdorf is conducting one of the world's
longest wildlife studies, trying to discover how learning is
transferred ___17___ generations.

　　Lonsdorf has always been interested in animal learning and
tool use, ___18___ the way young animals grow up and learn their
way in the world. Her chimpanzee study shows a clear link between
humans and the rest of the animal kingdom. The chimps make and
use tools and have mother-child relationships very ___19___ to those
of humans. Through observing chimpanzees' learning process,
researchers hope to gain insight into what the development of our
earliest ancestors ___20___ like.

　　Lonsdorf hopes that by understanding the complexity of animal
behavior, we can better appreciate and protect the diversity of life
on this planet.

17. (A) across　　(B) beside　　(C) upon　　(D) within

【意見內容】

1. 當解釋爲「跨世代」的傳遞時，宜使用 transfer across generations，
即爲原答案 (A)；

2. 當解釋爲「世代間」的傳遞時，則可使用 transfer within
generations，答案應爲 (D)，總結上述，答案應爲 (A) 或 (D)。

【大考中心意見回覆】

本題評量考生是否能掌握 across 的句法。作答線索爲前兩句 "Do the
chimp babies copy their parents in using tools? Do the mothers
most skilled with tools have offspring who are also good at using
tools?" 中 babies 與 parents、mothers 與 offspring 兩兩之間「跨世
代」（而非同一世代之內）的技能傳遞。選項 (D) within（在……之
內）與全文內容語意不符，因此選項 (A) across（跨越）爲最適當的
答案。

※ 題號：31

【題目】

第 31 至 35 題爲題組

　　Eccentrics are people who have an unusual or odd personality,
set of beliefs, or behavior pattern. They may or may not
comprehend the standards for normal behavior in their culture.
They simply don't care about the society's disapproval of their
habits or beliefs.

　　Once considered socially unacceptable, eccentric people have
been found to possess some positive characteristics. ___31___ They

often have more curiosity about the world and, in many cases, are contentedly obsessed by hobbies and interests. ___32___ They live in a world of their own and do not worry about what others think of them. So they are usually less restricted and therefore more carefree in forming new ideas.

___33___ Statistics show they visit their doctors less——about once in eight to nine years, which is 20 times less than the average person. This could be partly due to their innate traits such as humor and happiness. ___34___ This may explain why eccentrics are, on the whole, healthier.

Psychologists therefore suggest that we pay attention to those who do not conform. It could be our aunt who has been raising pet lizards. ___35___ Their crazy hobby or strange sense of humor is what keeps them going. Eccentric people may seem odd, but they will likely live a happier and healthier life because they enjoy what they are doing. In fact, many of history's most brilliant minds have displayed some unusual behaviors and habits.

(A) Eccentrics are also found to be healthier.
(B) According to a recent study in England, eccentrics are more creative.
(C) Or it could be our best friend's brother who wears shorts to a formal dance.
(D) People may have eccentric taste in clothes, or have eccentric hobbies.
(E) Psychologists also find that eccentric people do not follow conventions.
(F) Such personal traits are found to play an important role in boosting the body's immune system.

【意見內容】

前一句提及 "… eccentric people have been found …"，下接 (E) 之
"Psychologists also find …" 實在合理。(E) 之內容提到 "eccentric
people do not follow conventions." 再下接文中指出他們比別人多
好奇心、著迷於興趣，也是十分合理。正是因為不顧傳統，才能有
更旺盛好奇反對興趣的執著，也是十分合理。正是因為不顧傳統，
才能有正旺盛好奇反對興趣的執著，而不被世俗影響。反觀 (B) 提
到 "creative"，倒是與下文 "obsessed by hobbies and interests."
沒有直接關聯，也與 "more curiosity about the world" 沒有相關。
所以我認為可開放 (E)選項。

【大考中心意見回覆】

本題評量考生是否能掌握段落文意的發展。空格31 需要承接前一句
positive characteristics 的概念，所以提出 being more creative 的
特質，而且此項特質，統轄接下來 4 行 "They often have more
curiosity about the world ... in forming new ideas." 的全部內容，
所以選項 (B) 是最佳選擇。選項 (E) Psychologists also find that
eccentric people do not follow conventions. （心理學家也發現怪
人不遵循傳統。）與空格 31 的上下文語意不符，選項中的do not
follow conventions 與空格 32 之後的do not worry about
what others think of them 語意呼應，才是選項 (E) 的合宜位置。

※ 題號：**32**

【題目】

第 31 至 35 題為題組

    Eccentrics are people who have an unusual or odd personality,
set of beliefs, or behavior pattern. They may or may not
comprehend the standards for normal behavior in their culture.

They simply don't care about the society's disapproval of their habits or beliefs.

Once considered socially unacceptable, eccentric people have been found to possess some positive characteristics. ___31___ They often have more curiosity about the world and, in many cases, are contentedly obsessed by hobbies and interests. ___32___ They live in a world of their own and do not worry about what others think of them. So they are usually less restricted and therefore more carefree in forming new ideas.

___33___ Statistics show they visit their doctors less—about once in eight to nine years, which is 20 times less than the average person. This could be partly due to their innate traits such as humor and happiness. ___34___ This may explain why eccentrics are, on the whole, healthier.

Psychologists therefore suggest that we pay attention to those who do not conform. It could be our aunt who has been raising pet lizards. ___35___ Their crazy hobby or strange sense of humor is what keeps them going. Eccentric people may seem odd, but they will likely live a happier and healthier life because they enjoy what they are doing. In fact, many of history's most brilliant minds have displayed some unusual behaviors and habits.

(A) Eccentrics are also found to be healthier.
(B) According to a recent study in England, eccentrics are more creative.
(C) Or it could be our best friend's brother who wears shorts to a formal dance.

(D) People may have eccentric taste in clothes, or have eccentric hobbies.

(E) Psychologists also find that eccentric people do not follow conventions.

(F) Such personal traits are found to play an important role in boosting the body's immune system.

【意見內容】

本段文字是在描述各個研究結果。若選擇 (E)，可解讀成「不跟隨傳統」，所以「不顧他人想法」因此「不受限制」產生「新想法」，雖演繹上是可行的，但 "do not follow conventions" 跟 "new ideas" 的關係，不如 (B) 選項之 "creative" 跟 "new ideas" 直接。若選 (B)，可解讀成「發現具創意」：他們「活在自己的世界不顧他人想法」，所以「不受限制」而產生「新想法」。不但邏輯合理，更比 (E) 能頭尾呼應，最重要的是，這樣構成的文字符合英文文章常見的「主題句」→「分述」→「小結」法則。相較之下，(E) 選項與後文是推衍的關係，是延伸出的論點，而非直接且確切的連結。因此，希望開放 (B) 選項為答案。

【大考中心意見回覆】

本題評量考生是否能掌握段落文意的發展。空格31 需要承接前一句 positive characteristics 的概念，所以提出 being more creative 的特質，而且此項特質，統轄接下來 4 行 "They often have more curiosity about the world ... in forming new ideas." 的全部內容，所以選項 (B) 是最佳選擇。選項 (E) Psychologists also find that eccentric people do not follow conventions.（心理學家也發現怪人不遵循傳統。）與空格 31 的上下文語意不符，選項中的 do not follow conventions 與空格 32 之後的 do not worry about what others think of them 語意呼應，才是選項 (E) 的合宜位置。

※ 題號：**42**

【題目】

第 40 至 43 題為題組

　　The Japanese have long puzzled public health researchers because they are such an apparent paradox: They have the world's lowest rates of heart disease and the largest number of people that live to or beyond 100 years despite the fact that most Japanese men smoke——and smoking counts as one of the strongest risk factors for heart disease. So what's protecting Japanese men?

　　Two professors at the University of California at Berkeley hoped to find out the answer. They investigated a pool of 12,000 Japanese men equally divided into three groups: One group had lived in Japan for all their lives, and the other two groups had emigrated to Hawaii or Northern California. It was found that the rate of heart disease among Japanese men increased five times in California and about half of that for those in Hawaii.

　　The differences could not be explained by any of the usual risk factors for heart disease, such as smoking, high blood pressure, or cholesterol counts. The change in diet, from sushi to hamburgers and fries, was also not related to the rise in heart disease. However, the kind of society they had created for themselves in their new home country was. The most traditional group of Japanese Americans, who maintained tight-knit and mutually supportive social groups, had a heart-attack rate as low as their fellow Japanese back home. But those who had adopted the more isolated Western lifestyle increased their heart-attack incidence by three to five times.

The study shows that the need to bond with a social group is so fundamental to humans that it remains the key determinant of whether we stay healthy or get ill, even whether we live or die. We need to feel part of **something bigger** to thrive. We need to belong, not online, but in the real world of hugs, handshakes, and pats on the back.

42. Which of the following is an example of "**something bigger**" in the last paragraph?
    (A) A family.　　　　　　　(B) A stadium.
    (C) The universe.　　　　　(D) The digital world.

【意見內容】

由最後一段可知「我們需要的是歸屬感，真實世界的溫暖」。選 (A) A family.顯得有點狹隘。這世界的任何一個人都可以給予人溫暖的，只要這世界有愛，而不只是活在網路世界。因此我認為C 較A合適。

【大考中心意見回覆】

本題評量考生是否能根據上下文意，做適當的推論。作答線索為最後一段中We need to belong, not online, but in the real world of hugs, handshakes, and pats on the back.選項 (C) The universe.（宇宙）對於個人而言過於龐大與遙遠；而且，如反映意見所述文中傳達的是「我們需要的是歸屬感」，但我們對家庭、學校或某個團體可能會有「歸屬感」，卻不會對整個「宇宙」有歸屬感；選項 (C) 與上下文意不符，因此選項 (A) A family.為最適當的答案。

103 年大學入學指定科目考試試題
數學甲

第壹部分：選擇題（單選題、多選題及選填題共占 76 分）

一、單選題（占 24 分）

說明：第 1 題至第 4 題，每題有 5 個選項，其中只有一個是正確或最適
當的選項，請畫記在答案卡之「選擇（填）題答案區」。各題答
對者，得 6 分；答錯、未作答或畫記多於一個選項者，該題以零
分計算。

1. 在坐標平面上，圓 $x^2 + y^2 + 2x - 2y + 1 = 0$ 與 $y = |2x+1|$ 的圖形有幾
   個交點？
   (1) 1 個　　　　(2) 2 個　　　　(3) 3 個　　　　(4) 4 個　　　　(5) 0 個

2. 在地面某定點測得數公里外高塔塔尖的仰角為 θ_1，朝高塔方向沿直
   線前進 100 公尺之後，重新測得塔尖仰角為 θ_2，再沿同一直線繼續
   前進 100 公尺後，測得仰角為 θ_3。請問下列哪一個選項的數值依序
   成等差數列？
   (1) $\theta_1, \theta_2, \theta_3$ 　　　　　　　　(2) $\sin\theta_1, \sin\theta_2, \sin\theta_3$
   (3) $\cos\theta_1, \cos\theta_2, \cos\theta_3$ 　　　(4) $\tan\theta_1, \tan\theta_2, \tan\theta_3$
   (5) $\cot\theta_1, \cot\theta_2, \cot\theta_3$

3. 請問指數方程式 $2^{10^x} = 10^6$ 的解 x 最接近下列哪一個選項？
   （$\log 2 \approx 0.3010$、$\log 3 \approx 0.4771$、$\log 7 \approx 0.8451$）
   (1) 1.1　　　　(2) 1.2　　　　(3) 1.3　　　　(4) 1.4　　　　(5) 1.5

4. 令多項式 $2(x+1)^n$ 除以 $(3x-2)^n$ 所得餘式的常數項為 r_n。請問極限 $\lim\limits_{n\to\infty} r_n$ 為下列哪一選項？

(1) 0　　　　(2) $\dfrac{3}{2}$　　　　(3) 2　　　　(4) 3　　　　(5) 不存在

二、多選題（占 40 分）

說明：第 5 題至第 9 題，每題有 5 個選項，其中至少有一個是正確的選項，請將正確選項畫記在答案卡之「選擇（填）題答案區」。各題之選項獨立判定，所有選項均答對者，得 8 分；答錯 1 個選項者，得 4.8 分；答錯 2 個選項者，得 1.6 分；答錯多於 2 個選項或所有選項均未作答者，該題以零分計算。

5. 給定向量 $\vec{u}=(2,2,1)$，請選出正確的選項：

(1) 可找到向量 $\vec{v}$ 使得 $\vec{u}\cdot\vec{v}=\sqrt{2}$

(2) 可找到向量 $\vec{v}$ 使得 $\vec{u}\times\vec{v}=(1,3,4)$

(3) 若非零向量 $\vec{v}$ 滿足 $|\vec{u}\cdot\vec{v}|=2|\vec{v}|$，則 $\vec{u}\times\vec{v}=\vec{0}$

(4) 若非零向量 $\vec{v}$ 滿足 $|\vec{u}\times\vec{v}|=3|\vec{v}|$，則 $\vec{u}\cdot\vec{v}=0$

(5) 若向量 $\vec{v}$ 滿足 $\vec{u}\cdot\vec{v}=0$ 且 $\vec{u}\times\vec{v}=\vec{0}$，則 $\vec{v}=\vec{0}$

6. 考慮多項式函數 $f(x)=4x^3-11x^2+6x$。請選出正確的選項：

(1) 函數 f 的圖形在點 $(1,-1)$ 的切線斜率為正

(2) 函數 f 的圖形與直線 $y=1$ 交於三點

(3) 函數 f 的唯一相對極小值為 $\dfrac{-9}{4}$

(4) $f(\pi)>0$　　　　　　(5) $f(\cos\dfrac{4\pi}{7})>0$

7. 職業棒球季後賽第一輪採五戰三勝制，當參賽甲、乙兩隊中有一隊贏得三場比賽時，就由該隊晉級而賽事結束，每場比賽皆須分出勝負，且每場比賽的勝負皆不受之前已賽結果影響。假設甲隊在任一場贏球的機率為定值 p，以 $f(p)$ 表實際比賽場數的期望值（其中 $0 \le p \le 1$），請選出正確的選項：

   (1) 只需比賽 3 場就產生晉級球隊的機率為 $p^3 + (1-p)^3$

   (2) $f(p)$ 是 p 的 5 次多項式

   (3) $f(p)$ 的常數項等於 3

   (4) 函數 $f(p)$ 在 $p = \dfrac{1}{2}$ 時有最大值

   (5) $f(\dfrac{1}{4}) < f(\dfrac{4}{5})$

8. 考慮 x, y, z 的方程組 $\begin{cases} 2^x - 3^y + 5^z = -1 \\ 2^{x+1} + 3^y - 5^z = 4 \\ 2^{x+1} + 3^{y+1} + a5^z = 8 \end{cases}$ ，其中 a 為實數。

   請選出正確的選項：

   (1) 若 (x, y, z) 為此方程式的解，則 $x = 0$

   (2) 若 (x, y, z) 為此方程式的解，則 $y > 0$

   (3) 若 (x, y, z) 為此方程式的解，則 $y < z$

   (4) 當 $a \neq -3$ 時，恰有一組 (x, y, z) 滿足此方程組

   (5) 當 $a = -3$ 時，滿足此方程組的所有解 (x, y, z) 會在一條直線上

9. 在（凸）四邊形 $ABCD$ 中，已知 $\overline{AB} = 3$，$\overline{BC} = 4$，$\overline{CD} = 3$，$\overline{DA} = x$，且對角線 $\overline{AC} = 4$。請選出正確的選項：

(1) $\cos \angle ABC \geq \dfrac{3}{7}$ (2) $\cos \angle BAD > \cos \angle ABC$

(3) x 可能為 1   (4) $x < \dfrac{13}{2}$

(5) 若 A、B、C、D 四點共圓，則 $x = \dfrac{7}{4}$

三、選填題（占 12 分）

說明： 1. 第 A 與 B 題，將答案畫記在答案卡之「選擇（填）題答案區」
　　　　　 所標示的列號（10 – 13）。

　　　　 2. 每題完全答對給 6 分，答錯不倒扣，未完全答對不給分。

A. 如圖，設 $ABCD - EFGH$ 為空間中長、寬、
高分別為 2、3、5 的長方體。已知 $\overline{AB} = 2$、
$\overline{AD} = \overline{BC} = 3$，且 $\overline{DH} = 5$，則內積 $\overrightarrow{AH} \cdot \overrightarrow{AC}$
之值為 ⑩ 。

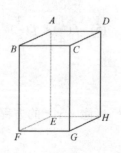

B. 在遊戲中，阿玲拿到如右的數字卡。主持人
隨機從 1 至 9 號球中同時取出三球，若這三
球的號碼中任兩個都不在卡片上的同一行也
不在卡片上的同一列時就得獎，則阿玲得獎

1	2	3
8	9	4
7	6	5

的機率為 $\dfrac{⑪}{⑫ \ ⑬}$ 。（化成最簡分數）

- - - - - - - - 以下第貳部分的非選擇題，必須作答於答案卷 - - - - - - - -

第貳部分：非選擇題（占 24 分）

說明： 本部分共有二大題，答案必須寫在「答案卷」上，並於題號欄標
明大題號（一、二）與子題號（(1)、(2)、……），同時必須寫出
演算過程或理由，否則將予扣分甚至給零分。作答務必使用筆尖
較粗之黑色墨水的筆書寫，且不得使用鉛筆。每一子題配分標於
題末。

一、 在坐標平面上以 Ω 表曲線 $y = x - x^2$ 與直線 $y = 0$ 所圍的有界區域。

(1) 試求 Ω 的面積。（3 分）

(2) 若直線 $y = cx$ 將 Ω 分成面積相等的兩塊區域，試求 c 之值。
（7 分）

二、 對於正整數 n，設 $(1 + i)^n = a_n + ib_n$，其中 $i = \sqrt{-1}$ 且 a_n、b_n 為實
數。

(1) 試求 $a_4^2 + b_4^2$ 之值。（2 分）

(2) 從恆等式 $(1 + i)^{n+1} = (1 + i)^n (1 + i)$ 可推得 a_n、b_n 會滿足矩陣乘

法 $\begin{bmatrix} a_{n+1} \\ b_{n+1} \end{bmatrix} = T \begin{bmatrix} a_n \\ b_n \end{bmatrix}$，試求矩陣 T。（4 分）

(3) 令 P、Q 為坐標平面上異於原點 O 的兩點，若矩陣 T 在平面上

定義的線性變換將 P、Q 分別映射到點 P'、Q'，試證 $\dfrac{\overline{OP'}}{\overline{OP}} = \dfrac{\overline{OQ'}}{\overline{OQ}}$

且 $\angle POQ = \angle P'OQ'$。（8 分）

103年度指定科目考試數學(甲)試題詳解

第壹部分：選擇題

一、單選題

1. 【答案】(4)

　　【解析】圓：$x^2 + 2x + 1 + y^2 - 2y + 1 = 1$

　　　　　　$\Rightarrow$ 圓：$(x+1)^2 + (y-1)^2 = 1$

　　　　　　$\Rightarrow$ 圓心為 $(-1,1)$，半徑為 1

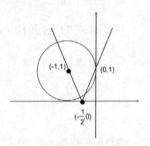

$$y = |2x+1| \Rightarrow \begin{cases} x \geq \dfrac{1}{2} \to y = 2x+1 \\ x < \dfrac{1}{2} \to y = -2x-1 \end{cases}$$

　　　　　　所求如圖，共交 4 點，故選 (4)

2. 【答案】(5)

　　【解析】將題目畫如右圖，假設高塔高 X，

　　　　　　最後和高塔差 Y 公尺。由選項去

　　　　　　看，只有 $\cot\theta$，為分母 = X，分

　　　　　　子分別為 Y、100 + Y、200 + Y。

　　　　　　故 $\cot\theta_1, \cot\theta_2, \cot\theta_3$ 成為 $\dfrac{Y}{X}$、$\dfrac{Y+100}{X}$、$\dfrac{Y+200}{X}$ 的

　　　　　　等差數列

3. 【答案】(3)

【解析】兩邊取 $\Rightarrow 10^x \log 2 = 6 \Rightarrow 10^x = \dfrac{6}{\log 2} = \dfrac{6}{0.3010} = 19.934$

兩邊再取 $\log \Rightarrow x = \log 19.934$

用估計的 $\Rightarrow x \sim \log 20 = 1.301$

故選 (3)

4. 【答案】(3)

【解析】先將題目寫成除法定理：$2(x+1)^n = Q(x)(3x-2)^n + R(x)$

由於被除式和除式的 x 項係數相同，所以知 $Q(x)$ 為常數

觀察左右 X^n 項係數，可知 $Q(x) = \dfrac{2}{3^n} \Rightarrow 2(x+1)^n$

$= \dfrac{2}{3^n}(3x-2)^n + R(x)$ 要找餘式的常數項 $= R(0)$ 可以兩邊帶

入 $x = 0 \Rightarrow 2(0+1)^n = \dfrac{2}{3^n}(0-2)^n + R(x) \Rightarrow 2 = (\dfrac{-2}{3})^n + R(0)$

$\Rightarrow \lim_{n \to \infty} 2 = \lim_{n \to \infty} (\dfrac{-2}{3})^n + R(0) \Rightarrow 2 = 0 + R(0) \Rightarrow R(0) = 2$

故選 (3)

二、多選題

5. 【答案】(1) (4) (5)

【解析】內積：$\vec{u} \cdot \vec{v} = |\vec{u}||\vec{v}| \cos \theta$；外積：$\vec{u} \times \vec{v} = |\vec{u}||\vec{v}| \sin \theta$

$|\vec{u}| = \sqrt{2^2 + 2^2 + 1^2} = 3$

(1) $\vec{u} \cdot \vec{v} = |\vec{u}||\vec{v}| \cos \theta$

$$\sqrt{2} = \vec{u} \cdot \vec{v} = |\vec{u}||\vec{v}|\cos\theta = 3|\vec{v}|\cos\theta$$

$$\Rightarrow |\vec{v}|\cos\theta = \frac{\sqrt{2}}{3} \Rightarrow 可找到此向量\vec{v}$$

(2) ∵兩向量外積出的向量會和此兩個向量都垂直

$(2,2,1) \cdot (1,3,4) = 2 + 6 + 4 = 12 \neq 0$

∴此向量沒有和向量$\vec{u}$垂直，故不正確

(3) ∵$\vec{u} \cdot \vec{v} = |\vec{u}||\vec{v}|\cos\theta = 3|\vec{v}|\cos\theta = 2 \Rightarrow \cos\theta = \frac{2}{3} \neq 0$

∴向量$\vec{v}$沒有和向量$\vec{u}$垂直，故外積$\neq \vec{0}$

(4) ∵$|\vec{u} \times \vec{v}| = |\vec{u}||\vec{v}|\sin\theta = |3|\vec{v}|\sin\theta = 3|\vec{v}| \Rightarrow |\sin\theta| = 1$

∴$\vec{u}$和$\vec{v}$垂直，故內積為0，正確

(5) $\vec{u} \times \vec{v} = |\vec{u}||\vec{v}|\sin\theta = 3|\vec{v}|\sin\theta = \vec{0} \Rightarrow |\vec{v}| = \vec{0}$ or $\sin\theta = 0$

$\vec{u} \cdot \vec{v} = 0$ 向量$\vec{v}$和向量$\vec{u}$垂直 $\rightarrow \sin\theta = 1$

綜合前兩項 $\rightarrow$ 只有$|\vec{v}| = 0$符合$\vec{u} \times \vec{v} = \vec{0}$，故正確

故選 (1) (4) (5)

6. 【答案】(3) (4)

【解析】$f'(x) = 12x^2 - 22x + 6 = 2(3x - 1)(2x - 3)$

x		$\dfrac{1}{3}$		$\dfrac{3}{2}$	
$f'(x)$	+	0	−	0	+
$f(x)$	↗	$\dfrac{25}{27}$	↘	$\dfrac{-9}{4}$	↗

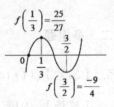

(1) $f'(1) = 12 - 22 + 6 = -4 < 0$，切線斜率為負

(2) 極大值為$\dfrac{25}{27} < 1$，所以和$y = 1$交於一點

(3) $f(\frac{3}{2}) = \frac{-9}{4}$，爲唯一極小值，正確

(4) $\pi \sim 3.14$，帶入 $f(x) > 0$

(5) $\cos \frac{4\pi}{7} < 0$，$f(0) = 0$，所以 $f(\cos \frac{4\pi}{7}) < 0$

故選 (3) (4)

7. 【答案】(1) (3) (4)

【解析】(1) 以甲的勝敗來看，甲連勝 3 次或連敗 3 次：

$$p^3 + (1-p)^3$$

(2) $f(p) = 3 \times [p^3 + (1-p)^3] + 4 \times [p^3(1-p) + p(1-p)^3]$

$\times \frac{3!}{2!} + 5 \times [p^3(1-p)^2 + p^2(1-p)^3] \times \frac{4!}{2!2!}$

$= 6p^4 - 12p^3 + 3p^2 + 3p + 3 \rightarrow f(p)$ 爲 4 次多項式

(3) $f(p)$ 的常數項爲 3

(4) $f'(p) = 24p^3 - 36p^2 + 6p + 3 = (2p-1)(12p^2 - 12p - 3)$

$\rightarrow$ 在 $p = \frac{1}{2}$ 有最大值，正確

(5) $\frac{1}{4}$ 離 $\frac{1}{2}$ 較近，故 $f(\frac{1}{4}) > f(\frac{4}{5})$

故選 (1) (3) (4)

8. 【答案】(1) (2)

【解析】(1) 由前兩式相加，得 $2^x + 2^{x+1} = 3 \Rightarrow 2^x \times (1+2) = 3$

$\Rightarrow 2^x = 1 \Rightarrow x = 0$

(2) 由 $x = 0$ 知 $3^y = 5^z + 2 > 1 \Rightarrow 3^y > 3^0 \Rightarrow y > 0$

(3) $3^y = 5^z + 2 \Rightarrow 3^y - 5^z = 2$，$y > z$，所以不正確

(4) 解聯立方程式可得 $(a+3)5^z = 0$，若 $a \neq 3$ 則 $5^z = 0$，

　　z 無解

(5) 承上，$a = -3$ 則 $3^y - 5^z = 2$ 恆成立，$x = 0$，但 y, z 沒

　　有呈線性

故選 (1) (2)

9. 【答案】 (4) (5)

　　【解析】 (1) $\cos \angle ABC = \dfrac{3^2 + 4^2 - 4^2}{2 \times 3 \times 4} = \dfrac{3}{8} < \dfrac{3}{7}$，

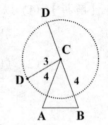

　　　　　　　　錯誤

　　　　　　(2) $\because \angle BAD > \angle BAC = \angle ABC$，

　　　　　　　　所以正確

　　　　　　(3) 如右圖，D 點在以 C 為圓心，

　　　　　　　　半徑為 3 的圓上移動，因為 $ABCD$ 為凸四邊形，所以

　　　　　　　　D 最遠不能超過 BC 連線的延伸，根據三角形定理，

　　　　　　　　$AD > AC - CD = 4 - 3 = 1$

　　　　　　(4) x 最大時，D 在 BC 連線上時，此時變成三角形

　　　　　　　　$x = \sqrt{3^2 + 7^2 - 2 \times 3 \times 7 \times \cos \angle ABC}$

　　　　　　　　$= \sqrt{3^2 + 7^2 - 2 \times 3 \times 7 \times \dfrac{3}{8}} = \dfrac{13}{2}$，所以 $x < \dfrac{13}{2}$

　　　　　　(5) 當四點共圓時，對側角會互補

　　　　　　　　$\cos \angle ABC = -\cos \angle ADC \Rightarrow \dfrac{3}{8} = -\dfrac{x^2 + 3^2 - 4^2}{2 \times x \times 4}$

　　　　　　　　$\Rightarrow x = \dfrac{7}{4}$ 或 -4（$x > 0$，故 -4 不合）

故選 (4) (5)

三、選填題

A. 【答案】 9

　　【解析】 用立體座標，E 為原點，來標示各點

　　　　　　A(0,0,5)、H(0,3,0)、C(2,3,5)

　　　　　　$AH \cdot AC = (0,3,-5) \cdot (2,3,0) = 0 + 9 + 0 = 9$

B. 【答案】 $\dfrac{1}{14}$

　　【解析】 用事件的觀點來算機率

　　　　　　第一個人有 9 格可以選 $\rightarrow \dfrac{9}{9}$

　　　　　　第二個人在 8 格中只有 4 格可選 $\rightarrow \dfrac{4}{8}$

　　　　　　第三個人在 7 格中只有 1 格可選 $\rightarrow \dfrac{1}{7}$

　　　　　　機率 $= \dfrac{9}{9} \times \dfrac{4}{8} \times \dfrac{1}{7} = \dfrac{1}{14}$

第貳部分：非選擇題

一、 【解析】 如右圖

$$(1)\ \int_0^1 (x - x^2)dx = \left[\frac{1}{2}x^2 - \frac{1}{3}x^3\right]_0^1$$

$$= \frac{1}{2} - \frac{1}{3} - 0 = \frac{1}{6}$$

　　　　(2) $y = cx$ 和 $y = x - x^2$ 交於 $x = 0, 1-c$

$$\int_0^{1-c}(-x^2 + (1-c)x)dx$$

$$= \left[-\frac{1}{3}x^3 + \frac{1-c}{2}x^2 \right]_0^{1-c} = \frac{1}{12}$$

$$(1-c)^3 = \frac{1}{2} \Rightarrow c = 1 - \frac{1}{\sqrt[3]{2}}$$

二、【解析】 (1) $(1+i)^4 = (2i)^2 = -4 + 0i$

$$a_4{}^2 + b_4{}^2 = (-4)^2 + 0^2 = 16$$

(2) $(1+i)^{n+1} = (1+i)^n(1+i) \Rightarrow (a_{n+1} + ib_{n+1})$

$$= (a_n + ib_n)(1+i) \Rightarrow \begin{array}{l} a_{n+1} = a_n - b_n \\ b_{n+1} = a_n + b_n \end{array}$$

故可以用矩陣寫成： $\begin{bmatrix} a_{n+1} \\ b_{n+1} \end{bmatrix} = \begin{bmatrix} 1 & -1 \\ 1 & 1 \end{bmatrix} \begin{bmatrix} a_n \\ b_n \end{bmatrix}$ ，

所以 $T = \begin{bmatrix} 1 & -1 \\ 1 & 1 \end{bmatrix}$

(3) $T = \begin{bmatrix} 1 & -1 \\ 1 & 1 \end{bmatrix} = \sqrt{2} \begin{bmatrix} \dfrac{1}{\sqrt{2}} & -\dfrac{1}{\sqrt{2}} \\ \dfrac{1}{\sqrt{2}} & \dfrac{1}{\sqrt{2}} \end{bmatrix}$

$$= \sqrt{2} \begin{bmatrix} \cos 45° & -\sin 45° \\ \sin 45° & \cos 45° \end{bmatrix}$$

代表 T 只是把 P、Q 兩點以 O 為圓點，旋轉和放大

$\overline{OP'} = \sqrt{2}\,\overline{OP}$ ， $\angle P'OP = 45°$ ，所以 $\dfrac{\overline{OP'}}{\overline{OP}} = \dfrac{\overline{OQ'}}{\overline{OQ}} = \sqrt{2}$ ，
$\overline{OQ'} = \sqrt{2}\,\overline{OQ}$ $\angle Q'OQ = 45°$

且 $\angle P'OP = \angle Q'OQ = 45°$

103 年大學入學指定科目考試試題
數學乙

第壹部分：選擇題（單選題、多選題及選填題共占 76 分）

一、單選題（占 12 分）

說明：第 1 題至第 2 題，每題有 5 個選項，其中只有一個是正確或最適當的選項，請畫記在答案卡之「選擇（填）題答案區」。各題答對者，得 6 分；答錯、未作答或畫記多於一個選項者，該題以零分計算。

1. 坐標平面上滿足 $10^x \cdot 100^y = 1000$ 的所有點 (x,y) 所形成的圖形為下列哪個選項？

   (1) 一個點　　　　　　　(2) 一直線

   (3) 兩直線　　　　　　　(4) 一個二次多項式的函數圖形

   (5) 一個圓

2. 某班有 41 名學生，已知某次考試成績全班的平均分數為 64，最高分為 97，最低分為 24。欲將全班學生成績做線性調整（調整後分數 $= a + b \times$ 原始分數，其中 $b > 0$）使得最高分為 100 及最低分為 50。請選出正確的選項。

   (1) 調整後分數的平均值較原始分數的平均值低

   (2) 調整後分數的中位數和原始分數的中位數一樣

   (3) 調整後分數的中位數較原始分數的中位數高

   (4) 調整後分數的標準差和原始分數的標準差一樣

   (5) 調整後分數的標準差較原始分數的標準差大

二、多選題（占 40 分）

說明：第 3 題至第 7 題，每題有 5 個選項，其中至少有一個是正確的
選項，請將正確選項畫記在答案卡之「選擇（填）題答案區」。
各題之選項獨立判定，所有選項均答對者，得 8 分；答錯 1 個
選項者，得 4.8 分；答錯 2 個選項者，得 1.6 分；答錯多於 2
個選項或所有選項均未作答者，該題以零分計算。

3. 三次實係數多項式 $f(x)$ 滿足 $f(-3) > 0$，$f(-2) < 0$，$f(-1) > 0$，
$f(1) > 0$，$f(2) = 0$。請選出正確的選項。

(1) $f(0) < 0$

(2) $f(x) = 0$ 恰有一根介於 -3 與 -2 之間

(3) $f(x) = 0$ 恰有一根介於 -2 與 0 之間

(4) $f(x) = 0$ 在 0 與 1 之間有根

(5) $f(x) = 0$ 在 -3 與 3 之間恰有三個根

4. 請選出正確的選項。

(1) 隨機亂數表的任一列中，0 到 9 各數字出現的次數皆相同

(2) 擲一枚均勻的銅板 10 次，若前 5 次出現 3 次正面與 2 次反
面，則後 5 次必定出現 2 次正面與 3 次反面

(3) 投擲一枚均勻的銅板 2 次，在正面至少出現 1 次的條件下，
2 次都出現正面的條件機率等於 $\dfrac{1}{3}$

(4) 投擲 6 顆公正的骰子，1、2、3、4、5、6 點都出現的機率
小於 $\dfrac{1}{6}$

(5) 從一副 52 張的撲克牌（紅黑各有 26 張）中，隨機抽取相異
的兩張，這兩張牌都是紅色的機率為 $\dfrac{1}{4}$

5. 請選出正確的選項。

(1) $\lim\limits_{n \to \infty} \left(\dfrac{9}{10}\right)^n = 0$

(2) $\lim\limits_{n \to \infty} \left(-\dfrac{4}{3}\right)^n = 0$

(3) $\lim\limits_{n \to \infty} \dfrac{5^n - 3^n}{6^n + 7^n} = 0$

(4) $\lim\limits_{n \to \infty} \dfrac{n(n+1)(2n+1)}{6n^3} = \dfrac{1}{3}$

(5) $\lim\limits_{n \to \infty} \left(\sqrt{n+1} - \sqrt{n}\right) = 1$

6. 假設多項式 $f(x) = 2 - 2x + 4x(x-1) + x(x-1)(x-2)g(x)$，其中 $g(x)$ 為一實係數多項式。請選出**一定正確**的選項。

(1) $f(x)$ 有 $(x-1)$ 的因式

(2) $f(x)$ 沒有 $(x+1)$ 的因式

(3) $f(x)$ 被 $(x-2)$ 除的餘式等於 6

(4) 0 不是 $f(x) = 0$ 的根

(5) 通過 $(0, f(0))$、$(1, f(1))$、$(2, f(2))$ 的最低次插值多項式為 $2 - 2x + 4x(x-1)$

7. 三個相異實數 a、b、c 滿足 $b = \dfrac{4}{5}a + \dfrac{1}{5}c$，如果將 a、b、c 標示在數線上，則

(1) b 在 a 與 c 之間

(2) $c > b$

(3) 若 $d = \dfrac{4}{3}a - \dfrac{1}{3}c$，則 d 在 a 與 b 之間

(4) a 到 c 的距離是 a 到 b 的距離的 5 倍

(5) 如果 $|b| = \dfrac{4}{5}|a| + \dfrac{1}{5}|c|$，則 $a \cdot b \cdot c > 0$

三、選填題（占 24 分）

說明：1. 第 A 至 C 題，將答案畫記在答案卡之「選擇（填）題答案
　　　 區」所標示的列號（8–15）。

　　　2. 每題完全答對給 8 分，答錯不倒扣，未完全答對不給分。

A. 用 1、5、6、7、9 組成的三位數（不同位可以用相同數字），其
　 個位數字、十位數字、百位數字的總和爲偶數者共有 ___⑧⑨___ 種。

B. 設 $A(1,2)$、$B(1,-2)$ 爲平面上兩定點，點 P 爲 x 軸正向上的一點。
　 若內積 $\overrightarrow{PA} \cdot \overrightarrow{PB} = 5$，則點 P 之坐標爲（ ⑩, ⑪ ）。

C. 設 P、Q、R 爲二階方陣，已知 $PQ = \begin{bmatrix} 2 & 0 \\ 12 & 0 \end{bmatrix}$，$PR = \begin{bmatrix} 1 & 3 \\ 4 & 12 \end{bmatrix}$

　 且 $Q + R = \begin{bmatrix} 1 & 0 \\ 3 & 3 \end{bmatrix}$，則 $P = \begin{bmatrix} ⑫ & ⑬ \\ ⑭ & ⑮ \end{bmatrix}$。

-------- 以下第貳部分的非選擇題，必須作答於答案卷 --------

第貳部分：非選擇題（占 24 分）

說明： 本部分共有二大題，答案必須寫在「答案卷」上，並於題號
欄標明大題號（一、二）與子題號（(1)、(2)、……），同
時必須寫出演算過程或理由，否則將予扣分甚至零分。作答
務必使用筆尖較粗之黑色墨水的筆書寫，且不得使用鉛筆。
每一子題配分標於題末。

一、 坐標平面上有三點 $O(0,0), A(11,2), B(23,18)$。直線 L 通過 A 點且
與線段 $\overline{AB}$ 垂直。

(1) 求直線 L 上與 A 點距離為 5 的兩點 C,D 之坐標。（8 分）

(2) 求 ΔOCD 的面積。（4 分）

二、 某工廠可以買甲、乙兩種規格的鐵板來製作「熊大」徽章、「兔
兔」徽章和「饅頭人」徽章。每塊甲規格的鐵板可以製作 8 個
「熊大」徽章、4 個「兔兔」徽章及 8 個「饅頭人」徽章，每塊
乙規格的鐵板可以製作 4 個「熊大」徽章、4 個「兔兔」徽章及
16 個「饅頭人」徽章。已知甲規格的鐵板每塊的成本為 400 元，
乙規格的鐵板每塊的成本為 320 元；然而零售商需要 28 個「熊
大」徽章、20 個「兔兔」徽章及 48 個「饅頭人」徽章。為了滿
足零售商的需求，設工廠要買進 x 塊甲規格鐵板、y 塊乙規格鐵
板，其中 x 和 y 為非負整數，由下列步驟，求出何時才能達到最
低成本。

(1) 寫出此問題的線性規劃不等式及目標函數。（4 分）

(2) 求可行解區域的所有頂點的坐標。（4 分）

(3) 工廠所需最低成本為多少元？（4 分）

103年度指定科目考試數學(乙)試題詳解

第壹部分：選擇題

一、單選題

1. 【答案】(2)

　　【解析】$100 = 10^2$，$10^x \cdot 100^y = 10^x \cdot 10^{2y} = 10^{(x+2y)} = 1000 = 10^3$

　　　　　所有點 (x,y) 形成 $x + 2y = 3$，$x + 2y = 3$ 在座標平面上為

　　　　　一直線，故選 (2) 一直線

2. 【答案】(3)

　　【解析】最高分 $= a + 97b = 100$

　　　　　最低分 $= a + 24b = 50$

　　　　　得到 $a = \dfrac{2450}{73}$，$b = \dfrac{50}{73}$

　　　　　(1) 平均值 $(\overline{X}) \rightarrow \dfrac{2450}{73} + \dfrac{50}{73}\overline{X}$。所以平均值變大

　　　　　(2) 中位數 (M) 也和平均值同理 $\rightarrow \dfrac{2450}{73} + \dfrac{50}{73}M$。變大

　　　　　(3) 標準差 $(\sigma) \rightarrow \dfrac{50}{73}\sigma$。所以標準差變小。

　　　　　故選擇 (3)

二、多選題

3. 【答案】(2) (3) (5)

　　【解析】由原題可知，$f(x) = 0$，在 $x = -3$ 和 $x = -2$ 之間至少有一解，在 $x = -2$ 和 $x = -1$ 之間至少有一根；在 $x = 2$ 有一根。因為 $f(x)$ 為三次實係數多項式，故 $f(x) = 0$ 最多僅有 3 根。

　　　　故在 $x = -3$ 和 $x = -2$ 之間有一根，在 $x = -2$ 和 $x = -1$ 之間有一根。圖形如右。故 (1) $f(0) > 0$，所以錯誤；(2) (3) 正確；(4) 錯誤；(5) 如圖，正確。故選 (2) (3) (5)

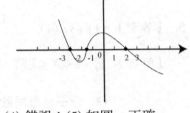

4. 【答案】(3) (4)

　　【解析】(1) 錯誤，隨機亂數表中並無此設定，只有整個亂數表中個數字出現的頻率相同。

　　　　(2) 錯誤，均勻銅板為隨機，故沒有所謂必定出現的情況，且不同次應該為獨立事件。

　　　　(3) P（至少出現一次正面）$= 1 - \dfrac{1}{2 \times 2} = \dfrac{3}{4}$，P（至少出現一次正面且兩次都為正面）$= \dfrac{1}{2 \times 2} = \dfrac{1}{4}$，根據條件機率，P（在至少出現一次正面的條件下，兩次都出現正面）$= \dfrac{\frac{1}{4}}{\frac{3}{4}} = \dfrac{1}{3}$。正確。

(4) 1-6 都出現的機率 $P = \dfrac{6!}{6^6} = \dfrac{5}{324} < \dfrac{1}{6}$，正確

(5) 兩張都是紅色的機率 $P = \dfrac{C_2^{26}}{C_2^{52}} = \dfrac{26 \times 25}{52 \times 51} = \dfrac{25}{102} \neq \dfrac{1}{4}$，

錯誤

故選 (3) (4)

5. 【答案】 (1) (3) (4)

【解析】 當 $-1 < X < 1$ 時，$\lim\limits_{n \to \infty}(X)^n = 0$，故 (1) 正確，(2) 會發散

(3) 分子分母同除以 $7^n \to$

$$\lim_{n \to \infty} \frac{(\frac{5}{7})^n - (\frac{3}{7})^n}{(\frac{6}{7})^n + 1} = \lim_{n \to \infty} \frac{(\frac{5}{7})^n - (\frac{3}{7})^n}{(\frac{6}{7})^n + 1} = \frac{0}{0 + 1} = 0$$

(4) 分子分母同除以 $n^3 \to$

$$\lim_{n \to \infty} \frac{2 + \dfrac{5}{n} + \dfrac{1}{n^2}}{6} = \lim_{n \to \infty} \frac{2 + \dfrac{5}{n} + \dfrac{1}{n^2}}{6} = \frac{2}{6} = \frac{1}{3}$$

(5) 分子分母同乘 $\sqrt{n+1} - \sqrt{n} \to$

$$\lim_{n \to \infty} \sqrt{n+1} - \sqrt{n} = \lim_{n \to \infty} \frac{1}{\sqrt{n+1} + \sqrt{n}} = \frac{\dfrac{1}{\sqrt{n}}}{\sqrt{1 + \dfrac{1}{n}} + 1}$$

$$= \frac{\dfrac{1}{\sqrt{n}}}{\sqrt{1 + \dfrac{1}{n}} + 1} = \frac{0}{1 + 1} = 0$$，錯誤。故選 (1) (3) (4)

6. 【答案】(1) (3) (4) (5)

　　【解析】由題意與數據可得：

　　　　　(1) $f(1) = 0$，所以 $f(x)$ 有 $(x-1)$ 的因式。正確

　　　　　(2) 無法得知 $f(-1)$ 是否 $= 0$，故無法判定有無 $(x+1)$ 的因式。

　　　　　(3) $f(2) = 6$，所以 $f(x)$ 被 $(x-2)$ 除的餘式 $= 6$。正確

　　　　　(4) $f(0) = 2$，所以 0 不是 $f(x) = 0$ 的根。正確

　　　　　(5) 如題目，最低次插值多項式，為 $2 - 2x + 4x(x-1)$

　　　　　故選 (1) (3) (4) (5)

7. 【答案】(1) (4)

　　【解析】(1) b 是 a 和 c 的內分點，所以 b 在 a 和 c 之間。正確

　　　　　(2) 無法得知，僅知道 b 在 a 和 c 之間。錯誤

　　　　　(3) d 是 a 和 c 的外分點，一定在 ac 之外，所以一定不在 a 和 b 之間。錯誤

　　　　　(4) 如右圖，$\overline{ab} = \dfrac{1}{5}\overline{ac}$

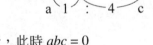

　　　　　(5) 若其中一點為 0 就不行，此時 $abc = 0$

　　　　　故選 (1) (4)

三、選填題

A. 【答案】49 種

　　【解析】只有 6 為偶數，以 6 做為分類：

　　　　　1) $666 \rightarrow 1$ 種

2) 6 搭配兩個相同奇數：$C_1^4 \times \dfrac{3!}{2!} = 4 \times 3 = 12$ 種

3) 6 搭配兩個相異奇數：$C_2^4 \times 3! = 6 \times 6 = 36$ 種

　共 $1 + 12 + 36 = 49$ 種

B. 【答案】 (4,0)

　【解析】 假設 P 為 $(x,0)$，且 $x > 0$。

　　　　則 $\overrightarrow{PA} = (1-x, 2)$、$\overrightarrow{PB} = (1-x, -2)$

　　　　$\overrightarrow{PA} \cdot \overrightarrow{PB} = x^2 - 2x - 3 = 5 \rightarrow x^2 - 2x - 8 = 0$

　　　　$\rightarrow x = 4, -2$（取正），故 $x = 4$，P 為 $(4,0)$

C. 【答案】 $\begin{bmatrix} 0 & 1 \\ 4 & 4 \end{bmatrix}$

　【解析】 $P(Q+R) = PQ + PR$

　　　　$\rightarrow P \begin{bmatrix} 1 & 0 \\ 3 & 3 \end{bmatrix} = \begin{bmatrix} 2+1 & 0+3 \\ 12+4 & 0+12 \end{bmatrix} = \begin{bmatrix} 3 & 3 \\ 16 & 12 \end{bmatrix}$

　　　　$Q + R$ 的反方陣 $= \begin{bmatrix} 1 & 0 \\ -1 & \dfrac{1}{3} \end{bmatrix}$

　　　　$P = \begin{bmatrix} 3 & 3 \\ 16 & 12 \end{bmatrix} \begin{bmatrix} 1 & 0 \\ -1 & \dfrac{1}{3} \end{bmatrix} = \begin{bmatrix} 0 & 1 \\ 4 & 4 \end{bmatrix}$。

第貳部分：非選擇題

一、【解析】 (1) $\overrightarrow{AB} = (23-11, 18-2) = (12,16)$ 與 $\overrightarrow{AB}$ 垂直的向量為

　　　　　$n(16,-12)$，n 為實數

　　　　　而此垂直向量的長度 $= 5$，則此向量為 $\pm(4,-3)$

　　　　　C、D 兩點分別為 $(11,2) + (4,-3) = (15,-1)$ 及

　　　　　$(11,2) - (4,-3) = (7,5)$，故 C、D 為 $(15,-1)$ 及 $(7,5)$

　　　　(2) $a\Delta OCD = \dfrac{1}{2}\left\|\begin{matrix} 15 & -1 \\ 7 & 5 \end{matrix}\right\| = \dfrac{1}{2}|15 \times 5 - 7 \times (-1)| = \dfrac{1}{2} \times 84 = 41$

二、【解析】 設買進甲鐵板 x 單位，乙鐵板 y 單位

　　　　　依題意條件可得聯立不等式：

$$\begin{cases} 熊大：8x + 4y \geq 28 \\ 兔兔：4x + 4y \geq 20 \\ 饅頭人：8x + 16y \geq 48 \\ 非負整數：x \geq 0, y \geq 0 \end{cases} \Rightarrow \begin{cases} 2x + y \geq 7 \\ x + y \geq 5 \\ x + 2y \geq 6 \\ x \geq 0, y \geq 0 \end{cases}$$

　　　　　其目標利潤函數

　　　　　$f(x,y) = 400x + 320y$

　　　　　由聯立不等式可得可行

　　　　　解區域如右圖所示，得

　　　　　各頂點所對應之利潤函

　　　　　數值如下：

頂點	A(0,7)	B(2,3)	C(4,1)	D(6,0)
目標函數值	2240	1760	1920	2400

　　　　　故買進甲鐵板 2 單位，乙鐵板 3 單位時，

　　　　　可達到最低成本 1760 元

103 年大學入學指定科目考試試題
歷史考科

第壹部分：選擇題（占 80 分）

一、單選題（占 72 分）

說明： 第 1 題至第 36 題，每題有 4 個選項，其中只有一個是正確或最適當的選項，請畫記在答案卡之「選擇題答案區」。各題答對者，得 2 分；答錯、未作答或畫記多於一個選項者，該題以零分計算。

1. 十六世紀後半期，加勒比海地區生產蔗糖，需要大量人力從事收割、榨汁，加工成濃縮糖蜜後，運至歐洲販賣。因當地勞動力不足，來自歐洲的業主採取怎樣的措施以補充勞動力？
   (A) 自中國招募大批華工
   (B) 從非洲引進黑人奴隸
   (C) 自北美聘僱印地安人
   (D) 自東歐招募契約勞工

2. 日本殖民統治時期，臺灣總督府為確保糖廠取得穩定而便宜的原料，特別制定某項政策。唯蔗農認為這項政策妨礙市場競爭機制，造成他們的利益受損，因而群起反對。這項政策是：
   (A) 擴大甘蔗的種植面積
   (B) 指定原料採集區域
   (C) 以現金收購原料甘蔗
   (D) 引進外國優良蔗苗

3. 一場「革命」的前夕，全國每年可以出版 45,000 種書；革命發生的第二年，只出版了 3,000 種書。市場上的各類出版品的總數，一下子減少了近 95%。這場革命是：
   (A) 1776 年美國獨立革命
   (B) 1789 年法國大革命
   (C) 1911 年辛亥革命
   (D) 1966 年文化大革命

4. 史家評論某地區的文化成就:「他們深以自己能傳承古希臘為榮,作家們以典雅的古希臘語寫作。當西歐正沉淪於黑暗時代時,他們繼續維持一個有教養、博學的社會,產生許多著名的歷史和神學著作,以及一種優美的書簡文學。」這個地區是指:

(A) 義大利　　(B) 阿拉伯　　(C) 拜占庭　　(D) 俄羅斯

5. 王姓家族原居河北地區,因戰亂遷徙到長江下游。後來政府下令,住民不分新、舊,一律編入所居郡縣戶籍。同時,政府也將逃亡的農民和被豪強隱匿的奴婢列入課稅對象。王家經歷了這些新措施後,終於在僑居地正式落戶。王家應是遇到哪項措施?

(A) 西晉實施的占田制度　　　(B) 東晉實施的土斷政策
(C) 安史亂後的清查戶口　　　(D) 清代實施的改土歸流

6. 以下為和臺灣原住民有關的政策:(甲)種族平等,建立共存共榮關係;(乙)生番化熟、熟番化漢;(丙)理蕃為手段,目的是殖產興業;(丁)建立領主與封臣的關係。四個政策出現的時間依序為:

(A) 乙甲丁丙　(B) 丙甲乙丁　(C) 丁乙丙甲　(D) 甲丁丙乙

7. 某一時期,一座位於江南的城市,在熙來攘往的街道上,隨處可見販賣各色棉布、絲綢、青花瓷、胡椒、菸草等貨品的店舖。人們買賣時,大額交易使用銀兩,小額交易使用銅錢。上述情景最可能出現於何時?

(A) 唐代　　　(B) 宋代　　　(C) 元代　　　(D) 明代

8. 「年輕時,我在譙東蓋了一間房子,想過著讀書、射獵的生活,待二十年後天下太平再入朝為官,但事與願違。我應朝廷徵召,擔任典軍校尉一職,希望能討賊立功,死後墓碑的題字為『漢故征西將軍曹侯之墓』。……董卓倡亂,我舉兵征討,也降服三十

餘萬黃巾部隊,又討平袁術、袁紹、劉表等勢力,天下總算太平。
我官拜宰相,位極人臣,超過我的願望。如果國家沒有我,不知
道已經有多少人稱帝稱王。」這段資料應當是:

(A) 政治人物對自己的描述　　(B) 歷史學者對某人的描繪

(C) 政府追悼死者時的悼文　　(D) 後世子孫對祖先的介紹

9. 一位史家指出:清朝平定臺灣之後,一方面推行治臺政策;另一
方面也企圖湮滅明鄭時期的事蹟。下列何者最能符合消滅明鄭統
治紀錄的意圖?

(A) 改東寧府名爲臺灣府　　(B) 移入官兵以分防臺灣

(C) 劃界封山以阻隔番漢　　(D) 頒布條例以管理移民

10. 1920 年代以後,極權國家利用新的大眾媒介宣傳極權思想,向大
眾灌輸:如果希望民族得救,就必須有強而有力的領袖。這些極
權國家的統治者,經常利用兩項十九世紀末至二十世紀初期發明
的技術,順利掌握權力。這兩項發明是:

(A) 電話和照相機　　(B) 無線電和電影

(C) 錄音機和電視　　(D) 網路與電腦

11. 1937 年中日戰爭爆發初期,國際社會多採觀望態度,只有某國,
因中日開戰,得以免除來自日本的牽制力量,基於其自身的戰略
利益,不但派遣軍事顧問團及空軍來華,並多次提供鉅額貸款。
「某國」是:

(A) 美國　　　(B) 英國　　　(C) 蘇聯　　　(D) 德國

12. 十七世紀初,歐洲一家公司獲得政府授權,專營亞洲貿易。該公
司爲維持航路暢通,不僅組織軍隊,也在各地設立據點,設官管
理。十七世紀後半期,這家公司不僅成爲日本對外貿易的主要對
象,也是西方新知傳入日本的窗口。這是哪家公司?

(A) 荷蘭東印度公司　　　　　(B) 法國西印度公司
(C) 英國東印度公司　　　　　(D) 德國克魯伯公司

13. 1920 年代，臺灣出現許多社會運動團體，分合不一，有聯合亦有
　　競爭，也各有不同的訴求與目標，啓蒙大眾之餘，對殖民政府進
　　行各種理性的抗爭，如臺灣文化協會、臺灣民眾黨、臺灣農民組
　　合等。但 1930 年代多數社運團體均沈寂下來，主要原因最可能是：
　　(A) 日臺的差別待遇逐漸改善，社運團體無新的訴求
　　(B) 經濟好轉人民生活改善，對社會和政治較不關心
　　(C) 地方自治實施臺人獲參政權，社運團體訴求達成
　　(D) 社運團體日漸左傾，當局大舉整肅禁止相關活動

14. 右圖甲、乙、丙、丁四個區域，
　　何者既屬古代迦太基，又爲當代
　　「茉莉花革命」的起源之地？
　　(A) 甲　　　(B) 乙
　　(C) 丙　　　(D) 丁

15. 學者指出：在這個地區，隨著商人的通商貿易，傳入了印度的宗
　　教文化，此區出現許多與印度相仿的廟宇與神祇。本地統治階級
　　在該區印度化過程中也扮演重要角色，他們聘請婆羅門擔任顧問，
　　引入印度的儀式、習俗與相關法論。這些法論構成一個框架，此
　　區許多國家的地方習慣法就是在此框架內形成。這個地區最可能
　　是：
　　(A) 東南亞　　(B) 東北亞　　(C) 西亞　　(D) 東非

16. 王曰：「有人說：遼以信佛而衰弱，金以崇儒而亡國，有這回事
　　嗎？」對曰：「遼國的事我不知道，金國的事我親身參與。金的
　　宰相中雖有一二位儒臣，其他都是武將貴爵出身。而儒臣任相很

少參與軍國大計。其他以儒術任職的官員爲數不多，只不過經手一些行政事務，國家存亡有其應該負責的人，與儒術無關。」王聽了很同意。這段君臣對話中的「王」，應是何人？

(A) 耶律阿保機 　　　　　 (B) 完顏阿骨打

(C) 忽必烈 　　　　　　　 (D) 努爾哈赤

17. 一則文告呼籲：「現在帝國主義與國民黨聯合起來，向我們進攻，我們唯一的出路不止是繼續罷工、罷課，並且還要擴大。我們得組織力量，武裝自己，把帝國主義的海陸空軍驅逐出中國，才有生路。」這份文告最可能是：

(A) 1910年代，辛亥革命時期武昌清軍的呼籲

(B) 1930年代，國民政府剿共時期中共的說法

(C) 1950年代，中共建國以後共黨的建國藍圖

(D) 1960年代，文化大革命時期紅衛兵的傳單

18. 一位學者評論某一政權，認爲：這個政權中，君主不能直接控制地方，猶如全身癱瘓，中樞神經不能直接控制四肢，身體各部位只能有限地互相牽動。這個政權最可能是指：

(A) 二世紀的羅馬帝國 　　　 (B) 八世紀的阿拔斯王朝

(C) 九世紀的法蘭克王國 　　 (D) 十八世紀的普魯士

19. 1539年法國國王規定：嬰兒出生時必須向官方登記；法院各類文書須以法文書寫。法國國王採取這種作法的主要原因爲何？

(A) 法王受宗教改革影響，欲脫離羅馬教廷掌握，捨棄拉丁文

(B) 法王欲集權中央，必須有效掌握人力資源，提昇法語地位

(C) 英國長期控制法國，法王藉推廣法語，驅逐英王封建勢力

(D) 法國境內族群眾多，語言極爲紛亂，推動國語有利於溝通

20. 學者提到十六、十七世紀的臺灣地位，認為：政治易主，東亞貿易的架構也重回十六世紀中期的傳統秩序。中國北方貿易，從寧波、南京前往日本；南方貿易，則從廈門、廣州前往東南亞，臺灣再次被置於東亞貿易的主要路線之外。從以上的論述可以推出怎麼樣的論斷？
    (A) 臺灣仍保有東亞航線及貿易的優勢
    (B) 臺灣和中國共同建立朝貢貿易體系
    (C) 臺灣地位自此變成大清帝國的邊陲
    (D) 臺灣取代琉球成為朝貢貿易的關鍵

21. 一位當代歷史學者討論歷史上「焚書」事件出現的時間，指出：根據《韓非子・和氏篇》記載，當局為了推行變法，下令「燔《詩》、《書》並修明法令」，以打擊儒家的復古思想。當局還下令禁止任何人透過關係請託，更禁止遊說求官的行為。我們如何理解史家討論的主題？
    (A) 文中提及打擊儒家復古思想，點出此為晉文公成就霸業時
    (B) 史家引用《韓非子》，欲說明商鞅時期已有燔燒書籍之舉
    (C) 文中討論焚書、坑儒之事，用以證明這應是秦始皇的作為
    (D) 史家談及修明法令，屬於變法改制，應是要檢討王莽新政

22. 右圖畫作描繪海上有一塊巨石飄浮於空中。這種表現的形式，最可能與哪一畫派有關？

    (A) 石頭的紋理細緻分明，反映出寫實主義的繪畫技巧
    (B) 畫出海浪與光影的重要元素，反映出印象派的畫風
    (C) 半空中的石頭蘊含巨大力量，反映出野獸派的思維
    (D) 石頭懸浮於半空中，反映出超現實主義的創作手法

23. 冷戰時期，東德、匈牙利、捷克等東歐國家的人民，曾多次起來反抗共產黨極權統治，但都慘遭撲滅。到了 1989 年，東歐民主化運動再度興起，由於形勢轉變，他們終能獲得自由與獨立。1989 年東歐民主化運動能一舉成功的主要關鍵爲何？

(A) 教廷的道德支持　　　　(B) 美國的人權外交

(C) 歐盟的經濟制裁　　　　(D) 蘇聯的政策轉向

24. 閱讀下列三段有關北魏太延四年（438 年）的資料：

資料一、《通鑑》記載：北魏太武帝「下詔，沙門年五十以下者還俗。」

資料二、《通鑑》胡三省注：「因爲這些人身強體壯，還俗爲民，還可以爲國作戰。」

資料三、《通鑑》記載：「九月，魏主伐柔然，相持不下。柔然擔心魏大軍將至，突圍而去。」

我們如何理解這三則資料？

(A) 資料二注釋資料一，資料三說明背景

(B) 資料一注釋資料三，資料二說明動機

(C) 資料二注釋資料三，資料一說明結果

(D) 資料三注釋資料一，資料二解釋起因

25. 一位宗教領袖論教堂：「一場嚴肅的禱告，同樣可以在草屋中或者豬圈裡進行。……有說話聲音的地方，就是上帝的所在、祂的家。即便是金碧輝煌的教堂，祂如不在那裡說話，就說明祂不住那裡。」他強調：只有在最後一個窮人得到照應後，才能考慮興建教堂。至於教堂的建造、風格和裝飾都無關緊要。這最可能是何人的觀點？

(A) 羅馬教宗烏爾班二世　　(B) 宗教改革家馬丁路德

(C) 英國國王亨利八世　　　(D) 君士坦丁堡大主教安東尼

26. 某一朝代大臣論及兵制，說：「（甲）兵甲在外，惟南北軍、期
門、羽林孤兒，以備天子扈從藩衛之用。（乙）置十二衛府兵，
皆農夫也。及罷府兵，始置神武、神策為禁軍，不過三萬人，亦
以備扈從藩衛而已。（丙）今天下甲卒數十萬衆，戰馬數萬匹，
並萃（集中）京師。」甲、乙、丙分別是指哪一朝代？
(A) 漢、唐、宋　　　　　　　(B) 漢、宋、清
(C) 隋、唐、清　　　　　　　(D) 隋、宋、明

27. 儒家學說之中，某一時期之學術，近代學者論其一大弊病：「不
敢議論史事，不敢議論人物，不敢稱讚古代士人的氣節，不敢宣
揚前朝人物在亡國時表現的大義凜然。這只是養成莫談國事之風
氣以及不知廉恥的士大夫，為後來國勢衰弱埋下遠因。」這位學
者批評的最可能是：
(A) 漢代經學；通經致用，利祿之途
(B) 宋程朱學；格物致知，窮理盡性
(C) 明代王學；發明本心，培養良知
(D) 清考據學；文字聲韻，訓詁名物

28. 史書記載：「唐文宗問大臣，我與前代哪些君主一樣？大臣說，
像堯、舜一樣。唐文宗說，我哪裡敢與堯、舜相比，我要問的是，
我與周代末年的周赧王，漢末的漢獻帝比，會怎麼樣？赧王、獻
帝受制於強諸侯，我受制於家奴，這樣說來，我還不如呢！說著
就流下了眼淚。」唐文宗泣下霑襟，是因為：
(A) 廢權相不成，為權相所制　　(B) 廢宦官不成，為宦官所制
(C) 廢藩鎮不成，為藩鎮所制　　(D) 廢悍帥不成，為悍帥所制

29. 出生於淡水的林阿和與來自日本九州的遠藤哲夫是臺北工業學校
土木科的同學，1942 年畢業那年，太平洋戰爭已經爆發，遠藤奉
召入伍，林阿和則進入營造廠工作。兩人的前途為何有此差別？

(A) 日本疑忌臺人，未徵召臺人當兵

(B) 日本爲攏絡臺人，故免除臺人兵役

(C) 日本失業率太高，日人只能當兵

(D) 禁止臺人當兵，須集體入工廠服務

30. 某生參觀古埃及文明展覽，最先映入眼簾的是一座模仿金字塔的
建築，內部巨柱以象形文字刻著法老名字，他還見到人類及動物
的木乃伊。天花板及四周牆壁則描繪太陽神度過漫漫長夜的考驗，
最後獲得重生的歷程。根據你 (妳) 的歷史知識及展覽內容判斷，
古埃及文明具有哪項宗教觀念與特質？

(A) 埃及屬於一神信仰　　　(B) 金字塔是萬神聖殿

(C) 木乃伊爲復活之用　　　(D) 象形文僅用於占卜

31. 有位學者說，出生於十四世紀初的佩脫拉克是第一位人文主義者。
另一位學者描述了有關佩脫拉克生平的四件事情：

（甲）他最初學習法律，後因經濟問題改投神職成爲教士。

（乙）他的拉丁文造詣高，並以義大利方言創作美麗詩歌。

（丙）他的著作常敘述自己，以追求名聲，顯示個人主義。

（丁）他曾經攀登法國南部高山，爲了居高臨下欣賞美景。

上述哪兩件事可作爲「佩脫拉克是第一位人文主義者」這個論題
的證明：

(A) 甲乙　　　(B) 乙丙　　　(C) 丙丁　　　(D) 甲丁

32. 以下詩句分別出自兩位詩人：「這種哲學使天使折翼，以法則與
線條征服神秘……拆解彩虹，就像是片刻前才創造的。」「這類
學科固然擴大人類宰制外在世界的領域……，卻連帶地也箝制了
內在世界的發展，人既以自然爲奴，他自身卻仍受著束縛。」兩
位詩人批判的應該是：

(A) 浪漫主義　(B) 理性主義　(C) 民族主義　(D) 社會主義

33. 政府的經濟政策往往影響到國家經濟的走勢。1917 年十月革命後，俄國共產政權的經濟政策迭生變化：1918 年起，列寧實施激進的共產主義，到 1921 年改行「新經濟政策」；1928 年後，史達林則推動一系列的「五年計畫」。從上述政策的結果評估，1917 年到 1928 年，蘇聯的經濟成長走勢示意圖最可能是：

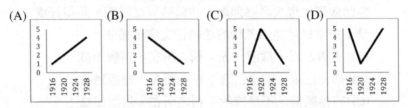

34. 雜誌上登載的文章，其中有「中國固有的倫理、法律、學術皆封建制度之遺，與西人相較，相去極遠，如不改進，必不能存於今日世界。」又有「西俗以橫屬無前爲上德，中國以閒逸恬淡爲美風，實爲中西民族強弱的大原因。」再有「若篤舊不變，而無世界知識，不知順應世界潮流，絕難立足。」這些議論最可能反映哪一時期的思想？
    (A) 林則徐爲代表的鴉片戰爭時期思想
    (B) 李鴻章爲代表的自強運動時期之思想
    (C) 康有爲爲代表的戊戌變法時期思想
    (D) 陳獨秀爲代表的新文化運動時期思想

35. 志願兵一隊接一隊地走過巴黎林蔭大道，肩扛國旗和寫著激昂口號的標語：「盧森堡人絕不做德國人！」「義大利的自由是法國人鮮血換來的！」「西班牙和法國人親如姊妹！」「英國人願爲法蘭西人而戰！」「希臘人熱愛法蘭西！」「斯拉夫民族和法蘭西站在一起！」還有一個寫著「亞爾薩斯人打回老家去！」這個場景最可能出現於何時？
    (A) 1812 年，拿破崙征俄前夕
    (B) 1870 年，普法戰爭前夕

(C) 1914 年，第一次世界大戰前夕

(D) 1939 年，第二次世界大戰前夕

36. 鴉片戰爭後，清廷和戰不決，英人驅船攻向礮臺，守將關天培英勇殉職，英艦進攻岸臺，帶領著鴉片船尾隨而至，一些民間小舟協助販運。粵兵名為迎敵，也同時伺機護販，藉得好處。此一情景，史家最可能用怎樣的總結性文字來描述？

(A) 忠勇之軍，撤潰已盡；利之所在，對敵如戲

(B) 忠勇之軍，撤潰已盡；民氣所在，雖敗猶榮

(C) 將領驕惰，不足禦敵；利之所在，對敵如戲

(D) 將領驕惰，不足禦敵；民氣所在，雖敗猶榮

二、多選題（占 8 分）

說明：第 37 題至第 40 題，每題有 5 個選項，其中至少有一個是正確的選項，請將正確選項畫記在答案卡之「選擇題答案區」。各題之選項獨立判定，所有選項均答對者，得 2 分；答錯 1 個選項者，得 1.2 分；答錯 2 個選項者，得 0.4 分；答錯多於 2 個選項或所有選項均未作答者，該題以零分計算。

37. 〈赤嵌筆談〉對清代臺灣糖廍的記載：「每廍用十二牛，日夜硤蔗；另四牛載蔗到廍；又二牛負蔗尾以飼牛……廍中人工：糖師二人，火工二人（煮蔗汁者）、車工二人（將蔗入石車硤汁）、牛婆二人（鞭牛硤蔗）、剝蔗七人、採蔗尾一人（採以飼牛）、看牛一人、工價逐月六、七十金。」從此段文字可以看到：

(A) 糖廍的規模　　　　　　(B) 牛隻的種類

(C) 製糖的作法　　　　　　(D) 勞力的分配

(E) 蔗糖的售價

38. 閱讀下列三段資料，選出正確的解說：

資料一、《尚書》：「武王死了，管叔和他的弟弟散布流言說：『周公將對年幼的成王不利。』」

資料二、《左傳》：「管叔、蔡叔連絡紂王的兒子武庚，將謀犯王室。」

資料三、《後漢書·東夷傳》：「管蔡叛周，招誘夷狄，周公征討，平定東夷。」

(A) 這場動亂，就是「三藩之亂」

(B) 這場動亂由管叔、蔡叔發動

(C) 管、蔡謀犯王室，指商王室

(D) 這場動亂，由周公東征平定

(E) 周公東征，平定東夷，未及管、蔡

39. 查理五世在位（1519-1556）時，神聖羅馬帝國聲威極盛，統轄了中歐及東歐大多數的土地、西班牙的卡斯提爾王國和亞拉岡王國、南義大利的一大部分、米蘭公國、現在的荷蘭和比利時，還有海外的墨西哥、秘魯等地。然而，查理五世任內其實面臨諸多內外問題，這些問題是：

(A) 因長期支持海外探險導致財政破產

(B) 土耳其人在東部邊境和北非的侵擾

(C) 各領土受民族主義的影響紛求獨立

(D) 日耳曼地區宗教異端滋長時有動盪

(E) 與法國之間長期的領土紛擾和戰爭

40. 古希臘史家希羅多德在《歷史》一書中，開宗明義敘明其著述目的：「這裡發表的，乃是哈利卡那索斯人希羅多德的探究成果。目的是為了保存人們的事蹟，不致遭後世遺忘，也讓希臘人和異邦人的豐功偉績，不致失去應有的光彩。同時，也記錄下他們發

生衝突的緣由。」根據這段敘述，希羅多德認為一個歷史家的職
責應是：

(A) 記錄發生事實，保存人類記憶

(B) 保有探究精神，發掘歷史真相

(C) 懷抱愛國熱情，強調夷夏之防

(D) 根據具體事實，了解因果關係

(E) 強調道德主義，發揮鑑誡作用

第貳部分：非選擇題（佔 20 分）

說明：本部分共有四大題，每大題包含若干子題。各題應在「答案卷」
　　　所標示大題號（一、二、……）之區域內作答，並標明子題號
　　　（1、2、……），違者將酌予扣分。作答務必使用筆尖較粗之
　　　黑色墨水的筆書寫，且不得使用鉛筆。每一子題配分標於題末。

一、 閱讀下列兩則資料，回答問題。

　　　資料一： 臺灣銀行以省庫的角色，藉通貨發行增加來墊付中央
　　　　　　　 政府的各種款項；並以法幣作為發行準備，且以舊臺
　　　　　　　 幣與法幣之間採取固定匯率，因而法幣及金圓券在中
　　　　　　　 國大陸上的惡性通貨膨脹乃藉固定匯率而輸入臺灣。

　　　資料二： 自 1945 年起至 1949 年止，舊臺幣的發行額增加了 367
　　　　　　　 倍；由於物價上漲過速，臺幣供不應求。

1. 兩則資料共同反映什麼問題？（2 分）

2. 針對兩則資料所反映的嚴重問題，政府推行什麼政策因應？
　（2 分）

3. 除上述政策外，還有哪些因素緩和了惡化的情況？列舉一答
　案即可。（2 分）

二、 閱讀下列三則資料，回答問題。

資料一： 「此法」實我先民千年前之一大發明也。自此法行，而我國貴族、寒門之階級永消滅；自此法行，我國民不待勸而競於學。

資料二： 中國之民素貧，而其識字之人所以尚不至絕無僅有者，則以讀書之值（花費）之廉（低廉）也。應試之法，人蓄（儲備）《四書合講》、《詩韻》並房行墨卷（八股文選輯）等數種，即可終身以之，由是而作狀元宰相不難。計其本，十金而已。

資料三： 「此法」廢除後，新式學校興起，學校的設置既偏於都市，學費的徵取亦令中等以下家庭無力負擔，更將使鄉間多數學齡孩童難以就學。另一方面，新學制下的學生與都市的關聯愈來愈密切，而與鄉村日益疏遠。

1. 上述資料中的「此法」，是指哪一制度？（2 分）

2. 根據資料二所述，資料一「我國民不待勸而競於學」的主因為何？請用自己的文字說明。（2 分）

3. 資料三所述的現象，導致了民國時期的城鄉關係呈現怎樣的變化？（2 分）

三、 閱讀下列兩則資料，回答問題。

資料一： 美國政府官員原本相信：「這兩個主要盟國」因有殖民地可以挹助，能夠迅速重建其國內經濟。然而到 1947年時，「這兩個主要盟國」經濟不見起色；失業率增加、食品短缺、各地不斷罷工，經濟無法恢復。據統計，農業生產是 1938 年的 83%，工業生產為 88%，出口總額則僅為 59%。

資料二：1948 年至 1952 年是歷史上經濟發展最快的時期。工業生產增長了 35%，農業生產實際上已經超過戰前的水準。戰後前幾年的貧窮和饑餓已不復存在，經濟開始了長達二十年的空前發展。

1. 資料一中的「這兩個主要盟國」是指哪兩國？（2分）

2. 這兩個國家的經濟從資料一轉變到資料二的最重要原因為何？（2分）

四、 閱讀以下三則有關英國某一都市的資料，回答問題。

資料一：1883 年 10 月，美國詩人羅威爾擔任駐英外交官時，曾以文學手法描寫此地的景象：「我們的霧季剛開始，今天是黃色的霧，這種霧總是令我充滿活力，因為它有種美化事物的巧勁。」

資料二：科學史家研究指出：「此地的市民面對籠罩整座城市、令人窒息的黃色煙靄。……但這種混濁停滯的霧幕，其實是在維多利亞時代最後幾十年，才開始在每年秋天後出現在上空，規律得有如定期遷移的幽靈。」

資料三：一個報導說：「1873 年 12 月，黃霧連續三天籠罩此地，奪走多達七百名市民性命。」

1. 綜合三段資料，從生態角度，羅威爾筆下「黃色的霧」點出當時此一都市面臨什麼問題？（2分）

2. 在十九世紀後期，何以此一都市在每年秋後就會定期發生「黃霧」景象？（2分）

103年度指定科目考試歷史科試題詳解

第壹部分：選擇題

一、單選題

1. **B**

   【解析】(B) 十六世紀商業革命時代，歐洲各國為採取「重商主義」；以西班牙、葡萄牙為首的歐洲人經由遠洋貿易而發展出全球性的商業活動，將美洲、日本的白銀，非洲等地的黑人奴隸，東南亞、印度、中國、日本的商品，整合成一個世界經濟體系——三角貿易；十六世紀西班牙占領中、南美洲，在加勒比海地區生產蔗糖，需要大量人力從事收割、榨汁，加工成濃縮糖蜜後，運至歐洲販賣。因此當地勞動力不足，來自歐洲的業主從非洲引進黑人奴隸補充，所以答案為 (B)；

   (A) 十九世紀中葉至二十世紀初約有一千萬名「華工」被送出洋，分布於世界各地，時間與題幹所述不符；

   (C) 西班牙等殖民國家強迫美洲的原住民印地安人從事工作，與題幹所述「雇聘」不符；

   (D) 東歐地區受地理大發現衝擊小，不會招募契約勞工前往美洲。

2. **B**

   【解析】(B) 自「指定原料採集區域」後，規定區內原料不得越區賣，無論於蔗糖採收價格等，任由會社主導，俗

諺：「天下第一憨，種甘蔗給會社磅（稱重量）」、「三個保正八十斤」（49 公斤），造成蔗農的利益受損，因而群起反對。

3. **D**

【解析】 (D) 題幹中有「一場革命發生的第二年，市場上的各類出版品的總數，一下子減少了近 95%」，一定是當時發生文化方面的大變革，故「市場上的各類出版品的總數，一下子減少了近 95%」；1966 年（民國55 年）中國發生「文化大革命」，毛澤東等利用紅衛兵以「破四舊、立四新」、「革命無罪、造反有理」爲名，破壞中國固有文化，使得有關中國傳統文化的大量書籍無法出版；

(A) 美國獨立革命、(B) 法國大革命、(C) 辛亥革命皆屬於政治體制的變革，與各類出版品的大量減少無關。

4. **C**

【解析】 (C) 「當西歐正沉淪於黑暗時代」，可知指的是歐洲中古時期；拜占庭即東羅馬帝國，在西羅馬帝國滅亡後，東羅馬帝國深以自己能傳承古希臘爲榮，作家們以典雅的古希臘語寫作；

(A) 義大利使用的是拉丁文，非古希臘語；

(B) 阿拉伯使用的是阿拉伯文，非古希臘語；

(D) 西元十世紀，希臘正教教士－西瑞爾（Cyril）和梅索迪奧（Methodius）兩兄弟前往北方的斯拉夫地區傳教，並爲斯拉夫人創立字母，非古希臘語。

5. **B**

【解析】 (B) 東晉（桓溫主持）、南朝（劉裕主持）行「土斷制」，原因北方南渡的僑姓不必負擔賦役，造成政府的稅收嚴重損失；目的使僑戶與世族所控制的人口，變成當地的居民，以增加稅收；方法以土地限制戶籍，檢閱戶口，分改所在的籍貫，以確其課役；

(A) 占田制度爲西晉一品官可占田 50 頃等，是士族的特權，與戶籍無關；

(C) 安史之亂後戶籍散亂，沒有「住民不分新、舊，一律編入所居郡縣戶籍」的情形；

(D) 清雍正時爲加強對西南的控制接受雲貴總督鄂爾泰的建議，實行『改土歸流』政策，廢除世襲的土官，改派流官治理，實施後，已設治之地，濡染漢化，與題幹無關。

6. **C**

【解析】 (C) (甲)「種族平等，建立共存共榮關係」是中華民國來台灣後的事，尤其解嚴多元化社會出現後，對原住民權益漸重視；(乙)「生番化熟、熟番化漢」是清領時期的事；(丙)「理蕃爲手段，目的是殖產興業」是日治時期的事；(丁)「建立領主與封臣的關係」爲荷蘭統治台灣時期的事，可知順序爲(丁)(乙)(丙)(甲)。

7. **D**

【解析】 (D) 由題幹「販賣青花瓷、菸草等貨品」可知爲明朝，另外題幹「人們在買賣時，大額交易使用銀兩，

小額交易使用銅錢」更可知道是明代後期「銀銅
雙本位制」。

8. **A**

【解析】 (A) 題目中的「我」指曹操，用了第一人稱的「我」
六次來表明自己的事蹟，所以是 (A) 政治人物對自
己的描述；

(B) 歷史學者對某人的描繪通常使用第三人稱，不會
第一人稱的「我」；

(C) 政府追悼死者時的悼文通常使用第三人稱，不會
第一人稱的「我」；

(D) 後世子孫對祖先的介紹不會使用第一人稱的
「我」，會使用「先祖」或「先祖考」等。

9. **A**

【解析】 (A) 題幹關鍵處在「最能符合消滅明鄭統治紀錄的意
圖」，鄭成功以「東都」稱呼臺灣，鄭經將東都改
為「東寧」，清朝改東寧府為臺灣府，最能符合消
滅明鄭統治紀錄的意圖；

(B) 「移入官兵以分防臺灣」，這是為防臺而設，非要
消滅明鄭統治紀錄；

(C) 「劃界封山以阻隔漢番」，是為避免漢人和原住民
發生衝突而實行的措施；

(D) 「頒布條例以管理移民」，是清領初期怕臺灣成為
罪犯或海盜的大本營，才實施渡臺禁令。

10. **B**

【解析】 (B) 此題關鍵處在「1920 年代以後，極權國家利用新

的大眾媒介宣傳極權思想」、「兩項十九世紀末至二十世紀初期發明的技術」；1895 年義大利馬可尼發明無線電報，1895 年法國盧米埃兄弟（Lumie're）在巴黎放映「從盧米埃工廠下班的工人」，是世界上第一部電影，無線電和電影都發明在十九世紀末，符合題目要求；

(A) 1875 年美國人貝爾（A.G.Bell）發明電話，照相機發明在 1830 年代，和題目十九世紀末至二十世紀初期發明的技術不合；

(C) 1925 年英貝爾德（J.L.Baird）和美詹金斯（C.Jenkins）發明電視機，第二次世界大戰使電視發展陷於停滯，1950 年代工業化國家重新發展電視，電視逐漸取代廣播與報紙，成為主要傳播媒體，與題目「1920 年代以後，極權國家利用新的大眾媒介宣傳極權思想」不合；

(D) 1940 年代出現電腦，1969 年美國建立世界第一個電腦網路系統，和題目「兩項十九世紀末至二十世紀初期發明的技術」不合。

11. C

　【解析】(C) 本題關鍵處在「因中日開戰，得以免除來自日本的牽制力量」，日本 1937 年中日戰爭爆發後，與在中國東北擴張勢力範圍的蘇聯發生衝突，故中日戰爭爆發後，蘇聯基於其自身的戰略利益，不但派遣軍事顧問團及空軍來華，並多次提供鉅額貸款援助中國，得以免除來自日本的牽制力量；

(A) 1937 年中日戰爭爆發初期，美國持中立立場，雖貸款給中國，但未派遣軍事顧問團及空軍來華；

(B) 第一次世界大戰後，英國逐漸沒落，對日本擴張
無力干涉，不會派遣軍事顧問團及空軍來華，並
多次提供鉅額貸款；

(D) 德國雖在中國黃金十年時曾派遣軍事顧問團來華，
但「中日開戰，得以免除來自日本的牽制力量」，
顯然不是德國，後來德、義、日組成軸心國，故
(D) 錯。

12. **A**

　【解析】 (A) 本題關鍵處在「十七世紀後半期，這家公司不僅
成為日本對外貿易的主要對象，也是西方新知傳
入日本的窗口」，因荷蘭為日本鎖國時期（1635－
1854年）唯一准許到長崎貿易的西方國家，故答
案為 (A) 荷蘭東印度公司，荷蘭占領印尼，組成荷
蘭聯合東印度公司（Verenigde Oost-lndische
Compagnie，簡稱「V.O.C.」），總部巴達維亞
（Batavia，今雅加達）；荷屬聯合東印度公司是
一種半官方的組織，他們取得印度洋區航運及貿
易的特權，又可以建立自己的軍隊，是一支形同
政府的商戰集團。

13. **D**

　【解析】 (D) 總督府的鎮壓，使日治時期農民和勞工運動遂都
沉寂下來，1929 年「臺灣農民組合」幹部被捕，
史稱「二一二事件」，領袖簡吉被判刑，1931 年日
本大整肅「臺灣民眾黨」與「台共」、「新文協」皆
遭檢舉而結束，僅存的「臺灣地方自治聯盟」1937
年解散，日本治臺進入緊縮階段；

(A) 日臺差別一直存在；

(B) 日本人一直剝削臺灣人經濟；

(C) 獲得參政權的臺灣人數少。

14. **C**

【解析】(C) 腓尼基人擅長於航海經商和工商業，遠達非洲西岸，向東則抵達印度，他們有風格獨具的紫紅色染料，因而又被稱為「紫色民族」，腓尼基人曾在地中海周圍建立許多殖民地－如迦太基，位於今日突尼西亞一帶；「茉莉花革命」指發生於 2010 年－2011 年突尼西亞的反政府示威事件，人民以網際網路傳遞訊息掀起大規模反政府運動，地圖甲指西撒哈拉，乙指摩洛哥，丙指突尼西亞，丁指埃及。

15. **A**

【解析】(A) 東南亞受到印度文化的影響，許多地方可見佛教、印度教影響下之產物；

(B) 東北亞（含日本、朝鮮等地），受儒家文化影響較大；

(C) 西亞以伊斯蘭教為主要信仰；

(D) 東非以傳統宗教、伊斯蘭教與基督教為主。

16. **C**

【解析】(C) 元世祖忽必烈為元朝的創建者，其時遼、金已亡，其臣下有可能「金國的事我親身參與」；

(A) 耶律阿保機為遼國開創者，當時金國尚未建立，不可能問「遼以信佛而衰弱，金以崇儒而亡國」；

(B) 完顏阿骨打為金國開創者，不可能問「金以崇儒而亡國」；

(D) 努爾哈赤為明末後金國開創者，離遼、金亡國已久，其臣下不可能「金國的事我親身參與」。

17. **B**

【解析】 (B) 1930 年代後國民黨提出「攘外必先安內」－抗日必先剿共，發動五次圍剿剿共，但政府盡量避免與日本衝突，使人民對此不滿，中共便趁此局勢呼籲國民黨「停止內戰，共同抗日」，與此文告內容相符；

(A) 國民黨於民國成立後才建立；

(C) 1950 年代中共建國時國民黨撤至臺灣，中共應不再強調國民黨向我們進攻；

(D) 1960 年代文化大革命由毛澤東發動，以推翻劉少奇等為目標，與帝國主義、國民黨無關。

18. **C**

【解析】 (C) 九世紀的法蘭克王國為 476 年西羅馬帝國滅亡後日耳曼人建立的封建王國，君主不能直接控制地方，由封建領主統治地方；

(A) 二世紀的羅馬帝國是「兩百年和平」時期，皇帝專制統治，與「君主不能直接控制地方」不符；

(B) 八世紀阿拔斯王朝為阿拉伯回教政權建立不久，武力強大時期，與「君主不能直接控制地方」不符；

(D) 十八世紀的普魯士為腓特烈大帝統治時期，是普魯士強盛時期，與「君主不能直接控制地方」不符。

19. **B**

【解析】 (B) 嬰兒出生時必須向官方登記，可有效掌握人力資
源，有助中央集權；法院各類文書須以法文書寫，
可提昇法語地位；

(A) 宗教改革(1517 年)後法國屬於舊教（天主教）教
區，1539 年法王無受宗教改革影響，欲脫離羅馬
教廷掌握；

(C) 英法百年戰爭（1453 年）結束後，英王於法國的
大部分領土已喪失，英國不可能長期控制法國；

(D) 僅規定法院文書須以法文書寫，不能以此判斷是
推動國語有利於溝通。

20. **C**

【解析】 (C) 本題關鍵處在十六、十七世紀的臺灣「政治易主，
東亞貿易的架構也重回十六世紀中期的傳統秩序」
可知題目指明「清領時期」；1683 年鄭克塽降清，
中國北方貿易，從寧波、南京前往日本；南方貿
易，則從廈門、廣州前往東南亞，臺灣再次被置
於東亞貿易的主要路線之外，臺灣地位自此變成
大清帝國的邊陲。

21. **B**

【解析】 (B) 題幹中有根據《韓非子‧和氏篇》記載，說明史家
引用《韓非子》，欲說明商鞅時期已有燔燒書籍之
舉；

(A) 晉文公尊王攘夷，未打擊儒家的復古思想－下令
「燔《詩》、《書》並修明法令」；

    (C) 《韓非子》爲戰國時的作品，不可能描寫秦始皇時期的事；

    (D) 《韓非子》爲戰國時的作品，不可能描寫王莽時期的事，且王莽不曾焚書坑儒。

22. **D**

【解析】 (D) 畫作描繪海上有一塊巨石飄浮於空中，這種表現的形式，最可能與超現實主義的創作手法有關。超現實主義興起於第一次世界大戰後，受佛洛伊德影響，反對眼見爲憑，主張用心體認世界；所謂的『夢景畫』(dreamscapes)，即原始的、不安的、夢幻景象的風景畫，在夢中物體呈現怪誕的組合，其形狀和內涵不斷變化；

    (A) 寫實主義出現於十九世紀，其創作手法爲冷靜、理智，正視現實生活問題而不是抽象的形象；

    (B) 印象派出現於十九世紀，在大自然寫生，重視光線瞬間的變化，捕捉瞬間的印象；

    (C) 野獸派強調主觀的意念，鮮明對比的色彩，誇張愛形的形象。

23. **D**

【解析】 (D) 1985 年戈巴契夫出任蘇聯領導人推動改革影響甚大：

    (1) 東歐非共化（民主化）：1988 年戈巴契夫宣布不再以武力干涉東歐共產國家，東歐各國以選舉或以革命手段，先後結束共黨一黨專政；

    (2) 德國的統一：二次大戰後，德國被分區占領，

後來分成東德、西德兩國，德國於 1990 年正

式統一；

(3) 蘇聯解體：1991 年 11 個加盟國組成獨立國家

國協，蘇聯解體；

(4) 冷戰的結束：美俄兩大集團冷戰（美國與民主

國家組成北大西洋公約組織，蘇聯與東歐國家'

組成華沙公約組織，互相對抗）結束。

24. **A**

【解析】 (A) 資料一記載：北魏太武帝「下詔，沙門年五十以

下者還俗。」；資料二記載「因為這些人身強體

壯，還俗為民，還可以為國作戰。」；資料三記

載：「九月，魏主伐柔然」。可知資料二注釋資料

一－出家人還俗可以為國作戰，資料三說明背景

－出家人還俗是為了伐柔然。

25. **B**

【解析】 (B) 馬丁路德在 1517 年發起宗教改革，譴責教會出售

贖罪卷，否定教宗權威，強調「因信稱義」

（Justification by Faith），聖經為最後依歸，「至於

教堂的建造、風格和裝飾都無關緊要」，符合題幹

所述；

(A) 羅馬教宗烏爾班二世是天主教會的最高領導者，

維護中古流傳下來的儀節，鼓勵信徒常到教會禱

告，興建教堂是重要的事業，不會講「至於教堂

的建造、風格和裝飾都無關緊要」；

(C) 英王亨利八世因婚姻問題創英國國教派

（Anglicanism，即英國聖公會），而不是因宗教問題與教廷決裂，故英國國教派的信仰與天主教是相近的；

(D) 君士坦丁大主教安東尼是東羅馬帝國教會最高領導者（東羅馬帝國信奉希臘正教，屬政教合一），重視宗教儀式與教堂。

26. **A**

【解析】(A) 「南北軍、期門、羽林」為漢代兵制，可知（甲）為漢朝；「（乙）置十二衛府兵，皆農夫也。及罷府兵」，府兵制是西魏宇文泰建立，北周、隋、唐初一直沿用，唐玄宗罷府兵，改行「　騎」募兵制，可視為關隴集團結束的宣示，結果軍費負擔大增，且精兵集於邊地，形成外重內輕之局，終於造成安史之亂，可知（乙）為唐朝；（丙）「甲卒數十萬衆，戰馬數萬匹，並萃（集中）京師」，可知為內重外輕的宋代，宋太祖鑑於唐末地方藩鎮專擅，開國後行強幹弱枝的中央集權政策。

27. **D**

【解析】(D) 清朝乾隆嘉慶年間流行考據學（樸學、漢學），專研文字聲韻，訓詁名物，埋首故紙堆，不利國計民生，原因之一是清思想控制（文字獄），使讀書人「不敢議論史事，不敢議論人物，不敢稱讚古代士人的氣節，不敢宣揚前朝人物在亡國時表現的大義凜然。這只是養成莫談國事之風氣以及不知廉恥的士大夫，為後來國勢衰弱埋下遠因。」；

(A) 漢代經學重經世致用，東漢末年有知識份子勇於
批評宦官干政的「清議」；

(B) (C) 宋明理學不管程朱之學或陸王心學注重氣節與
社會責任，有助於社會安定，絕不會「不敢議論史
事，不敢議論人物，不敢稱讚古代士人的氣節，不
敢宣揚前朝人物在亡國時表現的大義凜然」。

28. **B**

【解析】(B) 題幹「(東周)赧王、(東漢)獻帝受制於強諸侯，
我受制於家奴」，可知唐文宗廢宦官不成，為宦官
所制，因為(東周)赧王、(東漢)獻帝受制於強
諸侯，即指 (B) 權相、(C) 藩鎮、(D) 悍帥，「我受
制於家奴」的「家奴」即指宦官亂政。唐代重用
宦官始於唐玄宗，德宗不信任武臣，將全部禁軍
交由宦官掌管，宦官更亂政，到後來，宦官甚至
握有皇帝的廢立與生殺大權，唐文宗才會泣下霑襟。

29. **A**

【解析】(A) 1941 年日本偷襲美國珍珠港軍事基地，引爆太平洋
戰爭，初期日本疑忌臺人，未徵召臺人當兵，僅在
軍中擔任雜役(軍伕)等工作；隨著戰事升高，日
本開始實施「特別志願兵制度」，是臺灣人正式以
軍人身分參與戰爭的開端－【此題答案有爭議】；

(B) 初期日本疑忌臺人，未徵召臺人當兵，後來並未免
除臺人兵役，還招募台灣人志願兵，甚至徵兵；

(C) 當時日本並未失業率太高；

(D) 未禁止臺人當兵。

30. **C**

【解析】 (C) 古埃及人相信人死後靈魂會到奧塞利斯前接受審判，行善者將進天堂，作惡者下地獄；把死者的心放在天平上，與正義之神的羽毛相秤，如果較輕，代表純潔無瑕，死者得到復活機會；如果過重，代表有罪，鱷魚之神將其吞食，死者永無法復活；埃及人相信靈魂將再回到其軀體，死後要製成木乃伊（mummy）以免軀體腐爛；

(A) 古埃及人是多神信仰，地位最高的神是太陽神「雷」，法老是祂的化身，與埃及人關係最密切的神是尼羅河神（陰間之神）－奧塞利斯等；

(B) 金字塔是法老王的陵墓，不是萬神聖殿；

(D) 埃及象形文字主要用於比較莊重的場合，多見於神廟，紀念碑和金字塔的銘文。

31. **B**

【解析】 (B) 文藝復興的基本精神是人文主義，人們的精神從出世轉回到入世；揚棄中世紀以神為本位的思想，改以「人」為中心，肯定現世與人的價值，當時的人文學者提倡「通識教育」（Liberal Education），強調教育的目標是在訓練有智慧、獨立自主的「自由人」；他們揚棄中古時代的職業訓練，鼓吹人文教育，教授的科目包括修辭、倫理、哲學、歷史、音樂、體育等，證明「佩脫拉克是第一位人文主義者」僅有 (乙) (丙) 符合。

32. **B**

【解析】 (B) 啟蒙思想家崇尚理性，認為藉由理性可了解自然和
人生，自然界表現出秩序與和諧，顯示有放諸四海
皆準的規則，符合題幹中的「以法則與線條征服神
祕」，但有「人既以自然為奴，他自身卻仍受著束
縛」的批判；

(A) 浪漫主義強調感情與直覺，欲突破過去的傳統與法
規，與題意不合；

(C) 民族主義主張國家的組成應以民族為單位，一個受
外族統治的民族，應追求獨立自由的國家地位，與
題意不合；

(D) 資本主義的高度發展，造成貧富差距懸殊，成為
嚴重的社會問題（貧富懸殊、勞工問題等），出現
社會主義，要求廢除私有財產，與題意不合。

33. **D**

【解析】 (D) 1918 年起，列寧實施激進的共產主義：「取消私有
制，實施土地國有化，實施每日工作八小時制、
工廠由各廠工人蘇維埃接管，全國企業一律無償收
歸國有」，使俄國的經濟陷入崩潰邊緣；1921 年
列寧改行「新經濟政策」，恢復部分私有財產，
實施新經濟政策的結果，俄國經濟逐步復甦。1928
年後，史達林則推動一系列的「五年計畫」，分工
業建設與農業改造兩大部門，在推動五年計畫期
間，經濟成長率或工業建設的成就都相當可觀；
到 1939 年時，蘇聯已超過英國與法國，成為世界
上僅次於美國與德國的第三大工業國，

(D) 1916－1921 年蘇聯的經濟下降，符合列寧執政起
　　初的狀況，1921 年起經濟一直成長，符合列寧
　　「新經濟政策」和史達林「五年計畫」的情況；

(A) 蘇聯的經濟 1916 年起一直成長，不符史實；

(B) 蘇聯的經濟自 1916 年起一直下降，不符史實；

(C) 蘇聯的經濟 1916－1921 年成長，1921 年起下降，
　　不符史實。

34. **D**

　【解析】(D) 由題幹「中國固有的倫理、法律、學術皆封建制度
　　　　　　　之遺，與西人相較，相去極遠，如不改進，必不能
　　　　　　　存於今日世界。」可知這是近代中國文化思想改革
　　　　　　　運動－陳獨秀為代表的新文化運動時期思想；

　　　　　(A)(B) 林則徐、李鴻章為代表的自強運動時期之思想
　　　　　　　只重視器物改革－船堅炮利；

　　　　　(C) 康有為為代表的戊戌變法時期思想強調制度面的改
　　　　　　　革，未強調文化思想改革。

35. **C**

　【解析】(C) 此題目有幾個關鍵處「盧森堡人絕不做德國人！」、
　　　　　　　「斯拉夫民族和法蘭西站在一起！」、「亞爾薩斯人
　　　　　　　打回老家去！」，可知是俄國和法國聯合攻打德國
　　　　　　　的第一次世界大戰前夕；

　　　　　(A) 拿破崙征俄前夕錯誤，與「斯拉夫民族和法蘭西
　　　　　　　站在一起！」題意不符；

　　　　　(B) 普法戰爭前夕錯誤，因亞爾薩斯和洛林是法國在
　　　　　　　普法戰後割讓給德國的，所以「亞爾薩斯人打回

　　　老家去！」應在普法戰後；

　　(D) 1939 年第二次世界大戰前夕，斯拉夫民族的蘇聯，與德國達成互不侵犯條約，不符題意。

36. A

　　【解析】(A) 題幹先提到「清廷和戰不決，英人驅船攻向礮臺，守將關天培英勇殉職」，守將應為「忠勇之軍」，排除 (C) (D) 將領驕惰；題幹後提到「英艦進攻岸臺，帶領著鴉片船尾隨而至，一些民間小舟協助販運。粵兵名為迎敵，也同時伺機護販，藉得好處」，此即「利之所在，對敵如戲」。

二、多選題

37. ACD

　　【解析】從題幹「每廍用十二牛，日夜硤蔗；另四牛載蔗到廍；又二牛負蔗尾以飼牛……廍中人工：糖師二人，火工二人（煮蔗汁者）、車工二人（將蔗入石車硤汁）、牛婆二人（鞭牛硤蔗）、剝蔗七人、採蔗尾一人（採以飼牛）、看牛一人、工價逐月六、七十金。」可看出 (A) 糖廍的規模、(C) 製糖的作法、(D) 勞力的分配；(B) 記載無描述牛隻的種類；(E) 記載「工價逐月六、七十金」是工人的薪水，無關蔗糖的售價。

38. BD

　　【解析】史書記載：周武王滅商後，封商紂王子武庚於殷舊都，又封武王弟管叔、蔡叔、霍叔加以監視，號為「三監」；周武王死，周成王即位，周公攝政，管叔、蔡叔不服，

聯合武庚叛周，造成「管蔡之亂」，周公東征平定，殺武庚、管叔，放蔡叔。(B) (D) 正確；

(A) 這場動亂，就是「管蔡之亂」；

(C) 管、蔡謀犯王室，指周王室；

(E) 周公東征，平定東夷，殺武庚、管叔，放蔡叔。

39. **BDE**

【解析】(B) 十六世紀中葉鄂圖曼土耳其成為世界上最強大的帝國，版圖從波斯的西部穿過北非，延伸到巴爾幹及部分東歐地區，蘇里曼大帝（Sulelman the Magnincent，1520-1566）統治時期，鄂圖曼土耳其帝國的勢力達到高峰，他的軍隊多次進攻神聖羅馬帝國；

(D) 日耳曼地區是神聖羅馬帝國的主要疆域，1517 年馬丁路德在日耳曼地區開始宗教改革，宗教異端滋長時有動盪，十六世紀初日耳曼地區曾發生農民戰爭；

(E) 查理五世時，法國與神聖羅馬帝國為爭奪西班牙在義大利的領地而紛擾和戰爭；

(A) 神聖羅馬帝國查理五世，即西班牙國王卡洛斯一世，他在位時西班牙取得許多中、南美洲殖民地，並未因長期支持海外探險導致財政破產；

(C) 近代民族國家的興起，以十五世紀英國、法國、西班牙、葡萄牙等為代表；另外受民族主義的影響各領土紛求獨立，是在十九世紀受到拿破崙獨霸歐洲的影響，此時神聖羅馬帝國已被拿破崙解散（1806 年）。

40. **ABD**

【解析】 由題幹「這裡發表的，乃是哈利卡那索斯人希羅多德的探究成果。目的是爲了保存人們的事蹟，不致遭後世遺忘，……………。同時，也記錄下他們發生衝突的緣由。」根據這段敘述，希羅多德認爲一個歷史家的職責應是 (A) 記錄發生事實，保存人類記憶；(B) 保有探究精神，發掘歷史眞相；(D) 根據具體事實，了解因果關係；(C) (E) 希羅多德沒強調。

第貳部分：非選擇題

一、【解答】 1. 通貨膨脹；
　　　　　2. 發行新臺幣；
　　　　　3. 美援。

二、【解答】 1. 科舉制度；
　　　　　2. 讀書成本降低（花費低廉）有助社會階級流動；
　　　　　3. 城鄉差距擴大。

三、【解答】 1. 英國、法國；
　　　　　2. 美國推動馬歇爾計畫。

四、【解答】 1. 空氣汙染；
　　　　　2. 氣候及工業革命。

103年大學入學指定科目考試試題
地理考科

壹、單選題 (占 76 分)

說明：第1題至第38題，每題有4個選項，其中只有一個是正確或
最適當的選項，請畫記在答案卡之「選擇題答案區」。各題
答對者，得2分；答錯、未作答或畫記多於一個選項者，該
題以零分計算。

1. 圖1為經濟部所統計的臺
灣各縣市溫泉數量圖。在
臺灣四大區域中，哪個區
域的溫泉數量最多？
   (A) 北部區域
   (B) 中部區域
   (C) 南部區域
   (D) 東部區域

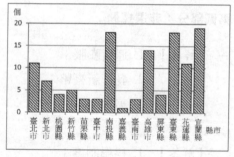

圖 1

2. 纜車是許多國家發展運輸和觀光的交通工具之一，為求纜車的安
全性及減少環境的衝擊，事前的路線選址及環境影響評估工作變
得更加重要。一般來說，纜車塔柱的設立，需要在安全無虞、視
野開闊之處，因此塔柱設立處最好避開下列哪些地點？
甲、逆向坡；乙、斷層線；丙、山脊線；丁、河流基蝕坡；
戊、廢棄煤礦坑道
   (A) 甲乙丙　　　(B) 甲乙丁　　　(C) 甲丙戊　　　(D) 乙丁戊

3. 表1是某國2013年的產業結構。該國最可能具有下列哪項區域特
性？

表 1

產業別	就業比例	主要產業
農業	0.3%	漁業
工業	50.6%	石化、造船修理、海水淡化、水泥、建材、食品加工
服務業	49.1%	貿易（出口商品：合成油品、化肥； 進口商品：食品、建材、汽車與零件、服裝）

(A) 瀕臨波羅的海，軍事戰略地位重要

(B) 祕魯洋流流經，聖嬰現象影響漁業

(C) 屬撒赫爾地區，土壤鹽化問題嚴重

(D) 地處波斯灣旁，海洋運輸系統發達

4. 聯合國糧食與農業組織指出，近年來，受氣候變遷、全球化、國
際貿易等因素的影響，許多傳染疾病如西尼羅熱、黃熱病、登革
熱、克里米亞－剛果出血熱等，傳染範圍有逐漸向外擴散的趨勢。
此趨勢最可能是下列何者？

(A) 從溫帶地區向寒帶地區擴散　(B) 從熱帶地區向溫帶地區擴散

(C) 從溫帶地區向熱帶地區擴散　(D) 從寒帶地區向溫帶地區擴散

5. 表 2 為法國、德國、英國與挪威 2011 年能源消費結構，表中數字
的單位為石油當量。德國最可能為表 2 中的何者？

表 2

國別	石油	天然氣	煤炭	核能發電	水力發電	水力以外的再生能源發電	合計
甲	82.90	36.30	9.00	100.00	10.30	4.30	242.80
乙	111.50	65.30	77.60	24.40	4.40	23.20	306.40
丙	11.13	3.62	0.65	－	27.62	0.40	43.42
丁	71.61	72.18	30.82	15.62	1.29	6.63	198.15

(A) 甲　　　(B) 乙　　　(C) 丙　　　(D) 丁

6. 新加坡政府為了提升全球化下的國家競爭力，認為不僅要吸引外資到本地投入基礎建設，也需要吸引專業人才移入，才能將新加坡轉化為跨國企業到東南亞投資的跳板。下列何種外勞政策最可能有助達成此目標？

   (A) 獎勵勞力密集企業聘用外籍勞工

   (B) 提高外勞佔所有家庭傭工的比例

   (C) 吸引不同國籍外勞投入觀光產業

   (D) 鼓勵技術性外籍人士定居為公民

7. 17 至 18 世紀，歐、美、非三洲間存在著興盛的貿易活動，當時三地間的貿易關係，最接近圖 2 中的哪個圖示？

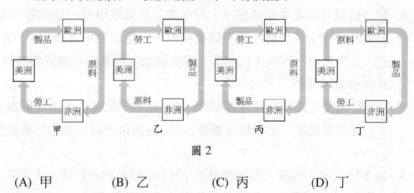

圖 2

   (A) 甲　　　　(B) 乙　　　　(C) 丙　　　　(D) 丁

8. 在越南湄公河三角洲的省分－堅江省（Kien Ciang），過去十年來由於肆虐的風暴及海平面上升致使家園土地流失，迫使許多家庭舉家遷移。若僅從上述現象來看，在這十年來，堅江省沿海地區最可能還出現了下列哪項環境問題？

   (A) 海蝕崖受到海浪侵蝕加劇，導致岩層崩塌面積擴大

   (B) 夏季風暴伴隨旺盛東北季風，使當地降水強度變大

   (C) 地下水的補注量減少，導致地層下陷作用更為明顯

   (D) 大片紅樹林死亡，使當地受風暴侵襲程度更加嚴重

9. 表 3 是 2010 年全球尺度下各國的某種資料與生態印跡間的關係。
   該資料最可能是下列何者？

   表 3

   (A) 嬰兒出生率

   (B) 平均國民所得

   (C) 耕地人口密度

   (D) 每人平均耕地面積

某資料等級	生態印跡
高	6.4
中	2.7
低	0.8

10-11 為題組

◎ 圖 3 為臺灣島與板塊的位置圖。
   請問：

圖 3

10. 臺灣島鄰近的海溝處容易發生強烈
    的海底地震，進而誘發海嘯。就圖
    上所標示的四點而言，哪個地點遭
    受此類海嘯侵襲的機率最「低」？

    (A) 甲　　　　(B) 乙

    (C) 丙　　　　(D) 丁

11. 就地震發生的頻率而言，丙處高於其他三處甚多，可由下列該地
    區的哪種自然特徵觀察到？

    (A) 海階地形發達　　　　(B) 土石流頻率高

    (C) 斷層數量眾多　　　　(D) 火成岩分布廣

12-13 為題組

◎ 近年來，地理資訊系統被廣泛應用於村里發展規劃上，如臺灣某
   村里舉行地方發展座談會時，某位居民指出：「上個月我們將村
   內珍貴樹種的分布建置在地理資訊系統中，和土地的所有權屬比
   對後，發現部分珍貴樹種在私人土地上。」請問：

12. 根據該居民的說法，此項發現主要是應用了下列哪項地理資訊系統的分析功能？
    (A) 視域分析　　　　　　　　(B) 環域分析
    (C) 疊圖分析　　　　　　　　(D) 路網分析

13. 該村里進行樹種與土地所有權之間關連性的調查，較符合下列空間規劃進行時，所需遵守的哪項基本原則？
    (A) 地方產業的振興　　　　　(B) 市場機制的分析
    (C) 社會正義的考量　　　　　(D) 土地使用分區的管制

14-15 為題組

◎ 圖 4 的甲至丁，分別為四個不同地區的氣候圖。請問：

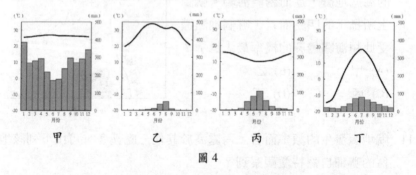

圖 4

14. 若僅依據氣溫與雨量資料研判，四地之中何處的土壤最可能發生灰化作用？
    (A) 甲　　　　(B) 乙　　　　(C) 丙　　　　(D) 丁

15. 若不考慮這四地的海拔高度要素，則這四地由北到南的排列順序為下列何者？
    (A) 甲乙丙丁　　　　　　　　(B) 甲丁乙丙
    (C) 丁乙甲丙　　　　　　　　(D) 丁丙乙甲

16-17 為題組

◎ 2000 年以來，嘉義縣中埔鄉受天災頻仍、經濟不景氣及供過於求等影響，導致不少農家改變經營方式：有些農家在檳榔林內雜植咖啡、香蕉等作物，一方面增加家庭收入，一方面減少水土流失；也有些檳榔林被廉價轉包或棄置。此外，還有一些農民認為種檳榔是世代傳承的產業，要改變既有維生方式且承擔未知的風險，並不願意廢園轉作其他作物。請問：

16. 下列各種自然災害類型中，哪種災害在中埔鄉發生的頻率最高？
    (A) 抽水灌溉導致地層下陷　　(B) 對流旺盛導致龍捲風侵襲
    (C) 颱風侵臺導致焚風吹襲　　(D) 迎西南氣流導致山洪爆發

17. 中埔鄉檳榔種植業的轉變，說明下列哪種檳榔種植業的現象已經開始逐步瓦解？
    (A) 區域專業化　　　　　　　(B) 空間分工鏈
    (C) 全球在地化　　　　　　　(D) 生產標準化

18-19 為題組

◎ 圖 5 為某地區的水系圖。請問：

18. 圖 5 中經緯線交會的地點，遭受下列哪兩種自然災害威脅的可能性較高？
    甲、地震；乙、洪患；
    丙、土石流；丁、龍捲風
    (A) 甲丙　　　　(B) 甲丁
    (C) 乙丙　　　　(D) 乙丁

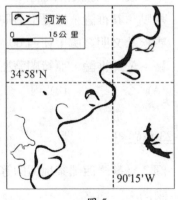

圖 5

19. 單從位置來看，該地區主要的農業生產，最可能具有下列哪項經
    營特色？
    (A) 農場耕地狹小，農地投入大量肥料
    (B) 作物種類單一，農產價格易受波動
    (C) 農牧生產並重，作物呈現高低分層
    (D) 大地主制盛行，殖民母國控制生產

20-21 為題組

◎ 圖 6 為全球經緯線圖，甲至辛是經緯線座標上的八個地點。
  請問：

20. 圖中各點之間若以最短距離
    來比較，下列哪兩點在地球
    表面上的實際距離最遠？
    (A) 己辛　　　(B) 丙庚
    (C) 乙己　　　(D) 甲戊

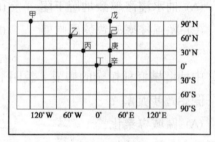

圖 6

21. 亞特蘭蒂斯是個傳說中的古文明，後人曾透過柏拉圖提出的地球
    六分說，也就是把地球 360 度切成六等分，來推論亞特蘭蒂斯的
    地點。其推論依據是沿著同一條緯線時，亞特蘭蒂斯往東 60 度為
    古埃及文明之處，往西 60 度則為馬雅文明北方的美國南部沿海地
    區。依此推論，亞特蘭蒂斯的位置最可能位於圖中哪個點位？
    (A) 乙　　　(B) 丙　　　(C) 己　　　(D) 庚

22-23 為題組

◎ 圖 7 為臺灣西部某地區的等高線圖，較粗線條為溪流或水圳。
  請問：

22. 水圳的路線選擇通常沿著等高線修築，以利將灌溉用水導入地勢較低的農田。圖中的哪條水路為水圳？

圖 7

(A) 甲   (B) 乙
(C) 丙   (D) 丁

23. 圖 7 中哪個點位位於凹岸，在豪雨期間最容易發生侵蝕現象？

(A) a   (B) b   (C) c   (D) d

24-25 為題組

◎ 圖 8 的灰色網底地區為某個自然景觀帶。數百年來，該景觀帶受到不同帝國統治影響，呈現多族群聚居現象。請問：

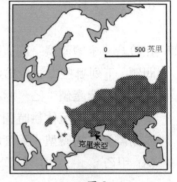

圖 8

24. 歷史上，該自然景觀帶的居民，曾依當地環境特性發展出獨特的生活方式。此傳統生活方式最可能為下列何者？

(A) 在黃沙四野中牽駝行商   (B) 在密林深處裡砍樹火耕
(C) 在廣袤草原上騎馬奔馳   (D) 在灌叢遍布內摘果釀酒

25. 2014 年，克里米亞地區的所屬國，爆發嚴重的政治衝突事件，究其原因之一，與該國國內針對經濟發展的區域結盟路線，發生意見嚴重分歧有關。該國主要位於下列哪兩個區域結盟的勢力過渡地帶？

(A) EU、OPEC   (B) OPEC、ASEAN
(C) CIS（國協）、ASEAN   (D) CIS（國協）、EU

26-27 為題組

◎ 2001 年中國加入 WTO 後，雖為中國農產品的外銷敞開大門，但
　 相對也面臨強烈的國際市場競爭，尤其是美國農產品大量進口。
　 其中原為重要穀倉的東北地區，即出現農產品嚴重滯銷，農民收
　 入減少，農業經濟效益停滯等現象，不僅出口受挫，甚至連離開
　 東北銷售至中國其它地區都很困難，使得東北農業產值在三級產
　 業產值的比重，下降幅度大於中國平均水準。請問：

26. 在下列各項作物中，中國東北地區生產的哪兩種作物受到的衝擊
　　 最大，滯銷情況最嚴重？
　　 (A) 玉米、大豆　　　　　　　(B) 冬麥、棉花
　　 (C) 小米、甘蔗　　　　　　　(D) 花生、柑橘

27. 在符合「永續發展」的原則下，如果要解決上述中國東北的農業
　　 問題，下列哪些方法較為適合？甲、利用天然沼氣發展溫室農業，
　　 以提高農業產值；乙、增加國有企業的糧食收購量，以補貼農民
　　 損失；丙、縮短休耕時間，施用化肥、農藥等來增加產量；丁、
　　 鼓勵農業結構轉型，適度經營畜產、園藝作物
　　 (A) 甲乙　　　　　(B) 甲丁　　　　　(C) 乙丙　　　　　(D) 丙丁

28-29 為題組

◎ 某都市一處 4 層樓的老舊公寓，建蔽率為 90%。但是依照後來公
　 布的都市計畫規定，該公寓建築基地新的容積率為 300%，建蔽率
　 為 50%；而市政府為促進都市更新，推動專案獎勵容積措施，藉
　 都市計畫變更程序，將該公寓及周邊地區指定為「策略性再開發
　 地區」，容積上限擴大為 2 倍。請問：

28. 該公寓若進行都市更新，興建的新大樓建築最高可蓋至多少層？
　　 (A) 六層　　　　　(B) 八層　　　　　(C) 十二層　　　　　(D) 十五層

29. 該公寓進行都市更新後，新大樓的環境與更新前比較，最可能會
發生下列那些變化？甲、開放空間增加；乙、人口密度減少；
丙、家庭污水量減少；丁、樓地板面積增加
(A) 甲乙　　　　(B) 甲丁　　　　(C) 乙丙　　　　(D) 丙丁

30-32 為題組

◎ 某高中學生組隊參加高中地理奧林匹亞競賽，研究主題為國際知
名廠牌球鞋的產銷過程與區位特性。該團隊發現該廠牌球鞋，從
研發設計、生產加工到市場銷售，經歷了不同國家和地區的合作。
圖 9 為該隊伍所撰寫的報告
內容之架構。請問：

```
○○廠牌球鞋的產銷過程與區位特性
研究動機與目的
研究方法
分析與討論
結論
```
圖 9

30. 在圖 9 的報告架構中，該隊
伍應該優先增加下列哪個項
目，以求報告架構的嚴謹？
(A) 研究假設　(B) 研究限制　(C) 文獻回顧　(D) 訪談對象

31. 該隊伍在分析過程中，最可能發現下列哪些條件或環境，是直接
促進此球鞋廠商採行國際合作的經營方式？
甲、勞動薪資有明顯的區域差異；乙、發達的國際運輸和通訊技術；
丙、原料來源地具有高度壟斷性；丁、全球原油輸出價格持續攀升；
戊、生產技術標準化和製程分工
(A) 甲乙戊　　　(B) 甲丙戊　　　(C) 乙丙丁　　　(D) 乙丁戊

32. 該隊伍在結論中，最可能針對此廠牌球鞋的研發設計部門區位，
提出下列哪幾項特性？
甲、因考量商業機密，多位於跨國企業的母國；
乙、因球鞋製程需求，多位於生產加工的國家；

丙、因消費者的喜好，多位於市場銷售的國家；

丁、因需高素質人力，多位於高度開發的國家

(A) 甲乙丙　　　(B) 甲乙丁　　　(C) 甲丙丁　　　(D) 乙丙丁

33-34 為題組

◎ LED（發光二極體）由於能量轉換效率高，近年逐漸普遍被用作照明用途。目前臺灣 LED 產業的關鍵零組件與材料專利，仍掌握在日、美大廠手中；而國內 LED 供應鏈從上、中到下游，逐漸形成完整的產業鏈結構，在終端應用方面，有多家企業已投入照明產業，並跨足汽車電子及顯示器應用。但這幾年該產業逐漸從臺灣外移至中國的福建南部、珠三角、長三角與渤三角等地，臺灣境內的 LED 產業鏈，有著整體外移的隱憂。請問：

33. 臺灣 LED 產業的上游零組件、設備，主要由美、日大廠供應，這種生產關係最適合以下列哪個概念解釋？
    (A) 垂直分工　　(B) 水平分工　　(C) 跨國企業　　(D) 區位擴散

34. 臺灣境內的 LED 產業鏈，有著整體外移的隱憂，最可能是因為 LED 產業具有下列哪項特性所造成？
    (A) 以知識經濟為核心的經營策略
    (B) 大多呈現產業群聚的工業慣性
    (C) 上下游工廠具緊密連鎖的區位條件
    (D) 終端產品具有規格化的工業特徵

35-36為題組

◎ 1997 年亞洲金融風暴發生後，各區域新興市場經濟體的民間資金流動產生了顯著變化。表4為 1993 年至 2002 年民間資金淨流入各區域新興市場經濟體概況。請問：

表 4　　　　　　　　　　　單位：10 億美元

年度	新興市場經濟體	亞洲（中東除外）		非洲	中東、馬爾他及土耳其	拉丁美洲	轉型中國家
		X	Y				
1993	124.6	20.7	20.9	3.2	25.1	37.3	17.4
1994	141.2	33.4	33.7	11.4	15.1	42.8	4.8
1995	189.1	38.9	35.6	12.3	11.1	41.6	49.6
1996	224.2	64.0	50.0	12.3	14.6	62.8	20.5
1997	120.2	-9.0	22.4	16.8	19.4	68.1	2.5
1998	53.0	-32.7	-14.3	10.9	8.1	61.8	19.2
1999	69.8	-9.1	9.6	12.7	3.7	40.4	12.5
2000	32.6	-10.2	8.4	8.6	-16.2	39.2	2.8
2001	56.5	-16.8	3.4	14.7	-10.8	60.6	5.4
2002	106.4	0.2	13.1	14.0	0.2	70.7	8.2

註：負值表示淨流出，正值表示淨流入。

35. 亞洲金融風暴後至 2002 年間，哪個區域的新興市場經濟體成為全球民間外資流入的主要地區
    (A) 非洲　　　　　　　　　(B) 拉丁美洲
    (C) 轉型中國家　　　　　　(D) 中東、馬爾他及土耳其

36. 在金融危機發生期間，X 欄中的國家最可能發生下列哪些現象？
    甲、貨幣價值急遽貶低；乙、物價上漲壓力升高；
    丙、國外貨物大量進口；丁、銀行放款巨幅增加
    (A) 甲乙　　　(B) 甲丁　　　(C) 乙丙　　　(D) 丙丁

37-38 為題組

◎ 表 5 為各洲 1985 年實際和 2025 年預測的用水情形，其中 D 代表民生、工業和農業用水的總需求量，Q 代表河川總逕流量，兩者的

比率為 D/Q，而 ΔD/Q 是 2025 年減去 1985 年 D/Q 的差值（ΔD/Q = 2025 年 D/Q – 1985 年 D/Q）。其中模式一代表只考慮氣候變遷，用水需求維持不變；模式二代表只考慮用水需求的變化，氣候維持不變；模式三代表氣候與用水需求皆改變。請問：

表 5

地區	1985 年 D/Q (%)	預測 ΔD/Q (%)		
		模式一	模式二	模式三
非洲	3.2	10	73	92
亞洲	12.9	2.3	60	66
澳洲與大洋洲	2.5	2.0	30	44
歐洲	15.4	-1.9	30	31
北美洲	10.5	-4.4	23	28
南美洲	0.9	12	93	121
全球	7.8	4.1	50	61

37. 根據表 5，1985 年的資料，哪個區域的缺水壓力最小？
   (A) 歐洲　　　(B) 非洲　　　(C) 北美洲　　　(D) 南美洲

38. 根據表 5 中三種不同預測模式的結果，可獲得下列哪項推論？
   (A) 依照模式一，用水需求維持不變時，北美洲缺水壓力將最大
   (B) 依照模式二，氣候條件不變時，歐洲用水需求量將成長最多
   (C) 依照模式三，未來全球面臨缺水地區以伊斯蘭文化區最明顯
   (D) 依照三個模式，用水需求增加比起氣候變遷更加劇缺水危機

貳、非選擇題（占 24 分）

說明：共有三大題，每大題包含若干子題。各題應在「答案卷」所標示大題號（一、二、……）之區域內作答，並標明子題號（1、2、……），違者將酌予扣分。作答務必使用筆尖較粗之黑色墨水的筆書寫，且不得使用鉛筆。每一子題配分標於題末。

一、 1975 年，臺灣鹽業公司苗栗通霄電析精鹽廠完工，將臺灣食鹽品
　　　質提昇到國際水準。1980 年後，臺鹽公司面對傳統日曬方式成本
　　　偏高、鹽村青壯人力外流，及曬鹽品質未能達到鹼氯工業的需求
　　　等問題，決定大規模實施鹽灘機械化，以滿足大量工業用鹽需求；
　　　然而限於天候條件，本土鹽業再如何努力，仍不敵國際鹽價的競
　　　爭，1996 年臺鹽公司與澳洲丹皮爾鹽業公司合資，於澳洲西海岸
　　　成立「麥克勞湖鹽業公司」，生產工業用鹽。2003 年，臺鹽民營
　　　化，進口鹽時代正式來臨，臺鹽公司也開始嘗試推出新產品，如
　　　含有鹽類成份的沐浴用品，後來更進入生物科技（膠原蛋白、微
　　　生物製劑）事業；此外通霄精鹽廠在製作食鹽的過程中，也同時
　　　產出清淨的海洋生成水。請問：

　　1. 文中臺鹽公司所生產的海洋生成水，是從哪個海域取得原料？
　　　（2 分）

　　2. 若與澳洲西部比較，臺灣最可能是因為何種天候條件，導致
　　　本土鹽業不敵國際鹽價的競爭？（2 分）

　　3. 1996 年，臺鹽公司在澳洲成立麥克勞湖鹽業公司，主要是根
　　　據何種經濟原則，採取此種國際分工經營方式？（2 分）

　　4. 2003 年以後，臺鹽公司主要生產產品的變遷，除了多角化經
　　　營的概念外，該公司還採取了哪種產業發展策略，以適時調
　　　整產品結構，努力再現繁榮？（2 分）

二、 中國河西走廊是中國沙漠化最嚴重的地區之一，也是華北及長江
　　　中下游沙塵暴的重要源頭。目前該走廊北部的沙漠正加速向南入
　　　侵，而走廊南部高山的雪線，也出現海拔升高、水資源日漸不足
　　　的現象，這兩種環境因素，再加上人類超限利用，導致了目前走
　　　廊內的綠洲，其耕地有大片沙漠化的情況。請問：

　　1. 走廊內的綠洲主要分布於哪種河流地形上？（2 分）

2. 依據圖10「各種沙丘形成
因子分析圖」的三項座標
要素研判，該地區北部沙
漠的沙丘主要為哪兩種類
型？（2分，兩個答案全
對才給分）並請寫出兩項
判斷的理由？（4分）

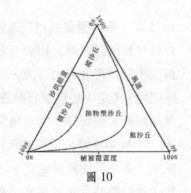

圖10

三、 圖11是英格蘭北部德倫（Durham）郡的教區（parish）分布圖，
圖中的黑點則是「教區教堂（parish church）」。隨時間演進，原
本為宗教的教區，逐漸轉變為英格蘭最基層的地方行政區（civil
parish），並設有民意
代表機構；目前民意
代表機構的主要職責，
包括提供會議場所，
管理步道、墓園、遊
樂場等公共設施，舉
辦文化活動，並負責
部分的犯罪防治工作。
請問：

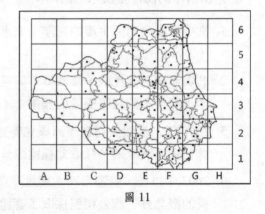

圖11

1. 臺灣現階段何種空間規劃的尺度，其空間單元、規劃目的與
德倫郡的教區機能最為接近？（2分）

2. 一般而言，德倫郡每個教區僅有一個教堂，教堂則提供教區
內教友做禮拜的地點。此教堂和教區的關係，最適合以地理
學的何種空間理論或模式解釋？（2分）

3. 德倫郡的行政、經濟中心位於圖11中的何處？請以網格座標
系統作答。（2分）並請說明你判斷該地為行政、經濟中心的
依據。（2分）

103年度指定科目考試地理科試題詳解

壹：選擇題

1. **A**

   【解析】 依據民國 68 年的台灣地區綜合開發計劃，台灣分爲北
   　　　　　部，中部，南部，東部四大區域。

   　　　　　北部：台北市，新北市，桃園縣，新竹縣，宜蘭縣共
   　　　　　　　　　46 個溫泉。

   　　　　　中部：苗栗縣，台中市，南投縣共 24 個溫泉。

   　　　　　南部：嘉義縣，台南市，高雄市，屏東縣共 22 個溫泉。

   　　　　　東部：花蓮縣，台東縣共 29 個溫泉。

   　　　　　故北部區域最多。

2. **D**

   【解析】 應該避開斷層線、河流基石坡、廢棄煤礦坑道。斷層線
   　　　　　爲地震時岩層相對位移的地方，塔住設立於此在地震來
   　　　　　臨時容易斷裂。河流基石坡爲河流凹岸，河岸內凹並且
   　　　　　河流速度快，此處的河流侵蝕河床能力強，塔基設立於
   　　　　　此在未來會有被侵蝕的狀況。而廢棄煤礦坑道的結構不
   　　　　　佳，塔基設立於此不穩定，礦坑的崩塌會損壞基柱。反
   　　　　　觀逆向坡的岩層比較不容易滑動，山脊線的視野又開
   　　　　　闊，是適合建立塔柱的地方。

3. **D**

   【解析】 由題幹可看出，這個國家的人從事第一級產業的比例極
   　　　　　少，而且第一級產業又是以漁業爲主，出口物品又以油

品和化肥爲主，另外工業上還有海水淡化，可以綜合推
論出答案是 (D)。(A) 的國家應該不會有水資源不構的問
題。(B) 的國家沒有產大量石油也被排除。(C) 國家並不
臨海故不會以漁業爲第一級產業。

4. **B**

【解析】 題幹中西尼羅熱、黃熱病、登革熱、克里米亞－剛果出
血熱爲熱帶疾病。近年來，由於全球暖化的關係，全球
平均溫度上升，造成熱帶疾病有逐漸向溫帶地區擴散的
趨勢。

5. **B**

【解析】 由表可以了解，甲國主要以石油和核能爲大宗。乙國以
石油，天然氣和煤炭爲大宗。丙國以水力爲大宗，並且
沒有核能發電。丁國以石油和天然氣爲大宗，且核能比
例低。而題幹給的國家分別是法國、德國、英國與挪威。
法國有高達 7 成的能源是來自核能，故甲國是法國。挪
威是以水力發電著稱的國家，故丙國爲挪威。英國和德
國皆產煤，但德國的年產量大於英國許多，故乙是德國，
丁是英國。

6. **D**

【解析】 想要吸引專業人才，技術性的能力很重要。故鼓勵技術
性外籍人士定居爲公民可以達到目的。(A) 和 (B) 選項，
勞力密集的勞工和家庭傭工並非專業人才。(C) 縱使是不
同國籍的人來從事觀光業，但觀光業本身也不是一個專
業性很高的工作。

7. **D**

【解析】 17、18 世紀的歐美非三國貿易活動，其關係為：

(1) 歐洲到西部中部非洲：出口歐洲菸酒、軍火等工業製造品，並購買黑奴。

(2) 西部中部非洲到美洲：將非洲黑奴賣到美洲礦場與農場。

(3) 美洲到歐洲：將美洲農礦原料運回歐洲。

8. **D**

【解析】 (A) 三角洲的海岸不會有海蝕崖。

(B) 此地方夏季的風暴是吹西南風。

(C) 此處肆虐的風暴會帶來大量的雨量，地下水的補注量會是充足的。

(D) 由於肆虐的風暴和海平面上升造成大量紅樹林死亡，因此惡性循環。

9. **B**

【解析】 生態印跡的概念，是指一個社會或國家，特定數量的人群按照某一種生態方式，消耗環境生態系統提供的各種資源，故生態印跡的大小與環境衝擊成正比。

(A) 嬰兒出生率高的國家通常是屬於開發中國家，開發中國家相對於已開發國家對於能源的需求比較小。

(B) 平均國民所得高的國家，通常是國家開發較完全，生活水平較高，能源需求也較大。

(C)(D) 和能源的需求量變化並沒有太高的相關性。

10-11 為題組

10. **A**

【解析】 甲地點位於台灣海峽中，且遠離板塊交界帶的東邊和南邊，故遭受海嘯侵襲的機率最低。

11. **C**

【解析】 地震發生頻率較高的地方，理當推論斷層數量較多。

(A) 海階地形發達和地震的頻率沒有關係。

(B) 土石流的頻率和降雨量有關。

(D) 火成岩分布廣可以推論曾經此處的地質變化，但與現在的地震頻率沒有直接關係。

12-13 為題組

12. **C**

【解析】 珍貴樹種和土地的所有權屬於兩個不同的圖層，利用 GIS 系統地疊圖分析就可以清楚了看出珍貴樹種的分布與土地所有員的關係。

13. **C**

【解析】 在進行空間規畫時，社會正義很重要需要考量的因素，不然由市場機制主導的空間規劃，例如選項 (A)、(B)，可能會造成許多人有不公平的待遇。此題該鄰里的珍貴樹種和土地的所有權關係可以在空間規畫時分析社會正義的關聯。

14-15 為題組

14. **D**

　　【解析】　灰化作用會發生在低溫濕潤的地區，例如副極地大陸性
　　　　　　　氣候和溫帶大陸型氣候。而甲乙丙丁四個氣候圖分別為
　　　　　　　熱帶雨林氣候、熱帶沙漠氣候、溫帶地中海型氣候、溫
　　　　　　　帶大陸型氣候。

15. **C**

　　【解析】　由氣溫圖可知甲和丙位在南半球，乙和丁位在北半球，
　　　　　　　故這四地由北到南的順序為丁乙甲丙。

16-17 為題組

16. **D**

　　【解析】　嘉義縣中埔鄉位在嘉南平原東側，已經非沿海地帶，故
　　　　　　　不會有超抽地下水灌溉導致地層下陷的問題。另外，(B)
　　　　　　　選項中提到龍捲風，台灣的龍捲風侵襲事件是很少見
　　　　　　　的。颱風的路徑通常會造成台東焚風而非嘉義，而颱風
　　　　　　　在夏天引進的西南氣流則幾乎每年都會造成嘉義到屏東
　　　　　　　一帶的暴雨。

17. **A**

　　【解析】　在一個地方大量種植同一種農作物稱為專業化，而在檳
　　　　　　　榔林中開始轉種咖啡、香蕉等作物代表區域專業化的瓦
　　　　　　　解。

18-19 為題組

18. **D**

【解析】 根據此緯度資料，可以判斷是美國南方沿海地區。美國
東南沿海並非全球主要地震帶上，且地形上屬於廣大的
平原，故地震和土石流發生的機會很少。由於地勢低平，
又位在南北企團的交界處，故每年容易發生洪患與龍捲
風。

19. **B**

【解析】 美國南方農業主要以棉花帶為主，耕地廣大，並非農牧
並行，故 (A)、(C) 刪去。而大地主制主要是在中南美洲，
故 (D) 也刪去。而單一產物棉花易受國際價格波動。

20-21 為題組

20. **A**

【解析】 在緯度 0° 度時，經度 1° 間的緯線距離為 111 公里，這
個距離和緯度 0° 到 1°，緯度 1° 間的經線距離差不多。
但當緯度越高時，經度 1° 間的緯線距離就會越來越短。
約在緯度 60° 時，經度 1° 間的緯線距離為在緯度 0° 度
時的一半。在緯度 80° 時，經度 1° 間的緯線距離為在緯
度 0° 度時的六分之一。

(A) 選項的己辛長度約為 6660 公里。

(B) 選項的丙庚長度約為 5760 公里。

(C) 選項的乙己長度在北緯六十度，故相當於在赤道緯
度 45° 度間的距離，約為 5000 公里。

(D) 甲和戊都是在北極點，長度是 0 公里。

21. **B**

【解析】　亞特蘭提斯往東 60° 約在埃及古文明的位置，埃及古文明的位置大約在東經 30°，北緯 30°。由此即可知亞特蘭提斯大致上在丙的位置。

22-23 為題組

22. **B**

【解析】　水圳通常會沿著等高線建立，途中甲和丁有通過等高線的頂點，而丙的路線位在河谷中，也非水圳。

23. **B**

【解析】　由此等高線圖可知，河流是從圖的下方往上方流。a 地點為凸岸，b 地點為凹岸，c 地與 d 地非凹岸也非凸岸。

24-25 為題組

24. **C**

【解析】　灰色網狀地方為東歐以東，此處氣候屬於草原氣候與溫帶大陸性氣候。故此處草原密布，選 (C) 選項合適。

(A) 此為沙漠氣候的特色。

(B) 此為熱帶雨林的傳統農業景觀。

(D) 此為地中海型農業景觀。

25. **D**

【解析】　克里米亞的所屬國為烏克蘭。烏克蘭主要位在 CIS 和 EU 兩個區域聯盟的過渡帶。CIS 為獨立國家國協，以俄羅斯為首。EU 則為歐洲聯盟。烏克蘭的地緣關係剛好在此二中間。

26-27 爲題組

26. **A**

【解析】 傳統上,中國東北以小麥、大豆、玉米爲主要產物。在加入 WTO 後,面對大量進口便宜的外國農產,對於中國東北此三種農作物的影響最大。

27. **B**

【解析】 面對農作物滯銷的情況下,要符合永續發展的前提來解決這些問題,可以農業轉殖、農業結構轉型、提高附加價值來解決。乙、利用補貼的方式,會造成國家財政負擔和農民生產過剩的問題,反而使價格更低。丙、施用化肥、農藥並不會達到永續發展的原則。

28-29 爲題組

28. **C**

【解析】 新建物的容積率爲 300%,建蔽率爲 50%,而因爲策略性在開發地區,容積上限擴大爲 2 倍,故等於容積率提高成 600%。容積率除以建蔽率即爲該建築物可以建築之樓層故 600% / 50% = 12 樓。

29. **B**

【解析】 甲、原本的建蔽率爲 90%,現在的建蔽率爲 50%,開放空間是爲增加的。乙丙丁、原本容積率爲 4 × 90% = 360%,現在變爲 600%,故人口密度增加。同時家庭汙水會增加,而容積率的提高,樓板地面積也會增加。

30-32 為題組

30. **C**

【解析】 在一份完整的地理報告中，正文部分的第一部分－序論中，包含研究動機、目的、文獻回顧及研究方法。文獻回顧這個項目是很重要的，可以讓一份報告有立足點。

31　**A**

【解析】 廠商會想要採行國際分工，就是因國際分工可以降低生產成本，如此業者才會有把工廠設在世界各地的動機。甲、薪資具有明顯區易差異可以降低人事成本，乙、發達的國際運輸和通訊技術也可以降低運送成本，丙、原料具有高度壟斷性會讓成本上升。丁、全球原油輸出價格持續攀升會讓運輸成本上升。戊、生產技術標準化和製成分工可以減少生產成本，故選 (A) 甲乙戊。

32　**C**

【解析】 一個公司的研發設計部門基本上會設立的地方有可能在其母國，設立在母國可以把技術留在國內，並且得到較高素質的人力。或是為了更了解消費者的喜好而因地制宜設立於市場銷售的國家，而不會設立的加工的國家。

33-34 為題組

33. **A**

【解析】 一個產業的完成，如果是由多個工廠合作完成，稱之為垂直分工。題幹說台灣 LED 場的關鍵零組件與材料專利掌握在日本和美國大廠，而台灣則是從事中、上、下游的工作，此乃垂直分工的形態。

34. **C**

　　【解析】 整體外移的原因，表示此一產業的緊密性強，不會僅僅某一步驟的製程外移。(A) 選項所描述的，並非以知識經濟爲核心的經營策略就會有題幹的狀況，(B) 如果是工業慣性那產業就不會外移，(D) 終端產品大部分都會有規格化的現象，規格化與產業集體外移也沒有關係。

35-36 爲題組

35. **B**

　　【解析】 在 1997 年後，數值呈現明顯下降的包含新興市場經濟體、亞洲、中東、馬爾他及土耳其。而非洲在 1997 年後的數據有稍微往下的趨勢，反觀拉丁美洲和轉型國家都是上升的，但拉丁美洲比起轉型國家卻是全球民間外資流入的最主要地區。

36. **A**

　　【解析】 在金融風暴期間，各國貨幣價值會急遽貶值，所以國內貨物難出口、國外貨物容易進口，並且面對物價上漲的情況。此時，銀行避免呆帳會減少放款比率。

37-38 爲題組

37. **D**

　　【解析】 D/Q 的含意代表一個地方總用水需求量除以河川總逕流量，故此值越高代表這個地方越需要水資源。由 1985 年各州的資料和世界平均值顯示，歐洲是缺水壓力最大的地方而南美洲是缺水壓力最小的地方。

38. **D**

【解析】(A) 數值越低代表缺水壓力越小，北美洲的缺水壓力
　　　　　　是模式一中最小的。

　　　　(B) 在數值上，模式二中用水需求增加最多的是南美
　　　　　　洲。

　　　　(C) 模式三中，缺水壓力最大的地方是南美洲，並非
　　　　　　伊斯蘭文化區。

　　　　(D) 依據模式一和模式二可以看出氣候變遷的影響是
　　　　　　比較小的。

貳、非選擇題

一、　1.【答案】台灣海峽

　　　　【解析】苗栗位於台灣海峽旁，故取用台灣海峽海水。

　　　2.【答案】雨日較多、蒸發（散）較弱

　　　　【解析】澳洲西部屬於熱帶沙漠地區，氣候較熱，台灣本島
　　　　　　　　濕潤，北部全年雨日多，較不利曬鹽。

　　　3.【答案】比較利益

　　　　【解析】為了達到更低廉的成本，一個企業會採取國際分工
　　　　　　　　的經營模式是因為比較利益。

　　　4.【答案】產業轉型、產業升級

　　　　【解析】從題幹中台鹽公司嘗試推出新產品……，可以得知
　　　　　　　　台鹽在 2003 年之後力圖在藍海中創造公司新價值。

二、 1.【答案】 沖積扇

【解析】 河西走廊的耕地主要分布在山前的沖積扇上，沖積扇的扇面和善端多以沙土爲主，多闢爲耕地。

2-1.【答案】 橫沙丘、拋物型沙丘

【解析】 同 2-2 的詳解。

2-2.【答案】 沙供給量角度、植被覆蓋度角度、風速角度（三個答案寫出兩個即可給分）

【解析】 該地是沙塵暴的源頭，擁有足夠的沙源。該地是乾季氣候、年雨量少，故植被覆蓋度低。該地冬季位於高壓系統邊緣，風速較強。

三、 1.【答案】 社區、村里

【解析】 教區的機能隨時間演變轉變爲基層的地方行政區，就如同台灣地方的村鄰里一樣。

2.【答案】 中地（理論）

【解析】 去討論多少範圍內有一個教堂供給人民做禮拜和地理學中的中地理論是相同的。中地理論是在說明人類消費行爲與都市分布的空間規律性。

3-1.【答案】 (E,4)

【解析】 因爲此處的點最密集，詳細理由如 3-2 的答案。

3-2.【答案】 教堂數量多，代表人口數量多（或人口密度大），因而最可能是該郡的行政、經濟中心。

【解析】 略。

103 年大學入學指定科目考試試題
公民與社會考科

一、單選題（占 78 分）

說明：第 1 題至第 39 題，每題有 4 個選項，其中只有一個是正確或
　　　最適當的選項，請畫記在答案卡之「選擇題答案區」。各題
　　　答對者，得 2 分；答錯、未作答或畫記多於一個選項者，該
　　　題以零分計算。

1. 媒體製播的內容中，經常會出現「刻板印象」的圖文或劇情。下
　　列媒體內容何者**較不會**引發「刻板印象」的批評？
　　(A) 外籍人士歸化入我國者以婚姻移民最多
　　(B) 女性較男性富同理心故適合護理工作
　　(C) 臺灣原住民屬酒量好、樂天知命的民族
　　(D) 都市人有自覺高尚的「天龍人」心理

2. 民國 90 年時臺灣原住民族倡議恢復傳統姓名運動，促使當時政府
　　同意修改《姓名條例》，原住民族可恢復傳統族群命名，或選擇
　　保留漢式姓名。請問此運動的主張應具有以下何種意涵？
　　(A) 提升我國國民文化品味
　　(B) 提升主流文化的同化效果
　　(C) 加強對多元文化的尊重
　　(D) 加強原漢文化融合的效果

3. 1995 年，我國推動全民健康保險制度以落實《憲法》增修條文中
　　的相關規定，下列關於我國全民健保實施情形的敘述，何者最為
　　正確？
　　(A) 全民健保屬於社會福利政策，民眾繳費愈多，領回也愈多
　　(B) 健康權屬於基本人權，全民健保不應該限制投保者的資格

(C) 全民健保保費的繳納採取量能負擔原則，可有助於財富重分配

(D) 爲達到風險分擔的目的，使用醫療資源愈多者其保費負擔愈高

4. 不同類型的媒體若要進行合併，經常引發社會各界正、反面意見的辯論。如果從媒體識讀的角度來看，下列主張何者正確？

   (A) 如果併購會造成媒體市場的集中，可能會帶來言論自由空間被限制的疑慮

   (B) 如果併購導致只有一、二家媒體獨大之結果，最終將有助民主政治的效率

   (C) 媒體經營者若能同時經營電子與平面媒體，更可保障閱聽人的媒體近用權

   (D) 單一媒體的市占率一定要能達到獲利規模，才可能確保弱勢群體發聲管道

5. 高中職學生，因爲出刊校內雜誌或服裝儀容等議題，與校方管理人員發生摩擦，從校園人權的角度來看，下列有關敘述何者正確？

   (A) 除非事先曾獲得家長代表會的同意，否則學校不能自行訂定限制學生表達自由的規定

   (B) 當學生尚未達到法定投票權年齡時，校方爲了管理的目的可對學生表達自由加以限制

   (C) 學生應以讀書爲義務，如果能主動善盡學生的角色，就不必擔心會發生學生人權問題

   (D) 學校如果對學生進行記過或申誡等處分時，需提供適當的權利救濟管道允許學生申訴

6-7 爲題組

過去三十年來，臺灣依據家庭可支配所得分爲五等分，包括最低、次低、中間、次高、最高所得組等五組家庭，各組家庭內 18-23 歲人口接受高等教育比率如表一所示。

表一　　　　　　　　　　　　　　　　　　單位：%

民國	第一分位組 (最低所得組)	第二分位組 (次低所得組)	第三分位組 (中間所得組)	第四分位組 (次高所得組)	第五分位組 (最高所得組)
70	7	13	16	20	25
80	20	27	29	31	40
90	40	46	52	56	60
100	60	69	74	78	80

6. 依據表一提供的數據，請問下列敘述何者**不正確**？
   (A) 家庭可支配所得等級越高，子女接受高等教育比率也越高
   (B) 不論所得分組，所有家庭接受高等教育的比率都呈上升的情形
   (C) 參考過去三十年變化，最低所得組家庭接受高等教育的比率，
       成長倍數最多
   (D) 最高與最低所得組相比，其子女接受高等教育的比率差距，
       呈逐年下降趨勢

7. 下列概念何者適合用來說明前述「家庭所得」與「接受高等教育」
   之間的關係？
   (A) 社會教育　　　　　　　　(B) 社會階層
   (C) 社會安全　　　　　　　　(D) 社會保險

8. 阿芳在一家貿易公司工作了五年，她在結婚生小孩後，考慮托嬰
   費用太高，決定辭職在家帶小孩，當全職家庭主婦。請從「勞動
   的意義與參與」的觀點分析下列敘述何者正確？
   (A) 依據失業率的定義，婚後辭職專心育兒的阿芳將被視為失業
       人口
   (B) 在家帶小孩此種家務勞動性別化的現象，是社會分工的自然
       趨勢
   (C) 阿芳在家帶小孩並未賺取實質報酬，因此無助於社會的生產
       活動

(D) 政府若能提供完善的托育政策，則有助於國內勞動參與率的提升

9. 近年來中國大陸經濟發展快速但在政治上仍堅持社會主義與共產黨專政；晚近批評者認為：部分有黨政高層家世背景通稱為「官二代」的群體，因「以權謀私」而得位居高收入頂端，呈現貧富差距惡化的現象。從社會流動與階層化的角度來看，下列敘述何者正確？

(A) 若要成為流動而開放的社會，必須降低家庭出身對於一個人的地位取得成就的影響力

(B) 若堅持社會主義路線由黨國領導經濟發展，預期一定可以解決社會流動的不公平問題

(C) 若絕大部分的財富及權力持續掌控於少數既得利益者中，有助於體系穩定及和諧發展

(D) 若為增進民眾向上流動機會但又要維持一黨專政，需採取刺激經濟發展的新自由主義

10. 近年來兩岸經貿關係發展非常熱絡，下列有關兩岸經貿關係的敘述何者為正確？

(A) 大陸為臺灣第一大的出口市場，臺灣也成為大陸最大出口市場

(B) 大陸為臺商第一大的投資地區，陸資也成為臺灣最大外資來源

(C) 臺商投資累計金額最多的產業，集中在以出口為導向的製造業

(D) 因配合西部大開發，臺商主要集中在中國大陸的西部省分地區

11. 中國共產黨領導人習近平強調打擊貪腐，認為如果不嚴厲進行反貪腐最終必會亡黨亡國。下列何種作法最符合中共黨國體制運作的特色？

(A) 由全國人民代表大會主動立法要求官（或黨）員公布財產

(B) 由最高人民檢察院主動積極偵辦所有涉貪的官（或黨）員

(C) 由中國共產黨黨中央主導對貪汙官員的調查

(D) 由國務院全權指揮軍警單位嚴辦貪官汙吏

12. 保障基本人權、維護世界和平為聯合國重要的職能，下列關於聯合國的相關敘述何者正確？

(A) 是一個由所有主權國家所組成的國際組織，並有常備維和部隊，以維護世界和平

(B) 聯合國安全理事會是負責維護國際和平與安全的主要機構，且理事國擁有否決權

(C) 為減緩環境的惡化、推動全球永續發展，協調制定與推動相關環境與生態保育策略

(D) 基於國際法上的不干涉原則，對國內發生嚴重違反人權的國家，只能進行道德勸說

13. 若與英美兩國的政府體制進行比較，下列何者為我國《憲法》較為特殊的體制設計？

(A) 國會議員不得兼任內閣的閣員

(B) 行政首長須接受國會議員質詢

(C) 國會可對內閣進行不信任投票

(D) 人民擁有罷免國家元首的權利

14. 公民投票與民意調查都是表達民意的形式，會影響公共政策的形成。就我國一般情形而言，以下有關這兩種機制的比較描述，何者正確？

(A) 公民投票依法具有政策拘束力，民意調查可為政策參考依據

(B) 公民投票依法只能由政府發動，民意調查皆由學術機構主持

(C) 公民投票的實施成本較低，民意調查的實施則成本較高

(D) 公民投票適用在租稅議題，民意調查適用在政策滿意度

15. 以下有關民主制度設計的敘述,何者爲最正確?
    (A) 正當程序是爲了落實依法行政
    (B) 定期選舉是爲了落實政治效能
    (C) 任期限制是爲了落實公平正義
    (D) 分權制衡是爲了落實民意政治

16. 民意政治是民主政治的重要原則之一,政府在制定政策時經常會強調對民意的回應性,下列有關不同民意表達方式的敘述何者爲**錯誤**?
    (A) 民衆投票選出政治代表與官員是法律保障的民意表達方式
    (B) 隨機接受叩應(call-in)的廣播節目能反映民意的整體分布
    (C) 民衆通常可透過投書各種媒體的方式來自由表達個人意見
    (D) 網路民調的樣本代表性較差,很難用來反映民意的整體分布

17. 假設你是臺灣 OO 高中的管樂隊成員,要到北京參加公開表演活動。以下關於表演活動旅程的相關敘述何者正確?
    (A) 目前可以從桃園機場直飛北京,這是因爲在解嚴後兩岸即簽訂了直航協議
    (B) 在北京看到主流媒體報導:「中華民國 OO 高中管樂團將在北京公開演出」
    (C) 在北京市區購物主要使用人民幣,使用不同貨幣代表進入不同的治理轄區
    (D) 若表演結束後在北京發生緊急事件,可向陸委會在當地的辦事處尋求協助

18-19 爲題組

某國總統 X 在任期未滿時突然病故,由副總統 Y 依照該國憲法繼任爲總統。有別於生前受人民愛戴的總統 X,副總統 Y 行事作風頗受爭議。Y 繼任後面對強大國內反對聲浪,要求舉行總統補選,

甚至發生大規模的示威抗議，以表達他們對由 Y 繼任的不滿。Y 就任後進行一連串的改革措施，但政績不佳始終未能獲得人民的支持，因此在持續大規模示威抗議壓力下，Y 最終被迫宣布下臺。

18. 分析副總統 Y 繼任成為該國總統的事實及其所引發的反應，下列敘述何者正確？
    (A) 統治具有正當性也具有合法性
    (B) 統治具有正當性但不具合法性
    (C) 統治具有合法性但不具正當性
    (D) 統治不具合法性也不具正當性

19. 總統 Y 宣布下臺的舉動，符合民主政治的何種基本原則？
    (A) 法治政治　　(B) 責任政治　　(C) 多數統治　　(D) 政治平等

20. 假設某國立大學 T 和網路公司 G 簽訂合作契約，將 T 大學所有教職員和學生的身分識別證件，全部改為可搭乘大眾運輸工具及儲值現金以便購物的記名式數位卡片。下列敘述何者正確？
    (A) 基於大學自治與校園管理需要，T 可自行決定製發身分識別證件的方式及儲存的個人資料
    (B) T 為國立大學，應全力配合國家網路生活化政策，強制教職員學生使用數位身分識別證件
    (C) 基於契約自由，T 可全面提供 G 全校教職員及學生的個人資料，供日後研發更多新式服務
    (D) G 只能使用教職員及學生同意提供的個人資料，為 T 製作該校的記名數位式身分識別證件

21. 「行政命令」與「法律」的制訂程序不同，位階也有異。以下關於「行政命令」與「法律」的敘述何者正確？
    (A) 行政機關具有制訂行政命令的權力，不受立法機關的監督及干預

(B) 與人民權利義務有關之事項，應由法律規範或至少有法律的
授權

(C) 立法院對所有的行政命令只能進行文字修正，不得變更實質
內容

(D) 爲了追求立法效率，立法院應該完全授權行政機關制訂行政
命令

22. 某國通訊傳播主管機關爲了保護未成年人之身心健康，委託一民
間團體監看各媒體和網路內容。某日該民間團體監看節目時，發
現一新聞臺網站中關於某次性別平等遊行的報導，刊出抗議者上
空裸露畫面，該團體隨即發出署名之信函要求該臺撤除網站中相
關畫面，否則將此事件呈報主管機關，作爲該臺換發執照的參考。
該民間團體同時去函教育主管機關，要求應命各級學校封鎖該臺
網站。根據上述情形，下列敘述何者正確？

(A) 通訊傳播的主管機關，應自行執行職務，不可委託民間團體
協助處理事務

(B) 若主管機關因民間團體呈報的事件作出不換發執照的處分，
該新聞臺可依此提出訴願

(C) 教育主管機關本於管理各級學校的權限，應依文中團體的要
求命各級學校封鎖該臺網站

(D) 新聞臺網站基於媒體自律本不應報導有礙大眾觀感的遊行，
文中團體的行爲並未侵犯其新聞自由

23. 高速公路主管機關宣布即日起全面採行 X 公司的電子收費系統，
並規定所有車主必須在車上安裝 ecard，在行駛高速公路時才能透
過該系統自動計費和繳費。消費者甲到某車商門市購車。車商基
於與 X 公司的合作關係，即將甲用以購車的個人資料傳送給 X，
X 隨即爲甲設立且開通 ecard 帳戶，並由車商爲車子貼上 ecard，
但甲全程並未獲得車商告知。以下敘述何者正確？

(A) 車商和 X 都無權代理消費者甲決定是否貼上和使用 ecard

(B) 車商如基於善意主動開通 ecard 帳戶，無須事先得到甲同意

(C) 電子收費系統是國家重要政策，X 可依法強制與甲締結契約

(D) 甲既然將個人資料交付車商，表示已同意車商代爲貼上 ecard

24. 警方根據路邊的監視錄影帶，查獲一群持刀隨機傷人的飆車族，其中甲男年僅十三歲，錄影帶顯示他也有動手砍人致重傷。請依據相關法律的規定，判斷下列敘述何者**不正確**？

(A) 甲男有傷害人的行爲，但不會受到《刑法》的制裁

(B) 甲男無刑事責任，因此由警察處理，並非檢察官職權

(C) 《刑法》禁止傷害人的行爲，即使是十三歲少年的行爲也一樣

(D) 把傷害人的少年交付矯治機構進行感化教育，也屬於刑事手段的一種

25. 開放性肺結核，目前爲行政院衛生福利部公告的法定傳染病，在必要的情形下，主管機關得要求病患在指定的治療機構中以隔離方式進行治療。對於曾與病患接觸之人，主管機關得進行檢驗，在必要的情形下，得要求留置於指定處所，與外界隔離。下列關於主管機關爲避免肺結核擴大傳染而採取的相關措施，何者符合行政法一般原則？

(A) 爲使大衆知悉疫情並採取適當保護措施，應將病患的姓名地址公告周知

(B) 爲能夠迅速採取防治疫情的措施，即使無法律規定也可以進行強制隔離

(C) 法律無法一一列舉何時應進行強制治療，須由主管機關依個別情形判斷

(D) 將曾與病患接觸者強制隔離至病患治癒時，但予一定補償以彌補其損失

26. 假設國家早年曾將侏儒症的國民強迫收容於某療養機構，院民因被強制隔離而長期居住於院區內，日後政策改變，院民可自由離開，但院區已成為院民長期居住、保存生命記憶、維繫群體自然情感的社區。晚近時地方政府為興建快速道路，在未徵詢院民意見的情況下逕予施工，工程導致原有社區環境遭破壞並危及院舍安全，造成院民被迫接受政府其他安養而遷出。如院民要針對因道路工程計畫而被迫遷移進行抗爭，下列敘述何者正確？
    (A) 院民接受安養措施後仍具有人身自由，並無理由抗爭
    (B) 院民能住在院區是因為政府提供收容，不能主張有居住權
    (C) 政府已安排安養措施，院民不得行使公民不服從而走上街頭
    (D) 政府在程序上未保障院民參與的權利，迫使院民搬遷不符法治國原則

27. 司法院大法官作出釋字第 365 號解釋，針對《民法》第 1089 條父母對於未成年子女權利行使不一致時，由父行使之規定，認為與《憲法》第 7 條人民無分男女在法律上一律平等，及《憲法》增修條文相關消除性別歧視之意旨不符，應予以檢討修正。請依據上文以及我國釋憲制度，判斷下列敘述何者正確？
    (A) 此號解釋可能是由人民連署向司法院大法官聲請而作成
    (B) 我國大法官採取任期交錯的制度，故屬於分散審查的型態
    (C) 此號解釋的效力只對個案有效，在其他案件中，《民法》第 1089 條仍可適用
    (D) 《民法》第 1059 條修訂為「子女的姓氏應由父母雙方書面約定之」符合此解釋的意旨

28-29 為題組

嘉明今年十六歲，是一名同性戀，他父親因此聲明斷絕父子關係。最近，嘉明的父親車禍過世，留下三千萬元債務和一棟登記在父親本人名下，價值五百萬元的房子。嘉明的父母不曾就夫妻財產

制有過約定。現在，嘉明和母親擔心父親生前的債權人來向他們討債。

28. 關於上述嘉明和他母親的繼承問題，下列敘述何者正確？
 (A) 嘉明和母親都不必繼承嘉明父親所留下的全部債務
 (B) 嘉明父親生前的債權人可依法強制嘉明清償全部債務
 (C) 嘉明如果沒有做限定繼承登記，就要清償父親的全部債務
 (D) 嘉明的母親如果沒有拋棄繼承，就要清償父親的全部債務

29. 關於上述嘉明一家人的身分關係，下列敘述何者正確？
 (A) 因為嘉明父親死亡，嘉明父母間的婚姻關係即立即消滅
 (B) 在嘉明的父親死亡前，嘉明和父親間的父子關係已經消滅
 (C) 嘉明父母未約定夫妻財產制，因此婚姻關係中的財產原則上為夫的財產
 (D) 嘉明的同性戀身分不符合《民法》中「家」的核心價值，不應為家的成員

30. 我國國營事業的經營績效屢受社會質疑，因此「民營化」經常為解決國營事業經營績效不彰的手段。下列何種現象可藉由國營事業民營化而獲得解決？
 (A) 大型財團把持重要民生供給問題
 (B) 偏遠地區的服務品質下降問題
 (C) 政府長期稅收不足造成的赤字問題
 (D) 國營事業人事成本過高問題

31. 以共產主義或社會主義為基礎的經濟體系，在進行經濟改革時，通常會採行「雙軌」的模式實施漸進式的開放策略。下列何者符合上述模式的概念？
 (A) 中央政府下放權力給地方政府
 (B) 市場經濟與計畫經濟同時並存

(C) 出口貿易與進口貿易並重的政策

(D) 平均每人 GDP 與整體經濟成長並重

32. 請問下列何者最接近「誠實納稅，情操可貴；國家建設，全民受惠。」這則租稅宣導標語所要傳達的概念？

(A) 國家建設是政府的工作，誠實納稅會傷害民眾荷包，只好利用情操來號召

(B) 政府預算愈高，愈能雇用更多稅務人員嚴查逃漏稅，對納稅民眾有所交代

(C) 國家建設帶給民眾許多好處，但國庫所需財源要靠納稅人誠實納稅才能充實

(D) 全民期待政府運作能夠精簡而有效率，所以財政部提倡誠實的美德作為表率

33. 經濟成長率為兩期之間的國內生產毛額變化幅度，而平均每人國內生產毛額則是將國內生產毛額除以該國人口數。若人口不變時，請問以下有關敘述何者**錯誤**？

(A) 若一國平均每人國內生產毛額較去年高，則該國國內生產毛額也必然較去年高

(B) 若一國經濟成長率較去年高，則該國平均每人國內生產毛額也必然較去年高

(C) 平均每人國內生產毛額較國內生產毛額更能夠反應一國國民的經濟福祉

(D) 平均國內生產毛額可以同時代表一國所得分配的平均程度

34. 欣平昨天在鄰近的電子零售店看上一臺 MP3，定價是 2000 元；今天他又在往返路程一小時的大型量販店型錄上，得知同款產品特價 1880 元；但欣平決定在零售店購買該款 MP3。下列何者可以解釋欣平行為？

(A) 欣平往返量販店的機會成本低於 120 元

(B) 欣平認為一小時的時間價值高於 120 元

(C) 量販店的售後保固價值高於 120 元

(D) 欣平在兩家店消費的消費者剩餘差異低於 120 元

35. 2011 年 9 月，美國民眾發起「占領活動」，此運動基本訴求是對於政治腐敗的抗議、以及大商業公司和最富有的 1% 的富人在政策制定上享有的特權的反感。請問，此「占領活動」表達了對下列何種經濟問題的抗議？

(A) 財政赤字擴大　　　　　　(B) 所得分配嚴重不均

(C) 全球化貿易體系失衡　　　(D) 政府干預導致經濟衰退

36-37 為題組

2013 年第一季全球智慧型手機約銷售 2 億 1000 萬支，同時期臺灣的智慧型手機銷售量約 190 萬支。假設在貿易開放前，臺灣智慧型手機市場的需求量與供給量關係如表二。

表二

價格（元/支）	需求量（支/月）	供給量（支/月）
20000	60 萬	78 萬
19000	66 萬	66 萬
18000	72 萬	54 萬
17000	78 萬	48 萬

36. 假設智慧型手機的品質均相同，請問在國際市場上，當智慧型手機價格高於多少元時，臺灣會出口智慧型手機？

(A) 20000 元　　(B) 19000 元　　(C) 18000 元　　(D) 17000 元

37. 若臺灣手機廠商完全無法影響市場價格，根據題幹與表二，則下列敘述何者正確？

(A) 當國際價格為 20000 元時，開放貿易將使臺灣的消費者剩餘提升

(B) 只有在國際市場價格高於 19000 元時，開放貿易才能提升臺灣的經濟福祉

(C) 當國際價格為 17000 元時，政府可透過課徵進口關稅的保護政策來提高臺灣的經濟福祉

(D) 若某國以 18000 元的價格無限量供應手機至國際市場，開放貿易將使臺灣的經濟福祉上升

38. 16 世紀時，荷蘭的園藝學家培育出橘色的胡蘿蔔，以向荷蘭皇室奧蘭治家族致敬。該品種後來所向披靡，並成為胡蘿蔔的主流品種，原始的紫色品種反而較難被消費者接受。下列敘述何者可以說明前述現象？

(A) 橘色胡蘿蔔的市場供需失衡

(B) 政府干預導致胡蘿蔔市場失靈

(C) 生產者對於紫色胡蘿蔔的供給減少

(D) 消費者對於紫色胡蘿蔔的需求減少

39. 某日股市開盤時，雖然電子類股的股價全面上漲，但營建類股的股價卻皆下跌，而其他不同類股也漲跌互見。請問最有可能造成前述類股行情變動的因素為何？

(A) 政府開徵證券交易稅　　　(B) 全球性的經濟大恐慌

(C) 產業績效表現的差異　　　(D) 央行採寬鬆貨幣政策

二、多選題（22 分）

說明：第 40 題至第 50 題，每題有 5 個選項，其中至少有一個是正確的選項，請將正確選項畫記在答案卡之「選擇題答案區」。各題之選項獨立判定，所有選項均答對者，得 2 分；答錯 1 個選項者，得 1.2 分；答錯 2 個選項者，得 0.4 分；答錯多於 2 個選項或所有選項均未作答者，該題以零分計算。

40-41 為題組

教育體制的發展和人口變
遷息息相關，臺灣過去三
十年來各級學校學生人數
變化如圖一所示，請回答
以下相關問題。

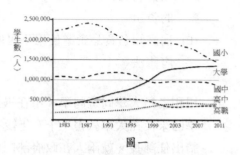

圖一

40. 依據圖一所顯示的資訊，
請問下列有關臺灣人口與教育現象的相關敘述何者正確？
(A) 臺灣人口出現了高齡化的趨勢
(B) 臺灣人口出現了少子化的趨勢
(C) 因為國小就學人數下降，高中就學人數上升
(D) 高中職學生人數的相對變化，顯示職業教育越來越受社會的
    重視
(E) 國小就學人數如果持續下降，數年後將導致大學入學人數亦
    跟隨下降

41. 過去三十年來我國大學畢業生增加達 3.6 倍，這種事實導致那些
社會現象？
(A) 平均教育程度提昇　　　　(B) 整體人力資本增加
(C) 失業率將逐年下降　　　　(D) 勞動參與率將逐年提高
(E) 大學文憑能提供個人的垂直流動效益將遞增

42. 資本主義社會的媒體常由財團以營利的方式經營，但社會大眾對
於媒體應以專業角色報導公共利益則有高度期待。下列報導內容
與公共利益的關聯性，何者敘述正確？
(A) 揭發名人婚外情，藉以表彰婚姻價值，落實效益主義的理念
(B) 邀請意見領袖探討十二年國教制度的優缺點，凝聚社會共識
(C) 揭露上市公司苛扣勞工薪資內幕，使股市重挫，但彰顯了社
    會正義

(D) 收費刊登特定政治人物任內的政績，提供民眾參與公共事務的資訊

(E) 揭露知名食品企業使用不實原料，引發社會不安，卻促使政府修法

43. 甲和乙是大學同班同學，甲在畢業後順利考取公務員，乙出國留學回來後在大學教書；十五年後，甲升任司長，乙受行政院長邀請出任部長。就兩人在政府部門的任職情形，下列何者正確？

(A) 甲主要是負責政策制定，乙主要是負責政策執行

(B) 甲有強制退休年齡的限制，乙無特定退休年齡的限制

(C) 甲的職位有任用資格的限制，乙的職位較無任用資格的限制

(D) 甲必須為政策成敗負政治責任，乙必須為用人不當負行政責任

(E) 甲的升遷可依公務人員考績制度，乙的升遷則不適用公務人員考績制度

44. 某國大選結束後，左派社會主義政黨大獲全勝。該政黨領袖在擔任總理後，大規模推動各種改革以落實社會主義。下列何者會是該總理所推動的政策？

(A) 提高綜合所得稅率　　　(B) 縮減社會福利支出

(C) 提高失業救濟津貼　　　(D) 加速國營事業民營化的進程

(E) 放寬聘僱外籍工作者的限制

45. 法國政府體制因同時具備內閣制與總統制的特徵而被稱為「混合制」。下列關於其體制的敘述何者正確？

(A) 法國總統沒有實權，具有內閣制特徵

(B) 法國總理可以解散國會，具有內閣制特徵

(C) 法國總統由人民直接選舉產生，具有總統制特徵

(D) 法國國會可以對內閣提不信任案，具有內閣制特徵

(E) 法國總統通常任命國會多數黨的領袖為總理，具有總統制特徵

46. 近年來國際間愈來愈重視「犯罪被害人保護」制度，強調對被害人及其家屬的程序保障、身心創傷的彌補、平復、生活重建，以及與加害人間的關係修復。我國也有《犯罪被害人保護法》，並在性侵害、家庭暴力、人口販運等防制法律中加入被害人保護機制，近年也開始推行修復被害人與加害人關係的新措施。請問，下列何者符合上述被害人保護制度的精神？
    (A) 落實死刑的執行　　　　(B) 讓加害人負起責任
    (C) 給予被害人金錢補償　　(D) 促成被害人與加害人的對話
    (E) 將執行刑罰的權力交給被害人

47. 面對少子化衝擊，許多縣市紛紛推出「生育津貼」獎勵生育，而某縣市「生育津貼」的發放則以「合法婚姻關係」的存在為限，此規定引發了歧視的批評。如果從平等權的角度判斷，下列敘述何者正確？
    (A) 所有婦女應享有同等的福利資源，不能以有無結婚做為差別待遇的理由
    (B) 社會資源應有效運用，因此生育津貼只發給經濟弱勢的未婚生子婦女
    (C) 鼓勵合法婚姻可促進性別平等，此規範的訂定有助於追求實質正義
    (D) 該縣市政府只發放合法婚姻生育津貼，符合「合理的差別待遇」
    (E) 生育津貼之主要目的應在鼓勵生育，與生育者是否已婚無關

48. 立法院修正《消防法》，規定施放天燈須事先申請許可，未經許可者應受處罰。隔日，報上即出現一則新聞：「新北市政府表示，為免天燈產業受影響，將制定自治條例，讓遊客平時無須申請也可放天燈。」請問，新北市政府制定自治條例時，應注意**不得違反**下列哪些規範？
    (A) 立法院修正通過的《消防法》
    (B) 內政部制定的《消防法施行細則》

(C) 新北市政府以往作成的處罰決定

(D) 臺北市政府制定的《產業發展自治條例》

(E) 天燈業者彼此間簽訂的安全自治公約

49. 某甲因婚期將至，於是親自到家具行選購多套家具，商定送貨日期並完成付款後就離去，但隔日家具送達後，某甲心生後悔，於是以「猶豫期」的規定，向店家要求退貨，但店家拒絕。請依我國相關法律的規定，分析下列敘述何者正確？

(A) 此買賣消費行為，適用《消費者保護法》的規定，因此有猶豫期的保障

(B) 店家拒絕退貨的行為，對消費者顯失公平，違反《消費者保護法》的規定

(C) 某甲的家具是在家具行購買，因此不適用《消費者保護法》的猶豫期保障

(D) 此消費行為不屬《消費者保護法》中定型化契約的規範，店家可拒絕退貨

(E) 店家應基於《消費者保護法》中「無過失責任主義」的精神同意某甲退貨

50. 消費者物價指數（CPI）為衡量一般消費者購買零售類財貨與勞務平均價格的指數。若以 2005 年為計算 CPI 的基期，下列有關消費者物價指數的敘述何者正確？

(A) 2008 年 CPI 為 95，表示物價較基期的水準低

(B) 2008 年 CPI 為 120，表示物價較 2007 年上漲

(C) 2008 年 CPI 較 2007 年 CPI 高，表示消費者可購買物品總量下降

(D) 2007 年 2 月的 CPI 較同年 1 月、3 月高，表示 2007 年 2 月有通貨膨脹現象

(E) 2008 年 CPI 較 2007 年 CPI 高，表示 2008 年消費者生活成本較 2007 年增加

103年度指定科目考試公民與社會考科試題詳解

一：單擇題

1. **A**

【解析】 刻板印象指社會對於特定性別或族群的特質做過度簡化的看法，而 (B) 針對性別 (C) 針對原住民 (D) 針對台北市民，(A) 則為客觀的統計。

2. **C**

【解析】 國民政府來台初期，對於原住民仍採「同化政策」，強制姓漢姓，直到 90 年代逐漸，了解尊重多元文化的價值，始同意修改《姓名條例》。

3. **C**

【解析】 (A) (C) (D) 全民健保採負擔能力原則，原則上收入越高，繳費愈多，可有助於財富重分配

　　　 (B) 健康權應屬「國民權」，因此國家基於財政等考量，仍可限制外國人投保，應此並非不能限制投保者的資格。

4. **A**

【解析】 (B) 當媒體獨大時，將可能形成一言堂

　　　 (C) 媒體經營者若能同時經營電子與平面媒體，恐使媒體資源遭到獨占

　　　 (D) 單一媒體的市占率是否達到獲利規模，與確保弱勢群體發聲管道之間，並無必然關聯。

5. **D**

【解析】 原則上在不違背法令的情況下，校方可以對學生的表達自由加以限制，但相對的對於學生的處分，應提供適當的權利救濟管道允許學生申訴。

6-7 為題組

6. **D**

【解析】 (D) 依上述數據，最高與最低所得組相比，其子女接受高等教育的比率差距，80～100 年呈現持平，並無呈逐年下降趨勢。

民國	第一分位組（最低所得組）	第五分位組（最高所得組）	子女接受高教的比率差距
70	7	25	18%（25-7）
80	20	40	20%
90	40	60	20%
100	60	80	20%

7. **B**

【解析】 個人的家庭背景，如「家庭所得」會影響個人的社會階層位置，因好的家庭背景有助於個人獲得較高教育程度，進而提升個人獲得較高社會階層的機會。

8. **D**

【解析】 (A)(D) 家庭主婦並非勞動力，因此不計入失業率當中，因此若政府若能提供完善的托育政策，將有更多的人能投入工作，有助於國內勞動參與率的提升

　　　　 (B) 家務勞動是社會分工的一種，但由女性擔任的這種「性別化」的現象，應該破除。

(C) 家務勞動，雖未賺取實質報酬，但卻是社會生產活動的重要支持。

9. **A**

【解析】 (A) 越開放的社會其社會流動程度越高

(B)(C) 由黨國領導經濟發展，限制了經濟自由化，且若絕大部分的財富及權力持續掌控於少數既得利益者中，將更無助於社會流動

(D) 在一黨專政下，政治及經濟的機會將掌握在少數人手中，因此若要增進民眾向上流動機會，必須更加的開放。

10. **C**

【解析】 (A) 大陸為臺灣第一大的出口市場，但臺灣約為大陸第六大出口市場

(B) 大陸為臺商第一大的投資地區，但陸資來台投資仍有限制

(D) 臺商主要集中在東南沿海。

11. **C**

【解析】 中國的政府體制（包含全國人民代表大會、最高人民檢察院、國務院等），都受到中國共產黨黨中央的直接管制。

12. **C**

【解析】 (A) 並非「所有」主權國家，都能參與聯合國，如台灣。

(B) 聯合國安全理事會，由 5 個常任理事國及 10 個非常任理事國共同組成，但只有 5 個常任理事國擁有否決權。

(D) 對國內發生嚴重違反人權的國家，必要時可介入干預。

13. **D**

【解析】 題意爲與「英美」兩國的政府體制進行比較，何者爲我國《憲法》較爲特殊的體制設計，故比較如下：
  (A) 我國、美：國會議員不得兼任內閣的閣員
  (B) 我國、英：行政首長須接受國會議員質詢
  (C) 我國、英：國會可對內閣進行不信任投票
  (D) 只有我國：人民擁有罷免國家元首的權利。

14. **A**

【解析】 (B) 公民投票，可由人民、立院及總統發動
  (C) 公民投票的實施成本較高，民意調查反之
  (D) 公民投票，不得決議租稅、預算等議題。

15. **A**

【解析】 (B) 定期選舉是爲了落實民意政治，使人民意見能定期展現
  (C) 任期限制與分權制衡，是爲了避免權力過度集中。

16. **B**

【解析】 (B) 隨機接受叩應（call-in），僅能呈現部分的民意，無法藉此推知民意的整體分布。

17. **C**

【解析】 (A) 兩岸直航協議，於 2008 年後陸續簽訂，故並非解嚴後簽訂

(B) 由於中國政府並不承認我國的主權，因此由官方至媒體，皆避免稱呼國名或官銜

(D) 台灣與大陸國台辦，至今尚未互設辦事處。

18-19 為題組

18. **C**

【解析】　依題意「副總統 Y 依照該國憲法繼任為總統」，符合合法性。但「Y 繼任後面對強大國內反對聲浪，…甚至發生大規模的示威抗議，以表達他們對由 Y 繼任的不滿。」則不具有正當性。

19. **B**

【解析】　責任政治，指政治決策者，因政策違反民意或失去人民的支持等，所負的責任。

20. **D**

【解析】　(A) (B) (C) 基於個人資料的維護，T 大若要與廠商合作儲存師生的個人資料，仍應取得師生同意。

21. **B**

【解析】　(A) 行政機關可依法制定行政規則，至於法規命令則須立法機關的授權。

(C) 各機關發布之行政命令則應送立法院備查，若發現其中有違反、變更或牴觸法律情形，或應以法律規定事項而以命令定之者，均得經院會議決通知原訂頒機關於 2 個月內更正或廢止；逾期未更正或廢止者，該命令失效。

(D) 原則上基於法律保留原則，涉及人民權利及義務的

事項，應由立法者制定，若必要時立法院才可授權
行政機關制訂行政命令。

22. **B**

【解析】 (A) 行政主管機關，可委託民間團體協助處理事務，例
如市政府委託民間業者協助拖吊違規車輛。

(C) 教育主管機關自有其「行政裁量權」，因此是否依文
中團體的要求作出決定，應由行政機關自行裁量。

23. **A**

【解析】 (A) 基於個人資料的保障，車商和 X 都無權代理消費
者甲決定是否貼上和使用ecard

(B) 無須事先得到甲同意

(C) 消費者是否選用電子收費系統，應屬契約自由的
範疇，並不適用強制締約

(D) 甲個人資料交付車商，僅代表同意與車商締結契
約，但並不表示已同意車商代為貼上ecard。

24. **B**

【解析】 (A)(C) 十四歲以下為無責任能力人，不適用刑法，但
並不意味行為合法，僅應依少年事件處理法處理。

(B) 甲男雖不須負起刑事責任，依少年事件處理法，應
先由少年法院調查後，依情況交由檢察官偵查。

(D) 進行感化教育，屬於刑事手段中的「保安處分」的
一種。

25. **C**

【解析】 (B) 強制隔離，係為限制他人行動自由的行為，因此應

依律規定之

(C) 依題意「對於曾與病患接觸之人，主管機關得進行檢驗，…與外界隔離」，可見衛生機關有一定之裁量空間

(D) 將曾與病患接觸者「強制隔離至病患治癒時」，已違反「比例原則」。

26. **D**

【解析】(A) 強制安養，以使其喪失人身自由

(B) 居住權，屬憲法基本人權之一

(C) 當政府的措施，侵害住民的基本權利時，當然可以主張公民不服從而走上街頭。

27. **D**

【解析】(A) 若人民要向司法院大法官聲請釋憲，須於用盡一切救濟手段後且判決適用之法律有違憲之虞時，才可聲請釋憲

(B) 我國大法官屬於集中審查的型態

(C) 大法官解釋的效力，與憲法效力相同。

28-29 為題組

28. **A**

【解析】(A)(B)(D) 我國目前已採「全面限定繼承」，因此依法「繼承人只從繼承財產來償還被繼承人之債務，如有不足，繼承人不需再以自己財產償還」

(C) 嘉明亦可選擇拋棄繼承。

29. **A**

【解析】 (B) 親子關係之消滅，須由出養、法院判決（如確認親子關係不存在）等，但「聲明斷絕父子關係」，並無法使父子關係消滅

(C) 未約定夫妻財產制，則推定其爲「法定財產制」，婚姻關係中的財產，夫妻各自保有權利

(D) 同性戀身分與《民法》中「家」觀念無關。

30. **D**

【解析】 (A)(B) 國營事業民營化，可解決人事成本過高問題，但亦有可能財團把持重要民生供給、偏遠地區的服務品質下降

(C) 國營事業民營化，對於稅收的增加，未必有絕對關聯。

31. **B**

【解析】 依題意「共產主義或社會主義爲基礎的經濟體系，在進行經濟改革時」，意味著由社會主義轉型爲資本主義，而「雙軌」則是指 (B) 市場經濟與計畫經濟同時並存。

32. **C**

【解析】 政府必須透過課稅的手段，獲得稅收始能進行各項建設。

33. **D（B）**

【解析】 因人口爲分母，故若人口不變時，

(A) 一國平均每人國內生產毛額較去年高，則該國國內生產毛額也必然較去年高

(B) 若經濟成長率為正值時，一國經濟成長率較去年高，則該國平均每人國內生產毛額也必然較去年高，但若一國經濟成長率為負值，則當今年度經濟成長率較去年高時，僅表示衰退的減緩，但今年的平均每人國內生產毛額仍然較去年為低

(D) 國內生產毛額無法反映，一國所得分配的平均程度。

34. **B**

【解析】依題意欣平為減少一小時的車程，而選擇購買較貴的商品。表示

(A) 欣平往返量販店的機會成本「高於」120 元

(C) 與售後保固無關

(D) 欣平在兩家店消費的消費者剩餘差異「等於」120 元。

35. **B**

【解析】美國民眾發起「占領活動」，主要針對「最富有的 1% 的富人在政策制定上享有的特權」感到反感，換言之即是民眾對於 (B) 所得分配嚴重不均，提出不滿。

<u>36-37 為題組</u>

36. **B**

【解析】表二可知，價格於 19000 元時，需求量與供給量同為 66 萬，因此代表均衡價格為 19000 元，故當國際貿易價格高於 19000 元時，台灣手機才會出口。

37. **D**

【解析】 (A) 當國際價格為 20000 元時，台灣為出口國，消費者
剩餘會下降

(B) 進口或出口，都可能提升臺灣的經濟福祉

(C) 當國際價格為 17000 元時，政府的確可透過課徵進
口關稅的保護政策來保護國內手機產業，但政府干
預市場，將使經濟福祉下滑

(D) 若某國以 18000 元的價格無限量供應手機至國際市
場，台灣將成為進口國，開放貿易將使臺灣的經濟
福祉上升。

38. **D**

【解析】 依題意「橘色的胡蘿蔔…所向披靡」，可見民眾對於橘
色胡蘿蔔的偏好上升，反之 (D) 消費者對於紫色胡蘿蔔
的（偏好下降）需求減少。

39. **C**

【解析】 依題意「電子類股的股價全面上漲，但營建類股的股
價卻皆下跌」，可見股市「漲跌互見」，與 (C) 產業績
效表現的差異較為相關，至於其他則可能導致成全面
性的上漲或下跌。

二、多選題

40-41 為題組

40. **BE**

【解析】 (A) 無法判斷

(B) 2011 年國小學生人數遠低於 1983 年人數，出現了少子化的趨勢

(C) 國小就學人數與高中就學人數，無關

(D) 並無高中職學生人數比例，因此無法判斷。

41. AB

【解析】　大學畢業生增加達 3.6 倍，出現大學學歷貶值的問題，(A) 平均教育程度提昇 (B) 整體人力資本增加 (C) (D) 失業率及勞動參與率，不受影響 (E) 大學文憑能提供個人的垂直流動效益將遞「減」，換言之，念大學已不太有助於社會流動。

42. BCE

【解析】　(A) 揭發名人婚外情，與社會多數人利益無關，不合於效益主義的理念

(D) 收費刊登特定政治人物任內的政績，屬於置入性行銷，並不適合。

43. BCE

【解析】　依題意甲為事務官，乙為政務官，(A) 政務官負責政策制定，事務官負責政策執行 (D) 政務官必須為政策成敗負政治責任，事務官必須為用人不當負行政責任。

44. AC

【解析】　社會主義的內涵：重視<u>平等</u>、重視<u>經濟生活安全</u>、主張<u>經濟管制</u>、強調<u>政治解放</u>，因此可能

(A) 提高綜合所得稅率，縮小貧富差距

(B) 「增加」社會福利支出

(C) 提高失業救濟津貼

(D) 推動國營事業民營化

(E) 限縮聘僱外籍工作者的限制，以保障本國勞工。

45. CD

【解析】(A) 法國總統爲實權元首

(B) 法國總「統」才能主動解散國會

(E) 法國總統通常任命國會多數黨的領袖爲總理，具有內閣制特徵。

46. BCD

【解析】修復式司法，主張處理<u>犯罪</u>事件不應只從<u>法律</u>觀點，而是也應從「<u>社會衝突</u>」、「人際關係間的衝突」觀點來解決犯罪事件。強調「社會關係」的修復，亦即，當事者的權利、尊嚴應得到滿足，個人、團體與社區已損壞的關係亦得到應有的修復。因此 (B) 讓加害人負起責任 (C) 給予被害人金錢補償 (D) 促成被害人與加害人的對話，都有助於修復被害人與加害人關係。

47. AE

【解析】(B) 社會津貼，指政府爲了實現特定目的，由政府提供現金給付給『特定的人口群』，如老人、農民或是生育者，『不分貧富，一律提供津貼』。

(C) (D) 「生育津貼」的目的應在於「獎勵生育」，因此只發放合法婚姻生育津貼，必不合理。

48. **AB**

【解析】 新北市政府制定自治條例屬「命令」，故其位階低於
(A) 立法院修正通過的《消防法》 (B) 內政部制定的
《消防法施行細則》，屬全國性的命令，位階高於地
方政府的命令。

49. **CD**

【解析】 (A) (B) 猶豫期，僅於「特種買賣」中適用，於實體商
店中購物並無此適用

(E) 無過失責任原則：是指在損害發生的情況下，即使
不存在故意或過失，也需要承擔損害賠償責任，而
題中店家並未造成消費者損害，因此無此適用。

50. **AE**

【解析】 (A) 基期的 CPI 為 100，因此當 CPI 為 95 時，表示物
價較基期的水準低。

(B) 如前所述 2008 年 CPI 為 120，表示 2008 年物價較
「基期年」上漲，因此若要與 2007 年物價比較，
須先知道 2007 年之 CPI。

(C) 2008 年 CPI 較 2007 年 CPI 高，僅表示 2008 年物價
較高，但消費者可購買物品總量是否下降，將受到
貨幣數量、薪資等變數影響。

(D) 2007 年 2 月的 CPI 較同年 1 月、3 月高，屬短期表
現，「通貨膨脹」是指物價「持續上漲」。

(E) 2008 年 CPI 較 2007 年 CPI 高，表示 2008 年物價高
於 2007 年，因此消費者生活成本較 2007 年增加。

103年大學入學指定科目考試試題
物理考科

第壹部分：選擇題（占 80 分）

一、單選題（占 60 分）

說明：第 1 題至第 20 題，每題有 5 個選項，其中只有一個是正確或
最適當的選項，請畫記在答案卡之「選擇題答案區」。各題答
對者，得 3 分；答錯、未作答或畫記多於一個選項者，該題
以零分計算。

1. 在吉他空腔的圓孔前以管笛吹奏某特定頻率的聲音，即使不彈奏
吉他，吉他也可能會發出聲音並看到弦在振動，這主要是下列何
種物理現象造成的？
(A) 回聲　　(B) 繞射　　　(C) 反射　　(D) 折射　　　(E) 共鳴

2. 欲使核電廠之核子反應爐內的連鎖反應停止，可以注入大量的硼
酸，這是因為硼酸很容易吸收下列何者？
(A) 熱　　(B) 質子　　(C) 中子　　(D) 輻射線　　(E) 鈾原子

3. 已知在某一溫度下，同種氣體分子的運動速率有大有小。今將同
為 5 莫耳及 $100\,^{\circ}C$ 的氦氣及氮氣注入同一密閉隔熱的真空鋼瓶
內，鋼瓶上裝設有一速度選擇閥，當此閥門開啟時可以使到達該
閥門而速率高於 400 m/s 的鋼瓶內任何種類氣體分子單向通過此
閥門，而脫離鋼瓶。待氦氣與氮氣達到熱平衡後開啟此速度選擇
閥一段時間，然後關閉。當存留於鋼瓶內的氦氣與氮氣再次達到
熱平衡後，則下列關於鋼瓶中氦氣與氮氣的敘述，何者正確？
（氦氣分子量為 4，氮氣分子量為28）

(A) 氦氣的溫度較氮氣高　　　(B) 氮氣的溫度較氦氣高

(C) 氮氣的分壓較氦氣高　　　(D) 氦氣的分壓較氮氣高

(E) 兩種氣體的分子數目相等

4. 空間中某區域的電力線分布如圖 1，其電場方向如箭頭所示，下
列敘述何者正確？

(A) 甲點的電場較乙點強

(B) 甲點之電位低於乙點之電位

(C) 若甲點沒有電荷存在，則可以有
兩條電力線通過甲點

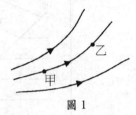

(D) 帶電粒子在甲點所受之靜電力之
方向即為甲點電場之方向

圖 1

(E) 在甲點附近以平行電力線的方向移動帶電粒子時，電場所施
之靜電力不會對該粒子作功

5. 有一質量可忽略的理想彈簧一端固定，另一端繫有一質點，在光
滑水平面上作一維簡諧運動，則在一個週期內，彈性位能 U 隨時
間 t 的變化圖最可能為下列何者？

(A)
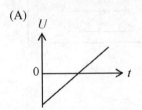

(B)
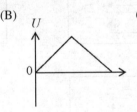

(C)
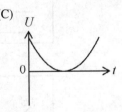

(D)
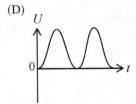

(E)
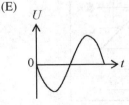

6. 某生以水波槽觀察水波的傳播,將厚玻璃板平置於水波槽底,形成淺水區與深水區,並以直線起波器產生直線波。以下各圖中,v 與 v' 分別為深水區與淺水區的波速,箭頭所示為波傳播的方向。下列關於連續波前與波傳播方向的關係示意圖,何者正確?

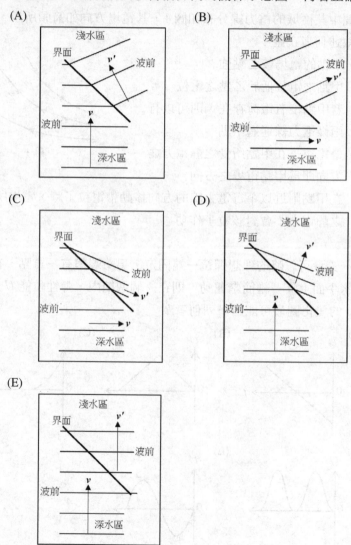

7. 如圖 2 所示，空氣中一球形水滴，紅、藍兩道平行的單色光分別
   從 P、Q 兩點入射，其入射角分別爲 θ_P、θ_Q，則下列相關敘述，
   何者正確？

   (A) $\theta_P < \theta_Q$，且兩色光均將在界面
       處同時發生反射與折射

   (B) $\theta_P > \theta_Q$，且兩色光均將在界面
       處同時發生反射與折射

   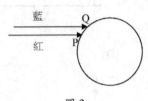

   (C) $\theta_P < \theta_Q$，且僅紅光將在界面處　　　　　圖 2
       同時發生反射與折射

   (D) $\theta_P < \theta_Q$，且僅藍光將在界面處同時發生反射與折射

   (E) $\theta_P > \theta_Q$，且僅紅光將在界面處同時發生反射與折射

8. 在波耳的氫原子模型中，假設 E 爲電子繞原子核的力學能，K 爲
   電子的動能，L 爲電子的角動量，n 爲主量子數，h 爲普朗克常數，
   則下列的關係式何者正確？

   (A) $E = K$　　　　(B) $E = 2K$　　　　(C) $E = -\dfrac{1}{2}K$

   (D) $L = (n+1)\dfrac{h}{2\pi}$　　　(E) $L = n\dfrac{h}{2\pi}$

9. 一細長磁鐵棒繫於棉線下端形成單擺，並於此
   擺的正下方放置一環形導線，如圖 3 所示，箭
   頭所示方向表示導線上電流的正方向。當時間
   $t = 0$ 時，單擺由圖 3 的位置自靜止釋放而來回
   擺動，若此單擺的擺動可視爲週期運動，其週
   期爲 T，下列何者最可能表示該導線上的電流
   i 與時間 t 在單擺擺動一週期內的關係圖？

   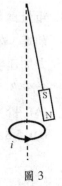

   圖 3

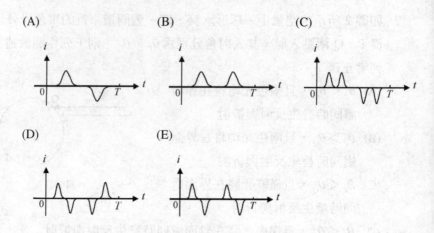

10. 核能電廠遇突發事故時可以關閉反應爐，停止連鎖反應，反應後的產物仍具有放射性，也會持續產生餘熱，因此仍需用水來冷卻反應爐。假設某反應爐正常運轉的發電功率爲 $2.1×10^9$ W，停機以後某時段內餘熱的發熱功率爲正常運轉時發電功率的 4.0%。已知水的比熱爲 $4.2×10^3$ J/kg·K，如果用 20°C 的水來吸收此餘熱，且不能讓水沸騰而蒸發，則每秒至少需要多少質量的水？

(A) $8.4×10^1$ kg   (B) $2.5×10^2$ kg   (C) $7.5×10^2$ kg

(D) $1.0×10^3$ kg   (E) $6.3×10^4$ kg

11. 重量爲 8000 牛頓的車子，在水平的道路上以 12 m/s 的速率直線前進，如果車子忽然緊急煞車後，滑行了4.0 秒鐘才停住，取重力加速度爲 10 m/s^2，則在煞車過程中所產生的總熱能最多約爲多少？

(A) $4.8×10^3$ J   (B) $5.8×10^4$ J   (C) $1.2×10^5$ J

(D) $5.8×10^5$ J   (E) $4.8×10^6$ J

12-13 題為題組

質量為 2kg 的物體原先靜止於一光滑水平
面，$t = 0$ 秒時因受外力而開始沿一直線運
動，測得該物體之加速度 a 與時間 t 的關
係如圖 4。

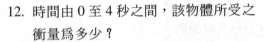

圖 4

12. 時間由 0 至 4 秒之間，該物體所受之
　　衝量為多少？
　　(A) $2\,\mathrm{N \cdot s}$　　　　　(B) $4\,\mathrm{N \cdot s}$　　　　　(C) $6\,\mathrm{N \cdot s}$
　　(D) $8\,\mathrm{N \cdot s}$　　　　　(E) $10\,\mathrm{N \cdot s}$

13. 時間由 0 至 4 秒之間，外力對物體共作多少功？
　　(A) 0　　　(B) 2 J　　　(C) 4 J　　　(D) 6 J　　　(E) 8 J

14. 一容積為 V 的氧氣筒內裝有壓力為 P 的高壓氧，筒內氣體的絕對
　　溫度 T 與室溫相同。設病患在大氣壓力 P_0 下利用壓力差使用此氧
　　氣筒。假設筒內的氧氣為理想氣體，氣體常數為 R，且每單位時
　　間流出的氧分子莫耳數固定為 r，過程中氧氣筒內外溫度皆保持
　　為 T，則此筒氧氣可使用的時間為何？
　　(A) $\dfrac{VR}{rRT}$　　　　　(B) $\dfrac{rP_0}{PV}$　　　　　(C) $\dfrac{VR(P - P_0)}{rT}$
　　(D) $\dfrac{T(P - P_0)}{rRV}$　　　　　(E) $\dfrac{V(P - P_0)}{rRT}$

15. 有一行星繞行某一恆星以正圓軌道運行，軌道半徑為恆星半徑的
　　1000 倍。若該恆星的半徑因演化而增加為原來的 2 倍，而此時
　　行星的正圓軌道半徑也因故變為原來的 $\dfrac{1}{2}$ 倍，但兩者的質量皆保
　　持不變，則下列敘述何者正確？

(A) 行星的繞行週期變爲原來的 $\frac{1}{4}$

(B) 行星的繞行週期變爲原來的 $2\sqrt{2}$ 倍

(C) 恆星的表面重力加速度變爲原來的 $\frac{1}{4}$

(D) 行星所受恆星的重力變爲原來的 $\frac{1}{4}$

(E) 恆星所受行星的重力變爲原來的 $\frac{1}{2}$

16. 一汽車開在曲率半徑爲 16 m 的彎曲水平路面上，車胎與路面的
    靜摩擦係數爲 0.40，動摩擦係數爲 0.20，取重力加速度爲 10 m/s^2，
    則汽車在此道路上能等速安全轉彎而不打滑的最大速率約爲下列
    何者？

    (A) 64 m/s   (B) 32 m/s   (C) 16 m/s

    (D) 8.0 m/s   (E) 5.7 m/s

17. 由彈性物質的性質可知若將一彈性繩對折，相當於將此彈性繩裁
    剪成相同長度的二段繩，每段繩在相同的外力作用下，其伸長量
    爲原來的一半。今有原長 20 公分的彈
    性繩，其外力與伸長量的關係如圖 5
    所示，將此彈性繩對折，其兩端點固
    定於天花板同一位置，並於對折點鉛
    垂懸吊一物體，然後再緩慢放手，平
    衡後發現物體下降 2.0 公分，則該物
    體重約爲多少牛頓？

    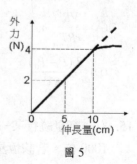

    圖 5

    (A) 0.8   (B) 1.6   (C) 3.2

    (D) 6.4   (E) 9.6

18. 某生欲以間距爲 1.6 mm 的雙狹縫，來測知另一單狹縫的縫寬。
　　當雷射光垂直入射雙狹縫後，在屏幕上測得相鄰兩暗紋的間距爲
　　0.60 cm，在所有器材與實驗設置不變的情況下，僅將雙狹縫更
　　換爲單狹縫後，在屏幕上中央亮帶的同一側，測得相鄰兩暗紋的
　　間距爲 6.0 cm，則單狹縫的縫寬爲何？
　　(A) 0.16 mm　　　　　(B) 0.32 mm　　　　　(C) 1.6 mm
　　(D) 3.2 mm　　　　　　(E) 3.2 cm

19. 在常溫常壓下，一長度爲 1.50 m、兩端固定的弦，所能產生的最
　　低音頻爲 264 Hz。下列有關此弦振動時的敘述，何者正確？
　　(A) 弦振動的基頻爲 132 Hz
　　(B) 基頻振動的波長爲 1.50 m
　　(C) 音頻愈高，則弦波波長也愈長
　　(D) 弦可以產生頻率爲 528 Hz 的聲波
　　(E) 弦以基頻振動所產生的聲波，在空氣中傳播的波速爲
　　　　792 m/s

20. 有一個邊長爲 L、電阻爲 R 的方形封閉迴
　　路自靜止自由落下，如圖 6，經過 L 的鉛
　　垂位移後開始進入一水平方向的均匀磁場
　　B 中，磁場方向與迴路面垂直，圖 6 中虛
　　線以下爲磁場區域。假設 g 爲重力加速
　　度，而且方形迴路在開始進入該磁場後
　　而未完全進入磁場區的過程中，作等速鉛
　　直運動，則此過程中方形迴路上的電流 I
　　及其質量 m 分別爲何？

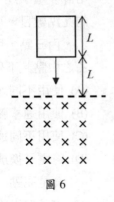

圖 6

(A) $I = \dfrac{BL\sqrt{2gL}}{R}$, $m = \dfrac{\sqrt{2L}}{\sqrt{g}R}B^2L^2$

(B) $I = \dfrac{BL\sqrt{2gL}}{R}$, $m = \dfrac{\sqrt{Lg}}{R}B^2$ (C) $I = \dfrac{\sqrt{BgL}}{R}$, $m = \dfrac{\sqrt{L}}{\sqrt{g}R}BL$

(D) $I = \dfrac{\sqrt{BgL}}{R}$, $m = \dfrac{\sqrt{L}}{\sqrt{2g}R}BL$ (E) $I = \dfrac{\sqrt{BgL}}{R}$, $m = \dfrac{\sqrt{L}}{\sqrt{g}R}BL^2$

二、多選題（占 20 分）

說明：第 21 題至第 24 題，每題有 5 個選項，其中至少有一個是正確的選項，請將正確選項畫記在答案卡之「選擇題答案區」。各題之選項獨立判定，所有選項均答對者，得 5 分；答錯 1 個選項者，得 3 分；答錯 2 個選項者，得 1 分；答錯多於 2 個選項或所有選項均未作答者，該題以零分計算。

21. 某生用電子做雙狹縫干涉實驗，在狹縫後的螢幕上有電子偵測器，每次電子在垂直入射雙狹縫後，會撞擊偵測器顯示出一亮點。用許多電子逐一重覆上述步驟後，統計螢幕上各處偵測器所顯示的亮點數目，可以得到類似光波的干涉條紋。在螢幕上有甲、乙、丙三點，甲點與乙點分別位於兩個狹縫的正後方，丙點為甲乙之中點。下列敘述哪些正確？

  (A) 使用不同速率的電子重覆實驗，丙點一定是亮點

  (B) 使用速率較大的電子重覆實驗，所形成的干涉條紋較密

  (C) 使用不同速率的電子重覆實驗，甲、乙兩點一定是亮點

  (D) 將電子換成中子，且將電子偵測器換成中子偵測器，丙點不會是亮點

  (E) 電子射出的時間間隔增長為原來的兩倍，重覆實驗，則干涉條紋的間隔將增為兩倍

22. 一個電子經過電位差 V 加速之後，撞擊金屬靶而將動能完全轉換為電磁波的光子能量。若此過程能夠輻射光子的最短波長為 λ_s，普朗克常數為 h，光速為 c，基本電荷為 e，則下列有關此最短波長光子及入射電子的敘述，哪些正確？

(A) $\lambda_s = \dfrac{hc}{V}$　　　　　(B) 光子的動量量值為 $\dfrac{eV}{c}$

(C) 光子的能量為 eV　　(D) 光子的頻率為 $\dfrac{hc}{\lambda_s}$

(E)_電子的動能為 $\dfrac{1}{2}eV^2$

23. 在一個光滑的水平面上，有兩個質量相同、半徑均為 r 的光滑彈珠 P 和 Q 發生彈性碰撞。碰撞前彈珠 P 的球心沿直線 L 以等速度 $\vec{v}_0$ 向右移動，Q 則是靜止的，Q 的球心到直線 L 的垂直距

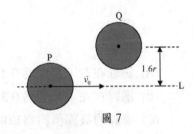

圖 7

離是 $1.6r$，如圖 7所示。若令碰撞後彈珠 P 與彈珠 Q 的運動方向與 $\vec{v}_0$ 的夾角分別為 α 與 β，則下列關係式哪些正確？

(A) $\sin\alpha = \dfrac{3}{5}$　　　　(B) $\sin\alpha = \dfrac{4}{5}$　　　　(C) $\sin\beta = \dfrac{3}{5}$

(D) $\sin\beta = \dfrac{4}{5}$　　　　(E) $\alpha + \beta = 60^\circ$

24. 如圖 8，電動勢為 0.10 V 的電池，連接一安培計 A，兩者的內電阻均可忽略。電池的一端連接一長度為 1.0 m 導線的右端，安培計的另一端接上導線的某一

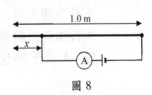

圖 8

點，x 爲接點與導線左端的距離，導線由一段鎢線（電阻率爲
$5.6 \times 10^{-8} \Omega \cdot m$）和一段銅線（電阻率爲 $2.8 \times 10^{-8} \Omega \cdot m$）串接而
成，其截面積相同。由安培計測得的電流 I，所推得的電路總電
阻 R 和 x 的關係如圖 9。下列選項哪些正確？

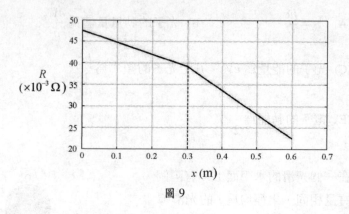

圖 9

(A) 鎢線在左，長度爲 0.3 m

(B) 銅線在左，長度爲 0.3 m

(C) 導線的截面積約爲 $1.0 \times 10^{-8} m^2$

(D) 當 $x = 0.3$ m 時，電路的總電阻約爲 38 Ω

(E) 當 $x = 0.5$ m 時，電池消耗的功率約爲 0.36 W

第貳部分：非選擇題（佔 20 分）

說明：本部分共有二大題，答案必須寫在「答案卷」上，並於題號
欄標明大題號（一、二）與子題號（1、2、……）。作答時
不必抄題，但必須寫出計算過程或理由，否則將酌予扣分。
作答務必使用筆尖較粗之黑色墨水的筆書寫，且不得使用鉛
筆。每一子題配分標於題末。

一、某生為了測得一個凸透鏡的未知焦距，進行以下實驗：將光源
　　A、光源屏 B、薄透鏡 C、像屏 D 等依序水平排列，如圖 10 所
　　示。若該生由 B、C 之間面對光源屏 B，會看到光源屏如圖 11
　　所示，其中黑色的箭頭圖案即為光源屏的可透光區。每當改變
　　BC 的距離，則經調整 CD 的距離後，便可在像屏 D 上清楚看
　　到帶有箭頭的影像。某生針對五個不同的 BC 距離，分別測量
　　對應的 CD 距離，記錄於表 1。

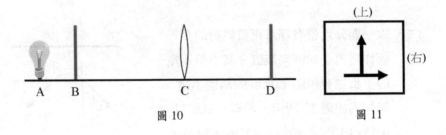

圖 10　　　　　　　　　　　　　　圖 11

表 1

次序	BC 距離 (cm)	CD 距離 (cm)
1	20.0	20.0
2	25.0	17.0
3	30.0	15.0
4	40.0	13.0
5	50.0	12.5

1. 在表 1 中「次序 1」的實驗過程中，若由 C、D 之間面對像
　　屏 D，畫出像屏上所看到的透鏡成像圖案（標出像屏的上及
　　右）。比較該影像與光源屏 B 之圖案的尺寸大小，並說明理
　　由。（3 分）

2. 利用薄透鏡成像公式,將表 1 的數據做適當的運算或組合後,在答案卷的作圖區畫出合適的關係圖,以明確驗證薄透鏡成像公式,並說明可以明確驗證的理由。(4 分)

3. 若要見到光源屏 B 上箭頭圖案的虛像,則 BC 的距離大小有何限制?要如何以實驗方式測量出該虛像的像距?請簡要說明實驗操作步驟。(3 分)

二、 以一對分別帶有等量正負電荷的平行板作為電子的轉向裝置,其中帶正電的下板挖有相距 1.0 cm 的兩個小縫,側視圖如圖 12 所示。設有一電子以 4.55×10^{-19} J 的動能及 $45°$ 的入射角,從一縫進入,由另一縫射出,而且電

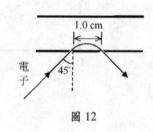

圖 12

子的射入與射出方向的夾角為 $90°$。已知電子的質量為 9.1×10^{-31} kg,電量為 -1.6×10^{-19} C,若重力可以忽略不計,試回答下列問題:

1. 電子的入射速率為何?(3 分)

2. 電子在平行板電場中的運動軌跡為何種曲線?為什麼?(3 分)

3. 平行板間的電場量值約為多少?(4 分)

103年度指定科目考試物理科試題詳解

第壹部分：選擇題

一、單選題

1. **E**

　【解析】　吉他的空盒子是以共振原理設計：撥動琴弦時，透過
　　　　　　共鳴箱，聲音與空氣共鳴效應使聲音能量增強而放大
　　　　　　傳出。題述 "在吉他空腔的圓孔前以管笛吹奏特定頻
　　　　　　率" 即是在震動空氣分子，此時和此震動有相同頻率
　　　　　　的琴弦，透過共振一樣可以產生震動，進而發出聲響。
　　　　　　故此題答案為 (E)。

2. **C**

　【解析】　核電廠利用核分裂原理發電，即使用慢中子撞擊鈾 -235
　　　　　　原子核，撞擊後產生 3 個慢中子繼續撞擊其他鈾 -235，
　　　　　　唯一連鎖反應。需控制好中子產生的速度才不至於使反
　　　　　　應速度過快產生爆炸的危險。故此題答案為 (C)。

3. **C**

　【解析】　$V_{rms} = \sqrt{\dfrac{3kT}{m}} = \sqrt{\dfrac{3RT}{M}}$，氦氣（He = 4）和氮氣（$N_2$ = 28）

　　　　　　在同一個鋼瓶內，溫度相同，故方均根速率與分子量成
　　　　　　根號反比，$V_{rmsHe} > V_{rmsN_2}$，2; 當氣閥打開時，氦氣逸散
　　　　　　量較多。

第二次達熱平衡時，兩種氣體溫度相同，又先前氦氣逸散量較多，故鋼瓶內 $N_{N_2} > N_{He}$，$PV = NkT \Rightarrow P \propto N$，氮氣分壓較大；答案選 (C)。

4. **A**

【解析】 (A) 電場強度可以電力線密集程度表示，故甲大於乙，正確。

(B) 電位為一相對量值，需有零位點才可比較大小。

(C) 電力線切線方向表電場方向（及正電荷所受電力方向），故電力線不相交。

(D) 若甲點為負電荷，電力方向與電場方向相反。

(E) 沿著電力線移動，會使電位產生改變，電位能也會跟著變化，而電力為一保守力，故帶電粒子沿著電力線移動時，電力會作功。

5. **D**

【解析】 彈性位能 $U = \dfrac{1}{2}kx^2$，平方恆正，刪去 (A) (E)。一次震盪，會回到原出發處，故會經過端點兩次（應有兩次位能極大處），故答案選 (D)。

6. **D**

【解析】 1. 波前進方向與波前垂直，刪去 (B) (C)。

2. 水波波長與深度有關，深水區波長長，波速快；淺水區波長短，波速慢，且兩個波前的距離可代表波長，故刪去 (A) (E)。

7. **A**

【解析】　波動遇到介面時，會同時產生折射與反射。頻率大的

光波折射能力比較強，且本題爲空氣（波速快）折射

到水珠（波速慢），故偏向法線程度藍光 > 紅光，折

射角 $\theta_P < \theta_Q$，選 (A)。

8. **E**

【解析】　波耳氫原子模型假設電子在核外以電力作爲向心力作圓

周運動，與宇宙中行星以重力當作向心力繞轉恆心爲一

樣的概念。故總能量 $E = K + U = \dfrac{Ke^2}{2R} = -K$。波耳氫原

子模型認爲角動量量子化，且電子以物質波波常在特定

軌域上做駐波運動，即 $2\pi r = n(\dfrac{h}{p}) \Rightarrow L = rp = n(\dfrac{h}{2\pi})$，

故選 (E)。

9. **E**

【解析】　電磁感應中心概念即描述感應電動勢（應電流）產生的

硬磁場爲抵抗磁通量變化，故當擺錘往下襬，即磁鐵要

靠近線圈時（ $0 \sim \dfrac{1}{4}T$、$\dfrac{1}{2}T \sim \dfrac{3}{4}T$ ），感應電流同方向，

爲抵抗磁通量增加而產生逆時針電流；依此類推，當磁

鐵擺錘要往上擺盪，即離開線圈時，感應電流爲順時針，

補強向下的磁通量。故在一個周期內，電流流向爲：逆、

順、逆、順。答案選 (E)（逆時針爲正）。

10. **B**

【解析】 反應爐餘熱僅正常運作時功率的 4%，要用 20℃冷水降溫。依條件，餘熱完全由水吸收，又不能讓水沸騰，則可列出 $2.1 \times 10^9 \times 4\% = M \times 4.2 \times 10^3 \times (100 - 20)$，選 (B)。

11. **B**

【解析】 重力加速度爲 10 m/s²，故物體質量 800 公斤。煞車產生的熱能最大值即爲消耗的動能：$\frac{1}{2}mv^2 = \frac{1}{2} \times 800 \times 12^2$

$= 5.76 \times 10^4 J \approx 5.8 \times 10^4 J$，故選 (B)。

12-13 爲題組

12. **B**

【解析】 衝量 = 動量變化量 = 質量 x 速度變化量。物體由靜止開始加速，a-t 圖曲線下面積 = 速度變化量 = 2×1

$= 2kg \cdot m/s$，$\Delta p = 2kg \cdot 2m/s = 4kg \cdot m/s(N \cdot s)$，選 (B)。

13. **C**

【解析】 外力作功 = 動能變化量 $= \frac{1}{2}m(v_0^2 - v^2) = \frac{1}{2} \cdot 2 \cdot (2^2 - 0^2)$

$= 4(J)$，選 (C)。

14. **E**

【解析】 利用壓力差將氣體噴出，每秒噴出例子數爲 n，故

$t = \dfrac{n - n_0}{r} = \dfrac{\dfrac{PV}{RT} - \dfrac{P_0 V}{RT}}{r} = \dfrac{V(P - P_0)}{rRT}$，選 (E)。

15. **C**

【解析】 萬有引力當作向心力，$F_g = \dfrac{GMm}{R^2} = m\dfrac{V^2}{R} = m\dfrac{4\pi^2 R}{T^2}$，

(A) (B) $T = \sqrt{\dfrac{R^3}{GM}}$，軌道半徑變一半，週期成 $\sqrt{\dfrac{1}{8}}$ 倍。

(D) (E) $F_g = \dfrac{GMm}{R^2}$，恆星、行星質量固定，繞轉半徑減

半，重力變 4 倍。

(C) $g = \dfrac{GM}{R^2_{\text{球體半徑}}}$，恆星半徑變 2 倍，重力場減半，選 (C)。

16. **D**

【解析】 關鍵字：安全過彎不打滑，使用靜摩擦力當作向心力

作圓周運動。$f_s = m \cdot \dfrac{v^2}{R} \le mg\mu_s$，$g\mu_s \ge \dfrac{v^2}{R} \Rightarrow 10 \times 0.4 \ge \dfrac{v^2}{16}$

$\Rightarrow v \le 8 m/s$，選 (D)。

17. **C**

【解析】 彈性繩折半後，同樣外力下，伸長量減半，即力常數

變為兩倍。一彈性繩對折後兩端點固定同一點，即並

聯處理，力常數再變為兩倍（並聯時，兩彈簧形變量

相同，力常數相加）。本題彈性繩之力常數 $k = \dfrac{F}{\Delta x}$

$= \dfrac{4(N)}{10(cm)} = 0.4(N/cm)$，折半並聯後變為 1.6 (N/cm)。

物體掛上彈性繩後，形變量 2cm，故此物體為 3.2N，

選 (C)。

18. **A**

【解析】 雙狹縫干涉亮紋間距 $\Delta y_{\mp} = \dfrac{r\lambda}{d} = \dfrac{r\lambda}{1.6mm} = 0.60cm$，單狹

縫繞射亮紋間距 $\Delta y_{\text{繞}} = \dfrac{r\lambda}{b} = 6.0cm$，將上述兩式相除可

得，$\dfrac{r\lambda/1.6}{r\lambda/b} = \dfrac{0.6}{6.0} \Rightarrow \dfrac{b}{1.6} = \dfrac{1}{10} \Rightarrow b = 0.16mm$，選 (A)。

19. **D**

【解析】 兩端固定之駐波基頻為 $f_0 = \dfrac{v}{2L} = 264Hz$，基頻時 $L = \dfrac{\lambda}{2}$

$\lambda = 2L = 3.0(m)$，(A)(B) 錯誤。(C)：同一介質，波速相

同，$v = f\lambda \Rightarrow f\uparrow\lambda\downarrow$。(E)：上述公式當中的 v 為繩波

波速，非聲速；聲波波速 = 331 + 0.6T，與溫度有關，

無法判斷。兩端固定繩波產生的駐波頻率為基頻的整

數倍，$264\times2 = 528Hz$，(D) 正確。

20. **A**

【解析】 進入磁場前的速度為 $\sqrt{2gL}$，動生電動勢 $= \varepsilon = LVB$，

應電流 $I = \dfrac{LVB}{R} = \dfrac{LB\sqrt{2gL}}{R}$。開始進入磁場到未完全

進入磁場期間做等速運動，$F_B = mg$，$m = \dfrac{F_B}{g} = \dfrac{ILB}{g}$

$= \dfrac{L^2B^2(\sqrt{2gL}/R)}{g}$，$m = \dfrac{\sqrt{2L}}{\sqrt{gR}}B^2L^2$，答案為 (A)。

二、多選題

21. **AB**

【解析】　本題敘述：電子以物質波做干涉現象，物質波波長

$\lambda = \dfrac{h}{P} = \dfrac{h}{mv}$，速度、質量變大，波長變短。

(A) 如題所述，丙為兩狹縫中垂線上的點，即在中央亮紋上，波程差必為零，即使入射速度、質量改變，依然為中央亮紋。

(B) 入射速度變快，波長變短，亮紋間距縮短，干涉亮紋較密集。

(C) 甲乙在亮紋（完全建設性干涉）上，位置會在 $\Delta y = \dfrac{r\lambda}{d}$ 的整數倍上，故當入射速度與質量改變時（影響波長），甲乙不一定會在亮紋上。

(D) 同 (A) 選項，丙在中央亮紋上，必為完全建設性干涉。

(E) 亮紋間距與時間無關。

22. **BC**

【解析】　(A) (C) (E) 電子能量 = 光子能量 $\Rightarrow E = eV = hf = h\dfrac{c}{\lambda}$

$\Rightarrow \lambda_s = \dfrac{hc}{eV}$。

(B) 光子動量 $p = \dfrac{h}{\lambda_s} = \dfrac{eV}{c}$。

(D) 光子頻率 $f = \dfrac{eV}{h}$。

23. **AD**

【解析】 如圖所示，發生碰撞時

$\sin\beta = \dfrac{4}{5}$；兩顆球質量

相同，且一球靜止，則

碰撞後連心方向速度互

換，且彈開方向垂直，

故 $\sin\alpha = \dfrac{3}{5}$。

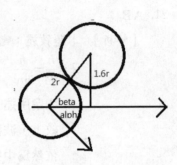

選 (A)(D)。

24. **BE**

【解析】 (A)(B) 電阻 $R = \rho\dfrac{L}{A} \Rightarrow \dfrac{R}{L} = \dfrac{\rho}{A} \propto \rho$（截面積相等），在

$x \le 0.3m$，$\dfrac{R}{L}$（斜率）較小，故推斷左端應為電

阻率較小的銅線。

(C) 將數據帶入公式可得 $A = \rho\dfrac{L}{R} = 5.6\times10^{-8}\dfrac{0.7}{39\times10^{-3}}$

$= 1.0\times10^{-6}\,m^2$

(D) x = 0.3m 時，$R = 5.6\times10^{-8}\dfrac{0.7}{1.0\times10^{-6}} = 39.2\times10^{-3}\,\Omega$

(E) x = 0.5m 時，依 (D) 選項計算可得 R 約 0.028，帶

入公式 $P = IV = \dfrac{V^2}{R} = 0.36W$

選 (B)(E)。

第貳部分：非選擇題

一、 1. 由實驗 1 的數據可知，物距＝像距＝20cm，故放大率 $\dfrac{p}{q}=\dfrac{20}{20}$

$=1$，物與像一樣大。再由牛頓式 $\dfrac{1}{p}+\dfrac{1}{q}=\dfrac{1}{f}\Rightarrow f=10cm$，

成像在兩倍焦距上，故為等大反向實像，
箭頭指向為向左向下。

2. 將實驗 1～5 的數據帶入薄透鏡成像公式，可得到各次的焦距

一次為 10cm、10.12cm、10cm、9.81cm、10cm，將 $\dfrac{1}{BC(p)}$ 當

作橫軸、$\dfrac{1}{CD(q)}$ 當作縱軸，

可畫出一條斜率接近 -1 的

直線，考驗證 $\dfrac{1}{p}+\dfrac{1}{q}=\dfrac{1}{f}$

的公式。

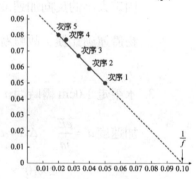

3. 若要由凸透鏡成虛像，物須擺放在一倍焦距內，即 BC 長度
應小於 10cm。但虛像並無法成像在屏幕上，需藉由視差法
查之。視差法：調整某個參考實物，如果頭不論左右移動，
物體與虛像都在同一個視線上，表示物體與虛像是在同一個
位置上。

簡略作法：

1. 取個參考物放在 BC 之間。

2. 操作者頭左右移動，觀察參考物的移動方向，若參考物體
   與觀察者頭移動方向相同，則參考物體離虛像的位置太遠；
   若相反，則距離太近。

3. 重複上步驟，調整參考物體的位置，直到觀察者的頭左右
   移動時，參考物與虛像皆沒有視差為止。

二、1. $E_k = \dfrac{1}{2}mv^2 = 4.55 \times 10^{-19} J \Rightarrow v \approx 10^6 m/s$。

2. 軌跡為一拋物線。墊子進入平行帶電板後，鉛直方向受到一
   固定大小的反向加速度 $a = \dfrac{eE}{m}$，水平做等速運動，可用斜拋
   物體運動比擬，故軌跡為一拋物線。

3. 水平走 1.0cm 需時間 $t = 10^{-8} s$，速度改變量為 $\Delta v = 2v_0 \sin 45°$，

   加速度 $a = \dfrac{eE}{m}$，$\Delta vt = a \Rightarrow 2v_0 \sin 45° \times 10^{-8} = \dfrac{1.6 \times 10^{-19} \times E}{9.1 \times 10^{-31}}$，電

   場大小為 $E = \dfrac{2 \times 10^6 \times \dfrac{1}{\sqrt{2}} \times 10^{-8} \times 9.1 \times 10^{-31}}{1.6 \times 10^{-19}} \approx 5.7 \times 10^2 (N/C)$。

103 年大學入學指定科目考試試題
化學考科

說明：下列資料，可供回答問題之參考

一、元素週期表（1～36 號元素）

1 H 1.0																	2 He 4.0
3 Li 6.9	4 Be 9.0											5 B 10.8	6 C 12.0	7 N 14.0	8 O 16.0	9 F 19.0	10 Ne 20.2
11 Na 23.0	12 Mg 24.3											13 Al 27.0	14 Si 28.1	15 P 31.0	16 S 32.1	17 Cl 35.5	18 Ar 40.0
19 K 39.1	20 Ca 40.1	21 Sc 45.0	22 Ti 47.9	23 V 50.9	24 Cr 52.0	25 Mn 54.9	26 Fe 55.8	27 Co 58.9	28 Ni 58.7	29 Cu 63.5	30 Zn 65.4	31 Ga 69.7	32 Ge 72.6	33 As 74.9	34 Se 79.0	35 Br 79.9	36 Kr 83.8

二、理想氣體常數 $R = 0.08205$ L atm $K^{-1}mol^{-1} = 8.31$ J $K^{-1}mol^{-1}$

三、1 大氣壓 = 1013 百帕

四、$\log 2 = 0.30$

第壹部分：選擇題（占 84 分）

一、單選題（占 60 分）

說明：第 1 題至第 20 題，每題有 5 個選項，其中只有一個是正確或
最適當的選項，請畫記在答案卡之「選擇題答案區」。各題答
對者，得 3 分；答錯、未作答或畫記多於一個選項者，該題
以零分計算。

1. 已知二氧化氮在某溫度和壓力下，按下列化學反應式進行分解：
$2NO_{2(g)} \rightleftharpoons 2NO_{(g)} + O_{2(g)}$
若反應前後的溫度和壓力都維持不變，在一密閉容器中裝入 1.0
升的二氧化氮氣體，當反應達到平衡，體積變為 1.25 升，則下列
哪一數值是二氧化氮的分解百分率？
   (A) 75.0 　　　　　(B) 50.0 　　　　　(C) 37.5
   (D) 25.0 　　　　　(E) 15.0

2. 鋅與稀硫酸反應產生氫。將所收集的氫氣在標準狀況下測量，得
體積 2.8 升，則所消耗的鋅（克）最接近下列哪一數值？
   (A) 8.2 　　　　　(B) 16.4 　　　　　(C) 24.6
   (D) 32.7 　　　　　(E) 65.4

3. 定溫下，當一可逆的化學反應達平衡時，有關此時平衡狀態的敘
述，下列何者一定正確？
   (A) 反應物間的碰撞頻率等於生成物間的碰撞頻率
   (B) 反應物濃度的總和等於生成物濃度的總和
   (C) 反應物的消耗速率等於生成物的生成速率
   (D) 正反應的反應速率等於逆反應的反應速率
   (E) 正反應的活化能等於逆反應的活化能

4-5 題為題組

圖 1 為某化合物甲的氣體-液體-固體三相圖。試根據圖 1，回答 4-5 題。

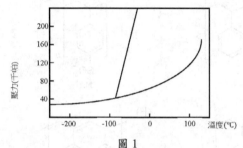

圖 1

4. 試問在常溫常壓，化合物甲以何種狀態存在？
   (A) 固體　　　　　　　(B) 液體　　　　　　　(C) 氣體
   (D) 膠體　　　　　　　(E) 液態晶體

5. 試問 1 大氣壓下，化合物甲的沸點約為攝氏幾度？
   (A) − 85　　　　　　　(B) − 70　　　　　　　(C) 0
   (D) 80　　　　　　　　(E) 130

6. 在常溫時，下列化學物質中，何者最<u>不易</u>和銅離子形成錯合物？
   (A) EDTA　　　　　　(B) Cl^-　　　　　　　(C) CN^-
   (D) NH_4^+　　　　　　(E) H_2O

7. 市售一種金屬染黑劑，是由氯酸鉀（$KClO_3$）與另一物質 X 所組成。若將鋅板置於該染劑中，可將鋅板表面先染成紅色，繼而變成黑色。試問下列哪一選項可能是該染劑所含的另一物質 X？
   (A) 鐵粉　　　　　　　(B) 石墨粉　　　　　　(C) 黑色油漆
   (D) 碳酸鋅　　　　　　(E) 硫酸銅

8. 下列哪一種聚合物所製成的樹脂可直接填充於淨水系統的管柱中將硬水軟化？

9. 實驗室內有一未知的半電池（甲），某生將甲半電池與 $Cu\,|\,CuSO_4$ (1.0 M) 連接後，可產生 0.46 伏特的電壓。若將甲半電池與 $Zn\,|\,ZnSO_4$ (1.0 M) 連接，則可產生 1.56 伏特的電壓。已知銅與鋅的標準還原電位如表 1 所示：

表 1

半電池反應	標準還原電位/伏特
$Zn^{2+}_{(aq)} + 2e^- \rightarrow Zn_{(s)}$	-0.76
$Cu^{2+}_{(aq)} + 2e^- \rightarrow Cu_{(s)}$	0.34

試問該半電池（甲）若與 H_2 (1.0 atm) $|$ HC1 (1.0 M) 半電池連接，所得電池的電壓最接近下列哪一數值（伏特）？

(A) 1.10　　　　(B) 0.80　　　　(C) 0.76

(D) 0.42　　　　(E) 0.34

10. 取某三酸甘油酯 6.38 克 (分子量 = 638) 與 50 毫升未知濃度的氫氧化鈉水溶液反應，生成脂肪酸鈉鹽與甘油。完全反應後，將脂肪酸鈉鹽分離，所得濾液需以 25 毫升的 0.2 M HCl 水溶液恰可完全中和。試問此未知濃度的氫氧化鈉水溶液的體積莫耳濃度 (M) 為何？

   (A) 0.1　　　(B) 0.2　　　(C) 0.3　　　(D) 0.7　　　(E) 1.0

11. 今有甲、乙、丙、丁的四個敘述以及 I～VI 的六個圖形：

   (甲) 波以耳定律中氣體的體積 (Y 軸) 與壓力 (X 軸) 的關係
   (乙) 查理定律中氣體的體積 (Y 軸) 與絕對溫度 (X 軸) 的關係
   (丙) 第二週期中元素原子的半徑 (Y 軸) 與原子序 (X 軸) 的關係
   (丁) 以強鹼滴定強酸時，溶液中 pH 值變化 (Y 軸) 與強鹼使用量 (X 軸) 的關係

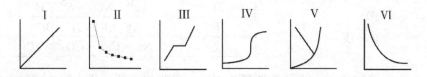

   試問下列有關圖形與敘述的配合，何者正確？

	甲	乙	丙	丁
(A)	III	I	II	V
(B)	I	VI	III	IV
(C)	II	I	VI	V
(D)	VI	I	II	V
(E)	VI	II	I	IV

12. 表 2 為 [Pt(NH$_3$)$_4$]SO$_4$ 與 K$_3$[Fe(CN)$_6$] 中，鉑離子與鐵離子的氧化數與配位數的可能組合。試問哪一組合正確？

(A) 甲
(B) 乙
(C) 丙
(D) 丁
(E) 戊

表2

	[Pt(NH_3)_4]SO_4		K_3[Fe(CN)_6]	
組合	氧化數	配位數	氧化數	配位數
甲	+2	8	+2	9
乙	+4	5	+3	6
丙	+2	4	+2	6
丁	+2	4	+3	6
戊	+2	5	+3	9

13. 表3為配製甲、乙、丙、丁、戊等五種水溶液，過程中依序加入適量的各種成分。試問五種水溶液在配製過程中，何者<u>不會</u>發生沉澱或明顯的顏色變化？

表3

(A) 甲
(B) 乙
(C) 丙
(D) 丁
(E) 戊

溶液代號	依序加入的成分
甲	Na^+、K^+、Cl_2、Br^-
乙	H^+、Mg^{2+}、I^-、HSO_4^-
丙	Fe^{2+}、NO_3^-、S^{2-}、H^+
丁	Ag^+、K^+、H^+、Br^-
戊	Na^+、Ca^{2+}、CO_3^{2-}、H^+

14. 染料敏化太陽能電池是成本低、易製備的新一代太陽能電池。電池的組成有三大部分：(1) 電極 (A / TiO_2)：由二氧化鈦粒子吸附了染料 A 所構成、(2) 電解質溶液 (I_3^- / I^-)、(3) 鉑電極。染料敏化太陽能電池發生的反應如下：

步驟 1：$A / TiO_2 +$ 太陽光 $\rightarrow A^*/ TiO_2$ (形成激發態的電極)

步驟 2：$A^*/ TiO_2 \rightarrow A^+/ TiO_2 + e^-$　　　(電極進行電荷分離)

步驟 3：$I_3^- + 2e^- \rightarrow 3I^-$　　　　　　(電解質在鉑電極表面反應)

步驟 4：$2(A^+/ TiO_2) + 3I^- \rightarrow 2(A / TiO_2) + I_3^-$

下列有關染料敏化太陽能電池的敘述，哪一項<u>錯誤</u>？

(A) 電池能將太陽能轉化為電能
(B) 電池中的負極又稱為陽極　　(C) 步驟 1 為氧化反應
(D) 步驟 3 為還原反應　　　　　(E) 鉑電極為正極

15-16 題為題組

碘酸根離子與亞硫酸氫根離子反應，生成碘離子，其平衡反應式如下：

$$IO_3^-{}_{(aq)} + 3HSO_3^-{}_{(aq)} \rightarrow I^-{}_{(aq)} + 3SO_4^{2-}{}_{(aq)} + 3H^+{}_{(aq)}$$

林同學在某溫度下操作此實驗，以求反應速率。實驗步驟如下：

步驟 1：稱取 2.0 克的可溶性澱粉，以配製 500 毫升的澱粉溶液備用。

步驟 2：稱取 $Na_2S_2O_{5(s)}$ 0.57 克 (0.003 莫耳)，溶於 100 毫升的水中後，倒入步驟 1 所配製的澱粉溶液中，並且加入 5.0 毫升的 1.0M 硫酸溶液，攪拌均勻，然後加水配製成 1 公升的溶液 A。

步驟 3：稱取 0.428 克 $KIO_{3(s)}$ (式量：214)，然後加水配製成 100 毫升的溶液 B。

步驟 4：取 A 溶液 10.0 毫升，放入 A 試管中；另取 B 溶液 10.0 毫升，放入 B 試管中。

步驟 5：將 A 和 B 兩試管的溶液，同時倒入 100 毫升燒杯，並迅速搖動溶液使其瞬間混合均勻，經過 5 秒後，溶液瞬間變為藍色，且顏色不再變化。

根據上列實驗步驟，回答 15-16 題：

15. 步驟 2 中，固體 $Na_2S_2O_5$ 與水完全反應後，可產生多少莫耳的 $NaHSO_3$？
    (A) 1.5×10^{-3}　　　　(B) 3.0×10^{-3}　　　　(C) 4.5×10^{-3}
    (D) 6.0×10^{-3}　　　　(E) 7.5×10^{-3}

16. HSO_3^- 在步驟 5 中溶液混合後的消失速率 (M/s) 為何？
    (A) 1.2×10^{-3}　　　　(B) 3.0×10^{-3}　　　　(C) 4.5×10^{-4}
    (D) 6.0×10^{-4}　　　　(E) 7.5×10^{-4}

17. 下列有關生物體內有機物質的敘述，哪一項正確？

(A) 反式脂肪屬於飽和脂肪

(B) 核苷酸的結構包括五碳醣、含氮鹼基與磷酸根

(C) 葡萄糖、果糖和半乳糖均為單醣，此三種單醣皆屬於醛醣

(D) 蛋白質是由胺基酸聚合而成，胺基酸之間是藉由氫鍵結合而成

(E) DNA 會形成雙股螺旋，主要是因為不同股上的鹼基間形成共價鍵所致

18. 室溫下，王同學在做有機溶劑的特性實驗時，將等體積的三種溶劑：辛烷、水、乙醇共置於同一試管中，塞上試管塞並充分搖晃後，靜置觀察，將結果記錄於實驗本中，並以斜線表示分層情形，假設混合前後溶液總體積不變，試問下列哪一個圖最接近王同學實驗後紀錄的結果？

（已知辛烷、乙醇與水的密度分別為 0.703、0.789、1.000 g/cm^3）

(A)　　　　(B)　　　　(C)　　　　(D)　　　　(E)

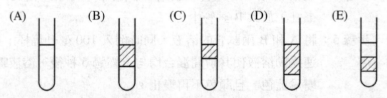

19. 銅葉綠素鈉是食品著色劑，其結構如圖 2 所示。下列有關銅葉綠素鈉的敘述中，何者不正確？

(A) 銅葉綠素鈉可以具有共振結構

(B) 銅葉綠素鈉的共軛酸結構中含有羧基

(C) 將銅葉綠素鈉溶於水後水溶液呈酸性

(D) 銅葉綠素鈉結構中的碳原子沒有 sp 混成軌域

(E) 在銅葉綠素鈉的結構中，鈉和氧之間的鍵結是屬於離子鍵

圖 2

20. 下列六種分子：CO_2、C_2H_4、C_2H_6、BH_3、SO_3、NH_3，有關其路易斯結構的敘述，何者正確？

(甲) 有 5 個分子屬於平面結構

(乙) 有 3 個分子具有 π 鍵

(丙) 有 3 個分子具有孤電子對（孤對電子）

(A) 只有甲　(B) 只有乙　(C) 只有丙　(D) 甲與乙　(E) 乙與丙

二、多選題（占 24 分）

說明：第 21 題至第 26 題，每題有 5 個選項，其中至少有一個是正確的選項，請將正確選項畫記在答案卡之「選擇題答案區」。各題之選項獨立判定，所有選項均答對者，得 4 分；答錯 1 個選項者，得 2.4 分；答錯 2 個選項者，得 0.8 分；答錯多於 2 個選項或所有選項均未作答者，該題以零分計算。

21. 下列哪些原子的電子組態變化會放出能量？

(A) 氫原子由 $4s^1$ 變成 $3d^1$

(B) 銅原子由 $[Ar]\ 3d^94s^2$ 變成 $[Ar]\ 3d^{10}4s^1$

(C) 釩原子由 $[Ar]\ 3d^34s^2$ 變成 $[Ar]\ 3d^54s^0$

(D) 矽原子由 $[Ne]\ 2s^2p_x^1p_y^1$ 變成 $[Ne]\ 2s^2p_x^1p_z^1$

(E) 碳原子由 $[He]\ 2s^22p^2$ 變成 $[He]\ 2s^12p^3$

22. 現有 W、X、Y、Z 四種原子，其相關敘述如下：

(1) W 為第 17 族 (鹵素) 中電負度最大者

(2) X 是第四週期元素，其所形成最穩定的離子 X^{2+} 具有全滿之 d 軌域

(3) Y 形成的 –2 價陰離子 Y^{2-} 與第三週期的鈍氣元素之電子組態相同

(4) Z 為第 2 族 (鹼土族) 非放射性元素中原子序最大者

根據以上之資料，則下列敘述，哪些正確？

(A) 0.1M 的 X^{2+} 水溶液與 0.1M 的 Y^{2-} 水溶液混合後，會產生沉澱

(B) 0.1M 的 Z^{2+} 水溶液可與硫酸鈉水溶液產生沉澱

(C) X^{2+} 的電子組態具有 4s 軌域的電子

(D) W 原子是鹵素原子中半徑最大者

(E) 這四種原子中，Z 原子的原子半徑最大

23. 下列關於 2– 甲基丙烯的敘述，哪些正確？

    (A) 分子式為 C_3H_6

    (B) 在常溫下可使溴水褪色

    (C) 可與水作用形成醇類

    (D) 與氯化氫反應可產生含氯的鹵烷

    (E) 可進行縮合聚合反應，生成高分子化合物

24. 在實驗室中，李同學進行製備耐綸 –66 的實驗，所用的反應試劑為己二胺的氫氧化鈉溶液與己二醯氯的正己烷溶液。下列有關此實驗的敘述，哪些正確？

    (A) 室溫下，此反應必須加熱才可進行

    (B) 己二胺和己二醯氯進行反應，會產生 HCl

    (C) 此為一聚合反應，己二胺和己二醯氯間會形成醯胺鍵

    (D) 反應發生於兩溶液的界面，且產生的耐綸 –66 為白色薄膜

    (E) 反應試劑混合後靜置數分鐘，己二醯氯的正己烷溶液位於下層

25. 下列有關化學與日常生活、科技發展、環境生態相關的敘述，哪些正確？

    (A) 奈米材料表面不易沾附，因此陶瓷表面經奈米處理後，具有防污作用

(B) 疊氮化鈉受熱分解會產生大量的氣體，因此普遍使用於汽車的安全氣囊

(C) 酸雨沖刷岩石，會溶出其中的重金屬，因此造成河川水質優養化

(D) 類固醇藥物具有消炎、免疫等作用，俗稱美國仙丹，可作為保健食品經常食用

(E) 奈米二氧化鈦可作為光觸媒，經紫外線照射後，具有消毒抗菌效果，可應用在空氣清淨機的材料上

26. 已知化合物 IBr 的特性如下：
    (1) 化學性質與鹵素相似
    (2) 能與大多數金屬反應生成金屬鹵化物
    (3) 能與某些非金屬反應生成相對應的鹵化物
    (4) 與水反應的反應式為 $IBr + H_2O \rightarrow HBr + HIO$
    由此推想：下列有關 IBr 的敘述，哪些正確？
    (A) IBr 的化學命名為碘化溴　　(B) IBr 分子中存在極性共價鍵
    (C) 在25℃，1 大氣壓時，IBr 是氣體分子
    (D) 與水反應時 IBr 是氧化劑，也是還原劑
    (E) IBr 與 NaOH 溶液反應生成 NaBr 與 NaIO

第貳部分：非選擇題（占 16 分）

說明：本部分共有二大題，答案必須寫在「答案卷」上，並於題號欄標明大題號（一、二）與子題號（1、2、……），作答時不必抄題。計算題必須寫出計算過程，最後答案應連同單位劃線標出。作答務必使用筆尖較粗之黑色墨水的筆書寫，且不得使用鉛筆。每一子題配分標於題末。

一、 甲、乙、丙三元素在週期表的位置相接鄰而且均在前三週期，其中有一元素與另一元素同週期，同時又與第三元素同族。試回答下列問題（每一子題2分，共8分）：

  1. 已知該三元素的原子序為甲小於乙，乙小於丙。試在答案卷的方格紙上，劃出甲、乙、丙在週期表上可能的四種相對位置圖。

  2. 設甲的原子序為 Z，其最外層的電子數為 n，而該三元素的原子序總和是該三元素的各原子最外層電子數總和的2倍加1。寫出該三元素的原子序。

  3. 參考題本封面的週期表，寫出該三元素的元素符號。

  4. 以**通式**寫出由原子序 Z 與原子序（$Z-5$）兩元素所構成的化合物2類，以通式表示之。

二、 甲、乙、丙三種溶液，組成如下：

  (甲) 20.0mL 的 0.20M HCl 水溶液

  (乙) 20.0mL 的 0.20M CH_3COOH 水溶液（$K_a = 2.0 \times 10^{-5}$）

  (丙) 20.0mL 的 0.20M HClO 水溶液（$K_a = 3.0 \times 10^{-8}$）

  都以 0.10M 氫氧化鈉水溶液分別滴定此三種溶液，試以甲、乙、丙代號回答下列各題（每一子題2分，共8分）：

  1. 滴定達當量點時，三種溶液所需的 0.10M 氫氧化鈉水溶液之體積 (mL) 大小順序為何？

  2. 滴定達當量點時，三種溶液的 pH 值大小順序為何？

  3. 滴定達 pH = 7.0 時，三種溶液所需的 0.10M 氫氧化鈉水溶液之體積 (mL) 大小順序為何？

  4. 當加入 0.10M 氫氧化鈉水溶液 20.0mL 於乙溶液時，試計算此混合溶液的 pH 值？

103年度指定科目考試化學科試題詳解

第壹部分：選擇題

一、單選題

1. **B**

   【解析】 $2NO_2 \leftrightarrow 2NO + O_2$

   $$\begin{array}{cccc} 1 & & & \\ -2x & +2x & +x & \\ \hline +) \ 1-2x & 2x & x & \end{array} \Rightarrow 1 + x = 1.25 \Rightarrow x = 0.25L$$

   分解百分率 $= \dfrac{2 \times 0.25}{1} \times 100\% = 50\%$，選 (B)。

2. **A**

   【解析】 $Zn + 2H^+ \rightarrow Zn^{2+} + H_2$，鋅消耗的莫耳數 = 氫氣產生莫

   耳數 STP 下，一莫耳體積等於 22.4 公升，設鋅重 x 克：

   $\dfrac{x}{65.4} = \dfrac{2.8}{22.4} \Rightarrow x = 8.175$，選 (A)。

3. **D**

   【解析】 化學反應平衡為一種動態平衡，定義為正反應速率 =
   逆反應速率，故答案應選 (D)。

4. **B**

   【解析】 如圖，找出攝氏 25 度，
   壓力約 100 千帕的交叉
   點，在液態位置，選 (B)。

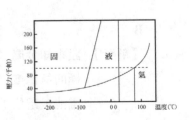

5. **D**

【解析】 在 100 千帕位置畫一條橫線,與液–氣交界曲線焦點畫一條鉛直線找沸點,超過 50 接近 100,選 (D)。

6. **D**

【解析】 錯合物的形成,需一中心金屬原子或離子(提供空軌域),周圍配位基(提供孤對電子),(D) 選項但原本的孤對電子在形成離子團後被氫結合,故無孤對電子,無法與銅離子錯合,答案選 (D)。

7. **E**

【解析】 題述,鋅表面先染成紅色,表示染劑當中存在一種紅色的物質,而只有硫酸銅的銅離子,其還原態銅元素成紅棕色為可能選項,故推論應該是鋅將銅離子還原 $Zn + Cu^{2+} \leftrightarrow Zn^{2+} + Cu$,選 (E)。

8. **B**

【解析】 硬水的定義是水中含有鈣、鎂離子的水,故硬水軟化即是將水中的鈣鎂離子去除。根據沉澱原理,$RSO_3^-Na^+$ 會將鈣鎂沉澱出來(可用弱酸鹽類易沉澱來思考),故選 (B)。

9. **B**

【解析】 設未知金屬 X 的還原電位為 x。化學電池的電位 = 陽極的氧化電位 + 陰極的還原電位,X 與鋅形成的化學電池,電位 1.56V,超過鋅的氧化電位(題目給的是

還原電位），故推論此化學電池應該是鋅氧化，X 還原
$\Rightarrow$ x + 0.76V = 1.56V $\Rightarrow$ x = 0.8V，選 (B)。

10. **D**

【解析】　三酸甘油脂是由一個甘油 + 三個脂肪酸組成，故 6.38
克的三酸甘油脂（0.01 莫耳），行皂化反應後會產生
0.03 莫耳的脂肪酸鹽類，需要 0.03 莫耳的強鹼（氫氧
化鈉）；溶液中剩下過量的氫氧化鈉再由 HCl：0.2 x
0.025 莫耳中和，故總共中和掉 NaOH 0.03 + 0.005 =
0.035 莫耳，溶液濃度為 0.035/0.05 = 0.7M，選 (D)。

11. **D**

【解析】　（甲）波以爾定律：理想氣體在定溫下，氣體壓力與
體積成反比，圖 VI；（乙）查理定律：定溫下（絕對溫
標），氣體體積與分子數成正比，圖 I；（丙）第二周期
的元素，原子半徑隨著原子序增大而變小，圖 II；（丁）
強鹼滴強酸，滴定曲線為 IV。綜合上述，選 (D)。

12. **D**

【解析】　Pt[$(NH_3)_4$]SO_4 中，Pt^{2+} 配位數為 4 或 6，但 SO_4^{2-} 非配
位基，故 Pt 的配位數為 4，氧化數為 +2；K_3[$Fe(CN)_6$]
中，Fe 配位數為 4 或 6，CN^- 為配位基，故 Fe 配位數
為 6，氧化數為 +3；選 (D)。

13. **B**

【解析】　（甲）氯氣（黃綠色氣體），活性比溴大，反應後有溴

產生（暗紅色液體）

（丙）FeS 沉澱

（丁）AgBr 黃色沉澱

（戊）$CaCO_3$ 白色沉澱

14. **C**

【解析】 (A) 太陽能電池：太陽能 → 電能，正確。

(B) 電子由電池負極流出，爲陽極（失去電子），正確。

(C) 步驟 1 僅將 A 物質激活，並非氧化（失去電子），錯誤。

(D) 步驟 3 中 $I_2 / I^- \to 3I^-$，點接受電子還原，正確。

(E) 步驟三發生在鉑電極，還原反應，電池正極，正確。

15. **D**

【解析】 $Na_2S_2O_5 + H_2O \to 2NaHSO_3 \Rightarrow 0.003 \times 2 = 0.006 = 10^{-6}$，選 (D)。

16. **D**

【解析】 $IO_3^{-}{}_{(aq)} + 3HSO_3^{-}{}_{(aq)} \to I^{-}{}_{(aq)} + 3SO_4^{-}{}_{(aq)} + 3H^+$

$N_{IO_3^-} = \dfrac{0.428}{214} = 0.002$ (mol)，故 HSO_3^- 爲限量試劑，

剩下的 IO_3^- 會進行 $IO_3^- + I^- + 2H+ \to 2I_2 + H_2O$ 反應，生成的碘與澱粉產生藍色複合物，故反應速率主要看 HSO_3^-，$\dfrac{0.003}{5} = 6 \times 10^{-4}(s)$，選 (D)。

17. **B**

【解析】 (A) 脂肪酸中的 R 側鏈若是由含有雙鍵或是參鍵的烴類
形成，即為不飽和脂肪酸。

(C) 葡萄糖、半乳糖為醛醣；果糖為酮醣。

(D) 胺基酸之間由醯胺鍵（肽鍵）形成蛋白質。

(E) DNA 雙股螺旋是靠著鹼基之間的分子內氫鍵形成。

18. **C**

【解析】 乙醇可和水互溶，且密度較辛烷大，故試管內液體分兩
層，且在下層的體積較大，選 (C)。

19. **C**

【解析】 銅葉綠素溶於水後應呈弱鹼性，因為有機羧酸為弱酸，
其共軛鹽類溶於水應呈弱鹼性，選 (C)。

20. **E**

【解析】 （甲）平面分子：CO_2、C_2H_2、BH_3、SO_3，共 4 個；

（乙）具有 π 鍵：CO_2、C_2H_2、SO_3，共 3 個；

（丙）具孤電子對：CO_2、SO_3、NH_4^+，共 3 個；

乙、丙正確，選 (E)。

二、多選題

21. **AB**

【解析】 違反電子組態基本原則中的構築原理、洪德定則即為
激發態，當電子從能量較高的軌域跳到能量較低的軌
域時，會放出能量。

(A) 氫原子為單電子粒子，主量子數 n 越大，能量越高，$4s > 3d$，故放能。

(B) 銅原子的基態為 $[Ar]3d^{10}4s^1$（因為 3d 全滿），故放能。

(C) 釩原子的基態為 $[Ar]3d^34s^2$，故吸能。

(D) 矽原子：$[Ne]3s^23p_x^1 3p_y^1 = [Ne]3s^23p_x^1 3p_z^1$，能量無進出。

(E) 碳原子的基態為 $[He]2s^22p^2$，故吸能。

22. **ABE**

【解析】 W＝氟；X＝鋅；Y＝硫；Z＝鋇

(A) 0.1M 的 Zn^{2+} 水溶液與 0.1M S^{2-} 水溶液混合後，會產生白色沉澱，正確。

(B) 0.1M 的 $Ba2^+$ 水溶液可與硫酸鈉水溶液形成硫酸鋇沉澱（白色），正確。

(C) Zn^{2+} 的電子組態為 3d 全滿，4s 為空軌域，錯誤。

(D) 氟是鹵素當中原子半徑最小的元素，錯誤。

(E) 週期表同一週期原子序越大，原子半徑越小；同一族，原子序越大，原子半徑越大，所以上述四個元素應該是鋇（Z）最大，正確。

23. **BCD**

【解析】 二甲基丙烯

$$C = \overset{\overset{\textstyle C}{\textstyle |}}{C} - C$$

(A) 分子是為 C_4H_8，錯誤；

(B) 此為醛與炔的性質，正確；

(C) 跟水加成反應後形成丙醛，正確；

(D) 醯的加成反應，正確；

(E) 縮和聚合物的單體必須具有至少兩個官能基，二甲基丙烯無，錯誤。

24. **BCD**

【解析】 (A) 不必加熱也可產生此縮和聚合反應，錯誤；

(B) 胺與醯氯脫水會脫掉 HCl，正確；

(C) 正確；

(D) 反應只發生在兩者接觸的界面，且有膜狀物出現，因單體為兩種六碳化合物，故命名為耐倫 66，正確；

(E) 正己烷溶液密度較小，故在上層，錯誤。

25. **ABE**

【解析】 (C) 水質優養化主因是大量有機磷排入河川中與重金屬汙染無關；

(D) 服用大量類固醇會抑制內生性皮質素的產生，造成腎上腺皮質萎縮；且大量的皮質素會造成水牛肩、滿月臉等副作用（庫欣氏症候群），不可過量服用。

26. **BE**

【解析】 (A) 中文命名由後往前，應為溴化碘，錯誤；

(B) 極性共價鍵定義為共價鍵兩端的原子不一樣，正確；

(C) 攝氏 25 度，一大氣壓，IBr 應界於溴分子（液體）與碘分子（固體）之間，並非氣態分子。

(D) 與水反應前後氧化數均不變，故不是氧化還原反應。

(E) $IBr + 2NaOH \rightarrow NaBr + NaIO + H_2O$，正確。

第貳部分：非選擇題

一、【解析】

1. 甲、乙、丙三元素可以有這四種情況

2. (1) 甲、乙、丙 $= Z + (Z + 1) + (Z + 8) = 2[n + (n + 1) + n] + 1 \Rightarrow Z = 2n{-}2$

   $n = 1 \sim 8$，其中只有 $n = 4$（$Z = 6$）合理，參原子序為 6、7、10。

   (2) 甲、乙、丙 $= Z + (Z + 8) + (Z + 9) = 2[n + (n + 1) + n] + 1 \Rightarrow Z = \dfrac{6n-14}{3}$，沒有合理的 n 值。

   (3) 甲、乙、丙 $= Z + (Z - 1) + (Z + 8) = 2[n + (n + 1) + n] + 1 \Rightarrow Z = \dfrac{6n-16}{3}$，沒有合理的 n 值。

   (4) 甲、乙、丙 $= Z + (Z + 1) + (Z + 9) = 2[n + (n + 1) + n] + 1 \Rightarrow Z = \dfrac{6n-5}{3}$，沒有合理的 n 值。

3. 三元素依序為碳（C）、氮（N）、矽（Si）。

4. $Z = C$、$Z{-}5 = H$，題目問碳氫化合物通式，可列具烷（C_nH_{2n+2}）、烯（C_nH_{2n}）、炔（C_nH_{2n-2}）任兩類。

二、【解析】

1. 甲 = 乙 = 丙。

   當量點定義是氫離子莫耳數 = 氫氧根離子莫耳數

   （甲）$HCl + NaOH \rightarrow H_2O + NaCl$

   （乙）$CH_3COOH + NaOH \leftrightarrow CH_3COONa + H_2O$

   （丙）$HClO + NaOH \rightarrow H_2O + NaClO$

   三種酸都是單質子酸，且濃度都相同，故達當量點時，

   所需氫氧化鈉體積相同，皆為 $\dfrac{0.004}{0.1} \times 1000 = 40(ml)$。

2. 酸性強度可由 Ka 值判斷，故甲 > 乙 > 丙，所以在當量點時，溶液 pH 值丙 > 乙 > 甲（強鹼 + 弱酸 = 弱鹼性）。

3. 延續上題概念，酸性強弱甲 > 乙 > 丙，故當 pH = 7 時，所耗去的 NaOH 體積為甲 > 乙 > 丙。

4. 同體積相加時，濃度減半，CH_3COOH 濃度為 0.1M，NaOH 濃度為 0.05M

   $CH_3COOH + NaOH \leftrightarrow CH_3COONa + H_2O$

   $$
   \begin{array}{llll}
   0.1 & 0.05 & & \\
   -0.05 & -0.05 & +0.05 & +0.05 \\
   \hline
   0.05 & & +0.05 & \\
   \end{array}
   $$

   此時醋酸（弱酸）濃度和弱酸鹽（醋酸鈉）相等，故達

   最佳緩衝溶液的條件，$Ka_{CH_3COOH} \dfrac{[H^+][CH_3COO^-]}{[CH_3COOH]}$

   $= 2.0 \times 10^{-5}$，$[H^+] = \dfrac{[CH_3COOH]}{[CH_3COO^-]} \times 2.0 \times 10^{-5} = 2.0 \times 10^{-5}$，

   $pH = -\log(2.0 \times 10^{-5}) = 4.7$。

103 年大學入學指定科目考試試題
生物考科

第壹部分：選擇題（占 72 分）

一、單選題（占 20 分）

說明：第 1 題至第 20 題，每題有 4 個選項，其中只有一個是正確或
　　　最適當的選項，請畫記在答案卡之「選擇題答案區」。各題
　　　答對者，得 1 分；答錯、未作答或畫記多於一個選項者，該
　　　題以零分計算。

1. 激素作用在標的細胞的受體，以改變該細胞之生理狀態。下列何
   種激素之受體位於標的細胞內部？
   (A) 胰島素　　　　　　　　　　(B) 生長激素
   (C) 睪固酮　　　　　　　　　　(D) 黃體成長激素

2. 紅檜的孢子體具有下列哪一特性？
   (A) 能經減數分裂形成孢子　　　(B) 細胞具有單套染色體
   (C) 能進行受精作用　　　　　　(D) 是由孢子發育而成

3. 聚合酶連鎖反應（PCR）中，下列何種處理可以將雙股 DNA 分
   離成單股？
   (A) 加熱至 60℃　　　　　　　　(B) 加熱至 90℃
   (C) 加入引子　　　　　　　　　(D) 加入 DNA 聚合酶

4. 在離體實驗中，人的胃蛋白酶在室溫（25℃）、pH7.0 的溶液中
   活性很低，如何改變實驗條件以提昇胃蛋白酶的活性？
   (A) 降低 pH 值，加溫　　　　　(B) 降低 pH 值，降溫
   (C) 增加 pH 值，加溫　　　　　(D) 增加 pH 值，降溫

5. 胺基酸分子中能釋出 H^+ 的官能基為何？
   (A) 磷酸基　　　(B) 硫酸基　　　(C) 硝酸基　　　(D) 羧基

6. 下列有關脂肪的敘述，何者正確？
   (A) 脂肪經消化分解成胺基酸及甘油
   (B) 脂肪經膽鹽乳化後可以進入上皮細胞
   (C) 脂肪在胃進行部份消化
   (D) 脂肪與蛋白質結合以利在血液中運送

7. 下列哪一個條件會促使植物葉片的氣孔打開？
   (A) 鉀離子流入保衛細胞　　　　(B) 保衛細胞內的膨壓降低
   (C) 水經由滲透作用由葉表面流失
   (D) 葉肉細胞內的二氧化碳濃度升高

8. 豌豆的高莖（D）對矮莖（d）為顯性，紫花（W）對白花（w）
   為顯性。一高莖紫花的豌豆經試交後，後代高莖紫花、矮莖紫花
   的比例為 1：1，則此高莖紫花的豌豆基因型為何？
   (A) DDWW　　　(B) DDWw　　　(C) DdWW　　　(D) DdWw

9. 下列有關光合作用的敘述，何者正確？
   (A) 植物利用紅光、藍光及綠光的效率並不相同
   (B) 大部分的葉綠素直接參與光反應中電子的傳遞
   (C) 最終產物葡萄糖在葉綠餅中產生
   (D) 水分子在光系統 I 被裂解產生 H^+、e^- 及 O_2

10. 下列有關哺乳動物呼吸作用的敘述，何者正確？
    (A) 呼吸頻率增加會降低血液中氧含量
    (B) 安靜呼氣主要是依賴腹部肌肉收縮
    (C) 血液中的 H^+ 濃度增加會刺激中樞化學受體（器）
    (D) 吸氣的主要肌肉是肋間肌

11. 下列何者<u>不</u>是肝臟的功能？
    (A) 分解死亡紅血球釋出的血紅素
    (B) 合成血液中的蛋白質　　　(C) 儲存小腸吸收的養分
    (D) 製造分解脂質的酵素（酶）

12. 下列哪一組激素具有互相拮抗的關係？
    (A) 生長激素與甲狀腺素　　　(B) 胰島素與腎上腺素
    (C) 睪固酮與動情素　　　　　(D) 葡萄糖皮質素與礦物性皮質素

13-14 為題組

圖 1 是有關月經週期中血液內甲、
乙、丙、丁四種激素的濃度變化，
與子宮內膜增厚以及子宮週期的關
係，圖上的向下箭頭表示排卵。試
根據圖 1 回答第 13 與 14 題：

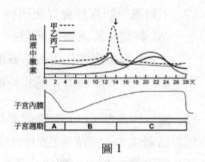

圖 1

13. 子宮內膜在子宮週期 B 期間，主要是受到血液中何種激素的影響
    而增厚？
    (A) 甲　　　　(B) 乙　　　　(C) 丙　　　　(D) 丁

14. 子宮內膜在子宮週期 C 期間，受到血液中哪些激素的作用而維持
    一定的厚度？
    (A) 甲乙　　　(B) 甲丙　　　(C) 乙丙　　　(D) 乙丁

15. 下列有關台灣陸域生態系的敘述，何者<u>錯誤</u>？
    (A) 熱帶季風林內的植物常有幹生花、板根及纏勒等現象
    (B) 台灣冷杉、台灣鐵杉及台灣雲杉為針葉林生態系的組成物種
    (C) 海拔 2500 公尺以上的台灣山區，經常雲霧繚繞，有「霧林
        帶」之稱
    (D) 高山草原的植被以玉山箭竹和高山芒草最具代表性

16. 下列有關達爾文演化論的敘述，何者正確？
    (A) 無性生殖的生物因不會產生遺傳變異，故天擇不會作用在這類的生物上
    (B) 達爾文提出天擇說是建立在孟德爾遺傳定律的基礎上
    (C) 達爾文是第一位提出物種必須有變異才能演化的科學家
    (D) 天擇壓力可以使物種的某些特性保留下來，而提高物種的適應能力

17-18 為題組

甲、乙、丙、丁四人的 ABO 血型各不相同。利用甲及丁的血清鑑定這四人的血型，結果如表 1。試根據表 1 回答第 17 與 18 題：

表 1

	甲血液	乙血液	丙血液	丁血液
甲血清	✕	○	✕	○
丁血清	○	○	✕	✕

○：紅血球凝集　　✕：紅血球不凝集

17. 根據表 1，下列敘述何者正確？
    (A) 甲的血清含有 A 抗體及 B 抗體
    (B) 乙的血清不含有 A 抗體，也不含 B 抗體
    (C) 丙的紅血球表面有 A 抗原及 B 抗原
    (D) 丁的紅血球表面沒有 A 抗原，也沒有 B 抗原

18. 若四人是父母及一對親生子女的關係，下列哪一組的配對可能是父母？
    (A) 甲乙　　　　(B) 甲丙　　　　(C) 乙丙　　　　(D) 乙丁

19. 對某人類遺傳疾病的發生作一調查，結果發現此一疾病大多發生於男性。下列有關該疾病基因的敘述，何者正確？
    (A) 此一遺傳基因位於 Y 染色體上，為隱性
    (B) 此一遺傳基因位於 X 染色體上，為隱性
    (C) 此一遺傳基因位於 X 染色體上，為顯性
    (D) Y 染色體同時具有兩個與疾病相關的基因

20. 種子是由下列何種構造發育而成？
    (A) 胚珠　　　(B) 子房　　　(C) 極核　　　(D) 卵細胞

二、多選題（占 30 分）

說明：第 21 題至第 35 題，每題有 5 個選項，其中至少有一個是正確的選項，請將正確選項畫記在答案卡之「選擇題答案區」。各題之選項獨立判定，所有選項均答對者，得 2 分；答錯 1 個選項者，得 1.2 分；答錯 2 個選項者，得 0.4 分；答錯多於 2 個選項或所有選項均未作答者，該題以零分計算。

21. 下列哪些感覺的受器是感覺神經元末稍本身，於接受刺激後直接將訊息傳至中樞神經系統？
    (A) 視覺　　(B) 聽覺　　(C) 溫覺　　(D) 痛覺　　(E) 味覺

22. 下列與植物激素相關的敘述，哪些正確？
    (A) 受傷可引起植物細胞產生具防禦作用的激素
    (B) 可影響細胞之分裂、延長與分化
    (C) 在植物體內合成的部位即為其作用的部位
    (D) 不同激素之間不會互相影響
    (E) 部分激素具調控植物體生長發育的多種效應

23. 動物在日常生活中有諸多反射性的行為，下列有關反射路徑中神經衝動單向傳遞的敘述，哪些正確？
    (A) 運動神經細胞本體位於中樞神經
    (B) 神經傳導物質是由突觸前細胞所釋放
    (C) 神經細胞本體上有蘭氏結
    (D) 突觸後神經細胞有受體以接受訊息
    (E) 神經衝動由運動神經傳遞至感覺神經

24. 下列有關人體免疫系統及功能的敘述，哪些正確？
    (A) B 細胞分化為漿細胞後製造並釋放抗體
    (B) B 細胞和 T 細胞在骨髓中成熟後會進入淋巴結
    (C) 組織胺參與發炎和過敏反應發生的過程
    (D) 沒有輔助性 T 細胞存在，就不會發生免疫反應
    (E) 嗜中性血球是參與發炎和過敏反應的主要免疫細胞

25. 下列有關碳反應的敘述，哪些正確？
    (A) 四碳植物將二氧化碳先固定於維管束鞘細胞內
    (B) 水稻與鳳梨在台灣長得好和產量高主要是因為演化出有效的相同固碳方式
    (C) 鳳梨在白天將二氧化碳固定於液泡內以避免散失
    (D) 景天科植物與四碳植物的固碳時間不同
    (E) 水稻與玉米的固碳方式相同

26. 植物體內礦物質的運輸，主要受下列哪些因子的調節？
    (A) 植物根部表皮與中柱間的滲透壓差
    (B) 水分子與篩管管壁之間的附著力
    (C) 葉肉細胞的含水量變化
    (D) 導管內水分子之間的內聚力
    (E) 篩管細胞內的葡萄糖濃度差造成篩管內的膨壓上升

27-28 為題組

圖 2 是量測正常人一次心跳時所得之電
位變化，稱心電圖，圖中的 P 波是心房
收縮，QRS 波是心室收縮，T 波是心室
舒張，心電圖下的水平線長度是時間 0.8
秒。試根據圖 2 回答第 27 與 28 題：

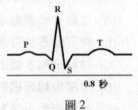

圖 2

27. 運動時，心跳速率會加快，若於運動時，量測運動者心電圖，則
下列哪幾組心電圖可以表示心跳速率加快？（水平線長度是 0.8
秒）

(A)

(B)

(C)

(D)

(E)

28. 上題運動者於運動後休息期間，其心跳速率下降的原因為何？
(A) 交感神經活性增強　　　　(B) 交感神經活性降低
(C) 副交感神經活性增強　　　(D) 副交感神經活性降低
(E) 交感神經與副交感神經活性同時降低

29. 依照現行高中生物的論述，有關二氧化碳在血液中的運輸，下列
哪些敘述正確？
(A) 有部分二氧化碳與血紅素結合來運送
(B) 二氧化碳與血紅素結合會使血液呈鮮紅色

(C) 血漿中碳酸酐酶催化二氧化碳與水結合並解離成碳酸氫根與氫離子

(D) 大多數二氧化碳以碳酸氫根形式於血漿中運輸

(E) 在肺泡表面微血管內，碳酸氫根與氫離子結合並釋出二氧化碳

30. 下列哪些激素與腎小管對 Na^+ 再吸收有密切關係？

(A) 血管加壓素（抗利尿激素）

(B) 醛固酮　　　　　(C) 血管收縮素

(D) 甲狀腺素　　　　(E) 心房排鈉素

31. 下列哪些作用與轉譯後蛋白質的修飾相關？

(A) 接上端帽　　　(B) 剪接內含子　　　(C) 切割肽鏈

(D) 接上醣鏈　　　(E) 接上脂肪

32. 下列有關細胞呼吸作用的敘述，哪些正確？

(A) 所有過程皆在粒線體中進行

(B) 有氧呼吸比發酵作用釋出更多能量

(C) 植物細胞在缺氧時可進行發酵作用

(D) 動物細胞在一般情況下都會產生二氧化碳

(E) 在缺氧情況下不進行糖解作用

33. 雙倍體的啤酒酵母菌含 32 條染色體，可進行有絲分裂或減數分裂。下列敘述哪些正確？

(A) 第二次的減數分裂與有絲分裂皆需要複製染色體

(B) 有絲分裂產生的子細胞各有 32 條染色體

(C) 減數分裂產生的 4 個孢子各有 16 條染色體

(D) 孟德爾分離定律可用來說明 32 條染色體在有絲分裂的分離現象

(E) 同源染色體的互換發生在第二次減數分裂，但不發生在有絲分裂

34. 繁殖人工螢光魚時，需要用到下列哪些材料來製備重組 DNA？

(A) 限制酶　　　　　　　(B) 載體　　　　　　(C) 螢光基因

(D) DNA 聚合酶　　　　(E) DNA 引子

35. 有位學生取 20 株基因重組的大豆苗，在相同條件下進行植物向光性實驗，結果發現其中有一株不朝光源生長。哪些是合乎邏輯的解釋？

(A) 這株大豆苗對光沒反應

(B) 這株大豆苗對生長素沒反應

(C) 這株大豆苗對吉貝素沒反應

(D) 這株大豆苗對細胞分裂素沒反應

(E) 這株大豆苗對離層酸沒反應

三、閱讀題（占 22 分）

說明：第 36 題至第 44 題，包含單選題與多選題，單選題有 4 個選項，多選題有 5 個選項，每題選出最適當的選項，標示在答案卡之「選擇題答案區」。單選題各題答對得 2 分，答錯、未作答或畫記多於 1 個選項者，該題以零分計算。多選題所有選項均答對者，得 3 分；答錯 1 個選項者，得 1.8 分；答錯 2 個選項者，得 0.6 分；答錯多於 2 個選項或所有選項均未作答者，該題以零分計算。

閱讀一

　　工業革命後，因人為因素引起大氣中二氧化碳濃度增加導致地球暖化，造成許多生物行為活動與生理反應提早發生，如生物遷徙、昆蟲的孵化和發育、以及植物萌芽和開花等。以往認為這些現象的發生，是生物個體為了適應環境變化，而做出在行為上、形態上或生理上的調整，稱為表型可塑性。然而最近學者研究歐洲地區的山雀，顯示可能有其它機制參與上述生物活動的改變。

荷蘭的山雀在春天繁殖，並捕捉毛蟲哺育其雛鳥。隨著春天的提早到來，該地區昆蟲的發育也隨之提早，很多毛蟲在山雀雛鳥還沒孵化前就已成熟，導致山雀族群的平均繁殖成功率下降。近來學者研究發現，荷蘭山雀能根據氣溫變化調整繁殖日期，該項特徵在個體間有變異，且該變異是可遺傳的。比較可塑性不同的個體，發現繁殖日期可塑性較高的個體，才能繁殖成功。這項研究結果顯示，氣候變遷所引起生物行為的改變，可能是演化的結果。依本文所述及相關知識，回答第 36-38 題：

36. 導致植物在春天時提早萌芽和開花的最可能原因為何？
    (A) 人為的空氣污染物增加，改變光週期
    (B) 大氣中二氧化碳濃度增加，加速植物生長
    (C) 大氣中二氧化碳濃度增加，加速昆蟲發育
    (D) 人為釋放溫室氣體，使得全球平均溫度上升

37. 下列有關荷蘭山雀表型可塑性的敘述，何者不正確？
    (A) 山雀能根據氣溫變化調整繁殖日期，是一種表型可塑性
    (B) 山雀繁殖日期可塑性的變異受基因調控
    (C) 山雀因為繁殖日期可塑性很高，因此族群增大
    (D) 表型可塑性可幫助山雀適應人為活動造成的氣候變遷

38. 下列哪些與氣候變遷相關的敘述或推論是正確的？
    (A) 改變生物的生殖活動
    (B) 導致荷蘭地區毛蟲族群數量減少
    (C) 改變山雀個體耐高溫的能力
    (D) 改變山雀族群的遺傳組成
    (E) 導致生物間的常態性交互作用產生變動

閱讀二

早期科學家發現植物開花是由某種植物激素控制，但卻一直不清楚該激素為何，而稱這種假想的激素為開花素（florigen）。20 世紀科學家對開花素的發現有了突破性的進展。1930 年代科學家對短日照植物的菸草分別進行長日照（短黑暗）與短日照（長黑暗）處理，再將長日照處理的菸草嫁接至短日照處理的菸草上，結果使長日照處理的菸草開花，暗示了開花素可藉由維管束運送至莖頂的分生組織，促使其分化為花芽。到了 20 世紀末，科學家又以長日照的阿拉伯芥為材料，進行分子生理實驗，發現當阿拉伯芥處於長日照條件下，轉錄因子 CO 蛋白會累積在葉脈並會活化葉肉細胞中的 FT 基因的啟動子（promoter），使其轉錄為 mRNA，並在葉脈的伴細胞進行轉譯。合成後的 FT 蛋白藉由內質網上的 FTIP1 蛋白協助運送到篩管細胞內，再藉由韌皮部運輸至莖頂，與莖頂的 FD 蛋白結合形成 FT-FD 複合體。FD 的基因表現在莖頂，但它的表現不會受到日照長短和 CO 蛋白的影響。FT-FD 複合體也是轉錄因子，會活化在頂芽細胞內的下游基因如 AP1 的表現，並協同 SOC1 及其他基因的表現，啟動開花的程序。長日照下，SOC1 的表現量會上升，並啟動頂芽分生組織的 LFY 基因，LFY 活化則啟動花芽的發育。若 SOC1 基因發生突變不表現，即使 FT 蛋白大量表現也不開花，證明 SOC1 也是植物開花的重要訊號之一。因 FT 在植物體內可以藉由韌皮部進行長距離移動並擔任開花的訊息因子，故科學家認為 FT 可能就是尋找已久的開花素。依本文所述及相關知識，回答第 39-41 題：

39. 下列哪一條件支持 FT 蛋白可能為開花素？
  (A) FT 基因的轉錄因子 CO 蛋白必須存在於大多數的開花植物中
  (B) 長日照植物中的 FT 可以誘導短日照植物的嫁接苗開花
  (C) 長日照植物中的 CO 蛋白可以誘導短日照植物嫁接苗的 FT 基因表現，使短日照植物開花

(D) 長日照植物中的 FD 可運送至短日照嫁接苗植物的莖頂，與 FT 蛋白結合

40. 將一長日照植物成功嫁接於作為砧木的菸草上，分別對嫁接苗與砧木的部分進行不同光照處理。若對嫁接苗進行短日照處理，則以下列哪些光照處理菸草時，嫁接苗會開花？

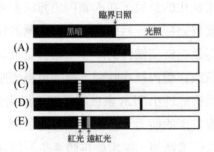

41. 下列哪些因子會誘導植物開花？
(A) 莖頂累積大量的 CO 蛋白
(B) 莖維管束內的韌皮部 FD 基因大量表現
(C) CO 蛋白誘導葉肉細胞裡的 FT 基因表現
(D) FT-FD 複合體運送至葉肉細胞以誘導下游基因表現
(E) SOC1 活化頂芽分生組織的分化

閱讀三

　　先天免疫是對抗病毒的最前線防護，反應的時間在幾分鐘到幾小時之內，其中最重要的是細胞性屏障，包括巨噬細胞和樹突細胞等免疫細胞，以及內皮細胞或上皮細胞等非免疫細胞。當病毒感染時，這些細胞可以利用胞內的模式辨認受體（PAMPs）偵測入侵的病毒，例如類鐸受體（TLRs）中的 TLR7 主要辨識病毒的單股 RNA，受體 RIG-1 則辨識病毒 5' 端帶有三個磷酸根的單股 RNA 或短片段的雙股 RNA。當 PAMPs 辨識病毒成分後，促進第一型干擾素和發炎相關細胞激素的

產生，引起發炎反應，以吸引更多的免疫細胞來清除病毒。此外，藉由偵測到病毒而活化的成熟樹突細胞，可把抗原呈獻給 T 淋巴細胞，以啓動專一性的後天性免疫反應，當未來再遇到相同病毒時，可以透過免疫細胞的記憶性，快速產生免疫反應。

　　研發抗病毒藥物或疫苗能抑制傳染病的擴散，讓人類免於病毒的威脅。儘管如此，有些疫苗使用純化的抗原，在人體內仍無法產生很好的免疫反應。因此，在疫苗發展過程中，科學家們發現佐劑的使用可以加強疫苗的免疫反應，並促進免疫記憶性的產生。鋁鹽是最早使用的疫苗佐劑，可以協助延長抗原在體內存在時間，增加免疫細胞偵測到抗原的機會；近來更發現鋁鹽能經由 TLR 家族等受體，活化先天免疫的反應，增強樹突細胞呈獻抗原的能力。目前已上市的佐劑 MPL，能促進 TLR4 下游的訊號傳導路徑，並增強抗體產生，已運用於對抗 B 型肝炎或人類乳頭狀瘤病毒的疫苗。因此，善加利用先天免疫的知識進行設計的疫苗，在未來一定可以增進人類福祉。依本文所述及相關知識，回答第 42-44 題：

42. RNA 的流感病毒感染呼吸道黏膜後，推測受感染的上皮細胞經由 RIG-1 引起的先天性免疫反應之敘述，下列何者<u>不正確</u>？
　　(A) 受體 RIG-1 位於細胞內
　　(B) RIG-1 可以辨識病毒的短片段單股 RNA
　　(C) 辨識病毒後會產生第一型干擾素
　　(D) 辨識病毒後會引起發炎反應

43. 先天免疫系統的何種細胞對啓動後天性免疫反應很重要？
　　(A) 上皮細胞產生發炎相關細胞激素
　　(B) 樹突細胞成熟並呈獻抗原
　　(C) T 細胞分泌細胞激素增強後天性免疫力
　　(D) B 細胞產生專一性抗體

44. 一個好的佐劑應該具有哪些功能才能協助疫苗以增強對抗病毒的免疫力？
(A) 能殺死病毒
(B) 延長抗原的存在時間
(C) 增強抗體的產生
(D) 促進免疫記憶性
(E) 誘發對佐劑具有專一性的免疫力

第貳部分：非選擇題（占 28 分）

說明：本部分共有四大題，答案必須寫在「答案卷」上，並於題號欄標明大題號（一、二、……）與子題號（1、2、……），作答時不必抄題。作答務必使用筆尖較粗之黑色墨水的筆書寫，且不得使用鉛筆。每一子題配分標於題末。

一、圖 3 為一人類遺傳性疾病的譜系圖，圖中正方形表男性、圓形表女性，黑色表疾病患者。根據圖 3 回答下列各小題。

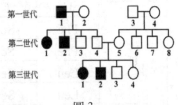

圖 3

1. 此疾病的遺傳模式為顯性遺傳或隱性遺傳？（2 分）
2. 此疾病基因位於體染色體或性染色體上？（2 分）
3. 第一世代中，哪一個體確定為突變基因攜帶者？（2 分）
4. 第三世代的個體 3 攜帶突變基因的機率為何？（2 分）

二、運動神經元的細胞本體位於脊髓前角，神經纖維從腹根出脊髓、支配骨骼肌。興奮時，其神經纖維末梢釋放神經傳遞物，作用於骨骼肌細胞的受體，管制骨骼肌運動。請依此概念回答下列各小題。

1. 運動神經末梢所釋放的神經傳遞物是甚麼？（2 分）
2. 神經傳遞物釋放過程需要何種離子參與？（2 分）

3. 運動神經末梢釋放的神經傳遞物會引起肌細胞發生何種電位變化？（2分）

4. 某同學因罹患了自體免疫問題，致肌細胞的受體遭到破壞、數目減少。試問這位同學骨骼肌收縮力量會發生何種問題？（2分）

三、 密碼子與胺基酸的對應關係如表 2，例如：從第一、第二及第三鹼基依序為 UUU 或 UUC 時，會對應到 Phe 這個胺基酸，又如：UUA 或 UUG 時，對應到的胺基酸是 Leu。根據表 2 的資料回答下列各小題。

表 2

第一鹼基	第二鹼基				第三鹼基
	U	C	A	G	
U	Phe	Ser	Tyr	Cys	U
	Phe	Ser	Tyr	Cys	C
	Leu	Ser	終止密碼子	終止密碼子	A
	Leu	Ser	終止密碼子	Trp	G
C	Leu	Pro	His	Arg	U
	Leu	Pro	His	Arg	C
	Leu	Pro	Gln	Arg	A
	Leu	Pro	Gln	Arg	G
A	Ile	Thr	Asn	Ser	U
	Ile	Thr	Asn	Ser	C
	Ile	Thr	Lys	Arg	A
	Met	Thr	Lys	Arg	G
G	Val	Ala	Asp	Gly	U
	Val	Ala	Asp	Gly	C
	Val	Ala	Glu	Gly	A
	Val	Ala	Glu	Gly	G

1. 請寫出 UAG 以外另兩種終止密碼子的核苷酸序列？（2分）

2. 假設有一條 mRNA 分子的編碼序列為5'- AUG CUC ACU UCG GUG AGA AGC UGA -3'，且 AUG 為第一個胺基酸的密碼子，試問這條 mRNA 可轉譯的胺基酸序列為何？（2分）

3. 若第四個密碼子的核苷酸 C 被刪除，則轉譯出的胺基酸序列為何？（2分）

四、 夏威夷群島的四個小島上有一物種，其某性狀由 A 和 a 等位基因控制。表3 為此物種在這四個小島上親代與子代的 A 等位基因頻率。試回答下列各小題。

表3

	夏威夷島	茂伊島	卡湖拉威島	摩洛凱島
親代	0.60	0.51	0.81	0.12
子代	0.60	0.97	0.74	0.11

1. 若夏威夷島的族群為一理想族群，其基因頻率的變化符合哈溫平衡，請問子代 a 等位基因頻率為何？（2分）

2. 夏威夷島族群的子代的 Aa 基因型頻率為何？（2分）

3. 假設卡湖拉威島與摩洛凱島的族群既未發生遷入或遷出，也不受天擇壓力的影響，這兩個族群的親代與子代等位基因頻率隨機發生變化的現象稱為甚麼？（2分）

103年度指定科目考試生物科試題詳解

第壹部分：選擇題

一、單選題

1. **C**

   【解析】 題目問到「受體位於標的細胞內部」，通常表示此激素必須能夠穿越細胞膜。而四個選項中只有 (C) 為固醇類，是脂溶性物質，可以直接穿過細胞膜到達細胞內部與受體結合。(A)(B)(D) 都是蛋白質激素，無法直接穿過細胞膜，所以受體必須要在細胞膜上，才有生理作用。

2. **A**

   【解析】 (A) 孢子體的定義是能夠進行減數分裂而產生孢子。

   (B) 由於孢子是經由減數分裂而來，所以孢子染色體是單套，而孢子體是雙套。

   (C) 配子才能進行受精作用。

   (D) 孢子體是由合子發育而來。詳細可以參考植物的世代交替順序：配子→（受精）→合子→孢子體→（減數分裂）→孢子→配子體→配子。

3. **B**

   【解析】 在聚合酶連鎖反應（PCR）中，由於雙股 DNA 各個鹼基之間的氫鍵作用力較大，所以必須要加熱到高溫，才能把雙股 DNA 分離成單股 DNA。常用的分離溫度為 90℃以上。

4. **A**

【解析】 由於胃蛋白酶的作用環境在人體的胃裡面，所以要在跟胃裡一樣的環境中反應才會有最大活性。胃中有胃酸，導至 pH 值大約為 2，而人體的正常體溫為 37℃。所以室溫 25℃，pH = 7 的離體環境之下，必須要再降低 pH 值及升高溫度才行。

5. **D**

【解析】 胺基酸有羧基端（–COOH）及胺基端（–NH$_2$），羧基端（–COOH）負責放出 H$^+$，胺基端（–NH$_2$）負責吸收 H$^+$。

6. **D**

【解析】 (A) 脂肪經消化分解成脂肪酸及甘油。

(B) 脂肪經膽鹽乳化後，還要經過脂肪酶分解成脂肪酸及甘油，才能進入小腸上皮細胞。

(C) 脂肪在胃裡不會進行消化，在十二指腸才會碰到胰脂肪酶等酵素開始消化脂肪。

(D) 因為脂肪是脂溶性，不易溶於血液中，所以需要蛋白質幫助在血液中的運送。

7. **A**

【解析】 (A)(B) 鉀離子流入保衛細胞中，會使保衛細胞膨壓變高，讓氣孔打開。

(C) 如果水經由滲透流失，保衛細胞中的水也會變少，使膨壓降低，氣孔就會關閉。

(D) CO$_2$ 的濃度升高，會使保衛細胞中的鉀離子流失，進而讓保衛細胞的水也跟著滲透出去，造成膨壓降低，氣孔關閉。

8. **C**

【解析】 試交的意思就是把原株（高莖紫花的豌豆）跟基因型全部爲隱性的矮莖白花的豌豆（ddww）交配。交配出來的結果爲全部都是紫花，就表示原株爲 WW，才會得到 W×w＝Ww（紫花）的結果。另外一個結果是高莖跟矮莖爲 1：1，表示原株爲 Dd，才會有一半是 D×d＝Dd（高莖），另一半是 d×d＝dd（矮莖）的結果。所以答案選 (C)。

9. **A**

【解析】 (A) 綠光不利於光合作用；藍光觸發許多光形態發生的反應；紅光可激發葉綠素光合作用的能力，所以植物對三者的利用效率不一樣。

(B) 只有葉綠素 a 才會吸收光子，並把電子激發進入電子傳遞鏈中，傳遞至初級電子接受者；葉綠素 b 則否。

(C) 葡萄糖是在基質中產生的。

(D) 水分子的裂解發生在光系統 II。

10. **C**

【解析】 (A) 呼吸頻率增加，會加速 CO_2 的排除，所以會升高氧氣的含量。

(B) 安靜呼氣的時候，不用用到腹部的肌肉，用力呼氣時才會。

(D) 吸氣的主要肌肉是橫膈膜的收縮。

11. **D**

【解析】 肝臟分泌膽汁，裡面有膽鹽可乳化脂肪，但並沒分解脂肪的效果。會製造出可分解脂肪的酵素的器官是胰臟。

12. **B**

【解析】 胰島素為降血糖，腎上腺素為昇血糖，效果互相拮抗。

13-14 題為題組

13. **B**

【解析】 排卵的時候，LH 會有大量增高的現象，所以甲是 LH。
而乙在排卵時增加，排卵之後的黃體期（C 時期）也升
高，表示是動情素。丙只有在排卵期增加，黃體期沒有
變化，表示是 FSH。丁只在黃體期增加，所以是黃體素。
而這四個激素中，會讓子宮內膜增厚的是由濾泡分泌的
動情素。故選 (B)。

14. **D**

【解析】 在 C 時期，血中濃度增加的是乙跟丁，表示乙跟丁對
於子宮內膜維持厚度是有幫助的。而以功能上來說，
黃體分泌的丁黃體素跟乙動情素都可以使子宮內膜維
持厚度，所以答案選 (D) 乙丁。

15. **C**

【解析】 台灣的中海拔山區，大約 1500～2500m 的高度，因為冷
空氣與熱空氣時常交會，形成雲霧繚繞的「霧林帶」。

16. **D**

【解析】 (A) 無性生殖的生物雖然不能依靠染色體交換產生遺傳
　　　　變異，但是可以藉由基因突變產生基因變異，進而
　　　　遺傳下去。

(B) 達爾文的天擇說與孟德爾的遺傳定律沒直接關係。

(C) 達爾文之前的拉馬克提出的「用進廢退說」，就已
　　　經有生物有變異才能造成演化的概念了。

17-18 題為題組

　　血清中含有的是抗體，血液中含有的是紅血球的抗原，會產生凝
即便代表血清中有對應到血液中紅血球抗原的抗體。

17. **B**

【解析】 (A) 若甲的血清含有 A 抗體及 B 抗體，則應該會跟三
種血液（A 型、B 型、AB 型）產生凝集，而不是
兩種。

(B) 乙的血液可以跟兩個不同的血清產生凝集，表示乙
血液中的紅血球同時具有 A 抗原及 B 抗原，此為
AB 型的血液。所以乙的血清便不會有 A 抗體跟 B
抗體。本選項正確。

(C) 丙的血液跟兩個不同的血清都不會產生凝集，表示
丙血液中的紅血球完全不具有抗原，此為 O 型的血
液。所以丙的血清便會同時有 A 抗體跟 B 抗體。

(D) 丁血液會跟甲血清產生凝集，表示丁的紅血球表面
至少有 A 或是 B 抗原，不可能沒有抗原。

18. **C**

【解析】 若是父母及兩個小孩分別為 A、B、AB、O 型的血型的
其中一個的話，則父及母必定分別為 AB 及 O 型，才有
可能生出一個 A 型及一個 B 型的小孩。所以選 (C)。

19. **B**

【解析】 男性的 X 染色體只有一條，女性有兩條。所以如果是
X 染色體隱性的疾病的話，女性要湊到兩條隱性基因
的 X 染色體才會得病，男性只要一條即會得病。所以
男性的得病率大於女性，選 (B)。

20. **A**

【解析】 (A) 種子是由胚珠發育而來。

(B) 子房則是發育成果實。

(C) 極核發育成胚乳。

(D) 卵細胞與精細胞受精，發育成胚胎。

故選 (A)。

二、多選題

21. **CD**

【解析】 痛覺跟溫度覺是直接由中樞神經的感覺神經元末梢直接傳入。視覺受器是視網膜，聽覺受器是耳膜，味覺受器是味蕾，都不是感覺神經元。

22. **ABE**

【解析】 (C) 不一定每一個植物激素都作用在產生的細胞，通常會再運送到目標細胞才會作用。

(D) 不同激素之間會有交互作用或是拮抗作用。

23. **ABD**

【解析】 (C) 蘭氏結是軸突才具有的構造，是許旺細胞構成髓鞘之間的間隙。

(E) 傳遞方向是由感覺神經傳到運動神經。

24. **AC**

【解析】 (B) T 細胞的成熟地點在胸腺，不在骨髓。

(D) 輔助性 T 細胞主要是啓動專一性免疫反應，沒有輔助性 T 細胞的存在，仍有其他非專一性的免疫反應，像是發炎等等。

(E) 過敏是肥大細胞表面的抗原接受器接受到過敏原後，釋放出大量組織胺所引起，與嗜中性球較無關係。

25. **D**

【解析】 (A) 四碳植物將二氧化碳固定在葉肉細胞，維管束鞘細胞是之後進行卡爾文循環的部位。

(B) 水稻爲 C3 植物、鳳梨爲 CAM 植物，兩者固碳方式不相同。

(C) 鳳梨爲 CAM 植物，在夜晚將二氧化碳固定於葉肉細胞。

(E) 水稻爲 C3 植物、玉米爲 C4 植物，兩者固碳方式不相同。

故選 (D)。

26. **ACD**

【解析】 礦物質運輸與木質部的導管有關，與韌皮部的篩管無關。

27-28 題爲題組

27. **BCE**

【解析】 (B)(C)(E) 都是在 0.8 秒內跑出大於一個波。

28. **BC**

【解析】 運動的時候，交感神經的作用增加，副交感的作用降低，所以心跳增加。休息的時候則相反。

29. **ADE**
　【解析】(B) 會使血液呈暗紅色。
　　　　(C) 血漿中碳酸酐酶催化二氧化碳與水結合形成碳酸才能運送。

30. **BCE**
　【解析】(A) 血管加壓素（抗利尿激素），英文為 ADH，會作用在遠曲小管和集尿管的受體上，打開水通道，直接增加水的再吸收，對 Na 的再吸收不會有影響。
　　　　(B) 醛固酮會增加遠曲小管和集尿管對 Na 及水的再吸收。
　　　　(C) 血管收縮素會促使腎上腺皮質分泌醛固酮，進而增加 Na 及水的再吸收。
　　　　(D) 甲狀腺素與 Na 的再吸收沒有關係。
　　　　(E) 當血液中的 Na 濃度過高的時候，會刺激右心房肌肉細胞分泌心房排鈉素，抑制腎素和醛固酮的產生，並加速腎小管排出鈉離子，Na 的再吸收便降低。
　　　　由於題幹描述的是與再吸收有密切關係，所以不管是增加再吸收或是減少再吸收，皆為正確答案，所以選 (B)(C)(E)。

31. **CDE**
　【解析】(A)(B) 皆為轉錄後對 RNA 的修飾。

32. **BCD**
　【解析】(A) 第一步驟的糖解作用在細胞質中進行。所有過程皆在粒線體中進行。
　　　　(E) 在缺氧的情況下「只」進行糖解作用。

33. **BC**

【解析】 (A) 第二次的減數分裂就只會分離姊妹染色體,並不複製。

(D) 孟德爾的分離律只適用於減數分裂時,同源染色體的分離。

(E) 同源染色體的互換發生在第一次減數分裂。

34. **ABC**

【解析】 製備重組 DNA 需要把目標基因,也就是螢光基因剪下來,所以需要限制酶,然後再用黏合酶黏合,變成一個新的重組 DNA 之後,再放進載體裡面。(D)(E) 的使用時機是在 PCR 的時候。

35. **AB**

【解析】 植物失去向光性只跟兩個因素有關:1. 照光 2. 生長激素。只要這兩項因素有其中一項失靈,就會失去向光性。所以選 (A)(B)。

三、閱讀題

36. **D**

【解析】 人為釋放溫室氣體,使得全球平均溫度上升,讓植物感受到冬天已經過去,而且文章也有提到春天提早來臨,這也是使植物提早感受到溫度適合萌芽及開花了,便會產生生長及開花激素,而提早萌芽及開花。其他三個選項的描述太過於武斷,而且文章中並沒有提到這麼明確的內容。

37. **C**

【解析】 文中並沒有提到山雀的族群增大，而只提到山雀的族群中，表型可塑性較大的山雀可以跟著提早回暖的氣候而調整繁殖週期，順利繁殖。

38. **ADE**

【解析】 (B) 因為氣候變暖，導致很多毛蟲在山雀雛鳥還沒孵化前就已成熟，可以避免毛蟲被吃掉，所以毛蟲的族群數量應該會增加。

(C) 文中並沒有提及任何有關山雀耐高溫的描述。合理的是利用巨噬細胞提供的物質進行生長、繁殖。

39. **B**

【解析】 正常來說，長日照的菸草並不會開花，但是嫁接在短日照的菸草上後，因為 FT 蛋白從短日照菸草移動到長日照的菸草上，而使得長日照菸草開花，就可以證明開花的條件必須要有 FT 蛋白不可。

40. **AE**

【解析】 砧木（菸草）為短日照植物，需要有連續的黑暗長於臨界黑暗的時間就可以開花，所以 (A) 正確。而 (E) 選項，雖然在黑暗的時間中有被紅光打斷，但是再補照遠紅光便可以把開花激素給補製造回來，所以還是會開花。

41. **CE**

【解析】 (A) 轉錄因子 CO 蛋白是累積在葉脈，不是莖頂。

(B) FD 的基因表現在莖頂，不是維管束內的韌皮部。

(D) FT-FD 複合體是運送至頂芽細胞以誘導下游基因表現。

42. B

【解析】 RIG-1 是辨識病毒的短片段雙股 RNA。

43. B

【解析】 後天性免疫是專一性免疫，而樹突細胞代表的是先天性免疫，可以藉由偵測到病毒並吞噬，再把抗原呈獻給 T 淋巴細胞，以活化特定的 T 細胞及 B 細胞，啓動專一性的後天性免疫反應。

44. BCD

【解析】 (A) 佐劑不需要會殺死病毒，能夠加強免疫反應即可。

(E) 對佐劑具有專一性的免疫力會使佐劑被我們的免疫系統給破壞而失去作用。

第貳部分：非選擇題

一、【解答】 1. 隱性遺傳

因爲如果是顯性遺傳的話，第一世代的 1 得病，生出來的第二世代的 1234 通通都會得病。

2. 體染色體

第二世代的 4 是健康女性，5 是健康男性。如果疾病基因位於性染色體上的話，則生出來第三世代就不會有女性得病，也就是第三世代的 1 就不會得病。

3. 個體 2

確定是突變基因是隱性體染色體遺傳之後，就可以

確定第一世代的個體 2 必須要有隱性的突變基因，
第二世代的 1 跟 2 才會得病。

4. 2/3

由於第一世代的 1 得病，所以第二世代的 4 必定攜帶
有隱性突變基因。而因為第三世代的 1 跟 2 得病，所
以第二世代的 5 一定也是攜帶者。已知第三世代的 3
沒有得病，則其基因型有兩種可能：Aa 及 AA，其中
Aa 佔 2/3，AA 佔 1/3。

二、【解答】 1. 乙醯膽鹼

運動神經元之軸突末梢要完成隨意動作，就必須分
泌乙醯膽鹼控制骨骼肌。

2. Ca^{2+}

電位傳到軸突末梢，會使細胞膜上的鈣離子通道打
開，大量鈣離子流入，促使囊泡釋放出神經傳導物
質，以刺激節後神經元或是肌細胞產生動作電位。

3. 動作電位、突觸後電位、去極化

如 2. 詳解所述。

4. 收縮力量降低

因為肌細胞接收不到神經傳導物質，所以無法產生
動作電位，進而肌細胞無法收縮，收縮力就會降低。

三、【解答】 1. UAA，UGA

看到圖表中有「終止密碼子」的那兩格，往左對應到
第一鹼基是 U，往上對到第二鹼基有一格是 A，另一
格的是 G，再往右對應到第三鹼基是 A。所以可以得
到 UAA 及 UGA。

2. Met-Leu-Thr-Ser-Val-Arg-Ser

AUG 對應到是 Met，CUC 對應到是 Leu，ACU 對應到是 Thr，UCG 對應到是 Ser，GUG 對應到是 Val，AGA 對應到是 Arg，AGC 對應到是 Ser，UGA 是終止密碼子，不會對應到氨基酸。所以按照順序排下來，便會得到 Met-Leu-Thr-Ser-Val-Arg-Ser 的胺基酸序列。

3. Met-Leu-Thr-Trp

第四個密碼子的 C 被刪除之後，整串 mRNA 會變成 AUG CUC ACU UCG GUG AGA AGC UGA，以三個三個配成一對排列，會得到 AUG CUC ACU UGG UGA GAA GCU GA，AUG 對應到是 Met，CUC 對應到是 Leu，ACU 對應到是 Thr，UGG 對應到是 Trp，接下來的 UGA 是終止密碼子，所以 mRNA 會停止轉譯，得到只有四個胺基酸的胺基酸序列：Met-Leu-Thr-Trp

四、【解答】 1. 0.40、$1 - 0.6 = 0.4$

因為 A 跟 a 的頻率加起來一定是 $100\% = 1$，所以已知 A 的頻率是 0.6，則 a 的頻率就可以得到 0.4。

2. 0.48、$0.6 \times 0.4 \times 2 = 0.48$

$(A + a) \times (A + a) = AA + 2Aa + aa$，Aa 得到的權重是 2，所以出現的頻率 $= 0.6 \times 0.4 \times 2 = 0.48$。

3. 遺傳漂變、基因漂變。

在一個穩定族群中，發生基因的偶發事故，產生基因頻率的隨機改變，就稱為遺傳漂變或是基因漂變。

103 年大學入學指定科目考試試題
國文考科

第壹部分：選擇題（占 55 分）

一、單選題（占 34 分）

說明：第 1 題至第 17 題，每題有 4 個選項，其中只有一個是正確或
最適當的選項，請畫記在答案卡之「選擇題答案區」。各題
答對者，得 2 分；答錯、未作答或畫記多於一個選項者，該
題以零分計算。

1. 同一詞語在古今不同的語境中，有時意義會改變。下列各組「」
內的詞語，意義**沒有**改變的選項是：
   (A) 君何淹留寄他方，賤妾「煢煢」守空房／他們母子二人，天
   天寡言少笑，相對「煢煢」
   (B) 先帝不以臣「卑鄙」，猥自枉屈，三顧臣於草廬之中／這群
   小人的「卑鄙」行徑，令人不齒
   (C) 古今「風流」，宋有子瞻，唐有太白，晉有東山，本無幾也／
   他只管「風流」快活，處處留情
   (D) （劉）松為人作碑銘，以示思道。思道讀之，多所不解，於
   是「感激」，閉戶讀書／慈善團體運送救援物資到災區，讓
   災民「感激」萬分

2. 下列「」中的字詞，符合前者作動詞用、後者作名詞用的選項是：
   (A) 民之所好好之，民之所「惡」「惡」之
   (B) 聖人不病，以其「病」「病」，是以不病
   (C) （九江王）布稱疾不往，使「將」「將」數千人行
   (D) 大學之道，在「明」「明」德，在親民，在止於至善

3. 閱讀下文，選出□內依序最適合填入的選項：
   　　小園草地裡的小蟲瑣瑣屑屑地在夜談。不知哪裡的蛙羣齊心

協力地□□，像聲浪給火煮得發沸。幾□螢火優游來去，不像飛行，像在厚密的空氣□□；月光不到的陰黑處，一點螢火忽明，像夏夜的一隻微綠的小眼睛。（錢鍾書《圍城》）

(A) 幽鳴／片／漂浮　　　　　(B) 幽鳴／星／逡巡

(C) 乾號／星／漂浮　　　　　(D) 乾號／片／逡巡

4. 陳育虹〈印象〉一詩，描繪臥病初癒的詩人周夢蝶：

他已經瘦成／線香／＿＿＿＿／＿＿＿＿／＿＿＿＿／＿＿＿＿／瘦成冬日／一隻甲蟲堅持的／＿＿＿＿

畫底線的詞語都是瘦的意象，由脆弱逐漸增強，刻畫詩人日漸康復的狀態。下列排序適當的選項是：

(A) 雨絲／煙／蘆葦稈／柳條／觸角

(B) 煙／雨絲／柳條／蘆葦稈／觸角

(C) 煙／觸角／蘆葦稈／雨絲／柳條

(D) 觸角／雨絲／柳條／煙／蘆葦稈

5. 下列文句，依文意選出排列順序最恰當的選項：

「原來一切都是借來的。

甲、手中的鏡、鏡裡的容顏

乙、歲月裡的歡樂哀愁也是借的

丙、然後總有一天，都要煙消雲散

丁、所有的，只是在這小小空間的短短相聚

戊、容顏上的金質耳環是借的，向前向後的歲月

各自消沉永無痕跡。」（趙曉君〈鏡〉）

(A) 甲戊乙丁丙　　　　　　　(B) 乙甲丙戊丁

(C) 丙丁甲戊乙　　　　　　　(D) 丁甲戊乙丙

6. 下列詩句，依春夏秋冬四季順序排列，正確的選項是：

甲、殘螢棲玉露，早雁拂金河

乙、燕草如碧絲，秦桑低綠枝

丙、木槿花開畏日長，時搖輕扇倚繩牀

丁、四野便應枯草綠，九重先覺凍雲開

(A) 乙甲丙丁　　　　　　　(B) 乙丙甲丁

(C) 丁乙甲丙　　　　　　　(D) 丁丙甲乙

7. 「月出於東山之上，徘徊於斗牛之間」，作者將月亮擬人化，以「徘徊」的動作描述，使得文句更為生動。下列**未曾**使用擬人化動詞寫作技巧的選項是：

(A) 脫下寂寞的高跟鞋，赤足踏上地球花園的小台階，我的夢想不在巴黎、東京或紐約

(B) 從開始哭著嫉妒變成了笑著羨慕，時間是怎麼樣爬過了我皮膚，只有我自己最清楚

(C) 盛開在荊棘裡的花，越是流淚越仰望，愛是一步一步堅強，奮不顧身的綻放，盛開的花，開在荊棘的花

(E) 有沒有那麼一種永遠，永遠不改變。擁抱過的美麗都再也不破碎，讓險峻歲月不能在臉上撒野，讓生離和死別都遙遠，有誰能聽見

8. 下列關於小說的敘述，正確的選項是：

(A) 傳奇小說中的「傳奇」是「傳述奇人異事」的意思，始見於明代

(B) 《紅樓夢》為章回體小說，又名《風月寶鑑》，作者曹雪芹描寫的對象，以男性為重心

(C) 《三國演義》中所描寫的人事物，大多有其根據，全書以魏為正統，與《三國志》相同

(D) 《聊齋誌異》中的〈勞山道士〉及《儒林外史》中的〈范進中舉〉，都含有諷刺世情的意味

9. 下列關於歷代文學發展的敘述，正確的選項是：

(A) 《詩經》六義中的賦、比、興，為先秦詩歌形式的區別標準

(B) 樂府詩盛行於漢代，南北朝時已不流行，至唐朝則無人創作

(C) 詞源於唐代近體詩，至宋代才出現成熟的作品，故稱為「詩餘」

(D) 元代雜劇結合唱詞、賓白、動作，彰顯人物性格，推進劇情發展

10. 下列關於柬帖用語的說明，正確的選項是：

(A) 于歸：出嫁女返家省親　　　(B) 桃觴：禮謝師長的酒席

(C) 洗塵：設宴為他人送行　　　(D) 福證：請人證婚的敬語

11. 閱讀下文，選出最符合文意的選項：

　　在新寫實主義的噪音裡，我們聽到一個寂寞的歌人，倚著綠色的藤樹放歌。每一個節響，每一個音符，都會使我們想起閃爍而又熄滅了的夢之火焰，她歌唱，她嘆息，只是為了能在幽暗中回應的人。（張秀亞〈琴韻心聲——我讀《琴心》〉）

(A) 此中有真意，欲辯已忘言

(B) 草木有本心，何求美人折

(C) 升降榮枯何足道，人間難覓是知音

(D) 此情可待成追憶，只是當時已惘然

12. 下列兩段文字皆蘊含人生感懷，選出「＿＿＿＿」內依序最適合填入的語句：

甲、姆媽也逝世十餘年，而今陽明山上墓木已拱！兄弟姊妹更是各自成家，四方星散，恐怕再也無法團聚一處吧？往日舊情，徒增欷歔，轉覺所謂「＿＿＿＿」行之之難。（林文月〈同在異鄉為異客〉）

乙、我開始在顏真卿的字中，看到戰亂中生命一絲不苟的端正，那種「＿＿＿＿」的歷史的莊嚴，其實遠不是「造型美術」四個字能夠解答，而更是一種生命的實踐罷。（蔣勳〈我與書畫的緣分〉）

(A) 剪不斷、理還亂／知其不可而為之

(B) 心為形役，惆悵獨悲／申申如也，夭夭如也

(C) 縱浪大化、無復多慮／造次必於是，顛沛必於是

(D) 古今多少事，盡付笑談中／人不知而不慍，不亦君子乎

13. 閱讀下文，選出敘述正確的選項：

　　（文若虛向張大表示想隨船）張大道：「好，好。我們在海船裡頭不耐煩寂寞，若得兄去，在船中說說笑笑，有甚難過的日

子？我們眾兄弟料想多是喜歡的。只是一件，我們都有貨物將去，兄並無所有，覺得空了一番往返，也可惜了。待我們大家計較，多少湊些出來助你，將就置些東西去也好。」（凌濛初《初刻拍案驚奇》）

(A) 張大怕文若虛喜歡說笑，在船上不耐寂寞

(B) 張大故意提出難題，好讓文若虛知難而退

(C) 張大不願文若虛冒險行商，免得血本無歸

(D) 張大想替文若虛籌錢，好買些貨做點生意

14. 閱讀下文，選出最符合文意的選項：

　　楊大年、歐陽永叔，皆不喜杜詩。二公豈為不知文者，而好惡如此！晏元獻公嘗喜誦梅聖俞「寒魚猶著底，白鷺已飛前」之句，聖俞以為此非我之極致者，豈公偶自得意於其間乎？歐公亦云：「吾平生作文，唯尹師魯一見，展卷疾讀，五行俱下，便曉人深意處。」然則於餘人當有所不曉者多矣。所謂文章如精金美玉，市有定價，不可以口舌增損者，殆虛語耶？（陳善《捫蝨新話》）

(A) 文人往往各以所長，相輕所短

(B) 文章優劣各隨愛憎，難有定評

(C) 讀詩必須含英咀華，澄懷味象

(D) 鑑賞尤應振葉尋根，觀瀾索源

15. 對下引二詩的解說，正確的選項是：

甲、莫恨雕籠翠羽殘，江南地暖隴西寒。勸君不用分明語，語得分明出轉難。（羅隱〈鸚鵡〉）

乙、百囀千聲隨意移，山花紅紫樹高低。始知鎖向金籠聽，不及林間自在啼。

（歐陽脩〈畫眉鳥〉）

> 隴西：唐人認為鸚鵡產自隴山以西

(A) 二詩均因鳥的叫聲，而興感抒懷

(B) 二詩均對鳥難以放聲高鳴表示惋惜

(C) 甲詩中「君」指鸚鵡，也暗指逢迎謟媚者

(D) 乙詩以「樹」與「林」比喻無常的仕宦際遇

16-17 為題組

閱讀下列二詞後，回答 16-17 題。

> 甲、菡萏香銷翠葉殘，西風愁起綠波間。還與韶光共憔悴，不堪看。　細雨夢回雞塞遠，小樓吹徹玉笙寒。簌簌淚珠多少恨，倚闌干。（李璟〈攤破浣溪沙〉）
>
> 乙、一曲新詞酒一杯，去年天氣舊亭臺，夕陽西下幾時回。　無可奈何花落去，似曾相識燕歸來，小園香徑獨徘徊。（晏殊〈浣溪沙〉）

菡萏：荷花

16. 下列「　」內文句意涵的敘述，正確的選項是：
    (A) 「西風愁起綠波間」意指秋天荷花凋殘，並寄寓愁緒
    (B) 「不堪看」意謂不勝看，指眼前所見，令人目不暇給
    (C) 「去年天氣舊亭臺」意謂受到去年天氣影響，亭臺老舊斑駁
    (D) 「小園香徑獨徘徊」描寫歸燕在庭園小路上，孤獨穿梭往來

17. 下列關於主題、題材的分析，正確的選項是：
    (A) 甲乙皆描寫迷離的夢中世界，以呈顯惆悵思緒
    (B) 甲乙皆以悲秋為主題，表現出強烈的哀傷情感
    (C) 甲藉荷花形味的消散，感歎眼前歡樂即將結束
    (D) 乙藉花落燕歸的景象，表達對時光流逝的感思

二、多選題（占 21 分）

說明：第 18 題至第 24 題，每題有 5 個選項，其中至少有一個是正確的選項，請將正確選項畫記在答案卡之「選擇題答案區」。各題之選項獨立判定，所有選項均答對者，得 3 分；答錯 1 個選項者，得 1.8 分；答錯 2 個選項者，得 0.6 分；答錯多於 2 個選項或所有選項均未作答者，該題以零分計算。

18. 下列各組文句「　」內的字，前後意義相同的選項是：
    (A) 春和「景」明，波瀾不驚／我先王先民之「景」命，實式憑之

(B) 「衣」取蔽寒，食取充腹／七十者「衣」帛食肉，黎民不飢
不寒

(C) 其「數」則始乎誦經，終乎讀禮／率罷散之卒，將「數」百
之衆

(D) 常人貴遠「賤」近，向聲背實／左右以君「賤」之也，食以
草具

(E) 公閱「畢」，即解貂覆生，爲掩戶／若入前爲壽，壽「畢」，
請以劍舞

19. 古人稱自己常用謙詞，稱對方則常用敬詞。下列文句中使用敬詞
的選項是：

(A) 爾愛其羊，我愛其禮

(B) 君自故鄉來，應知故鄉事

(C) 先生不羞，乃有意欲爲收責於薛乎

(D) 若由此業，自致卿相，亦不願汝曹爲之

(E) 吾不能早用子，今急而求子，是寡人之過也

20. 杜甫〈客至〉：「盤飧市遠無兼味，樽酒家貧只舊醅。」前後二
句都各自具有因果關係，下列文句也屬於這種句式的選項是：

(A) 謀閉而不興，盜竊亂賊而不作

(B) 讒邪進則眾賢退，群枉盛則正士消

(C) 君子易事而難說也，小人難事而易說也

(D) 質的張而弓矢至焉，林木茂而斧斤至焉

(E) 居廟堂之高則憂其民；處江湖之遠則憂其君

21. 寫作時提到某一事物，常運用與該事物密切相關的物件來代替，
以求行文的生動變化。如蘇軾〈前赤壁賦〉：「方其破荊州，下
江陵，順流而東也，舳艫千里，旌旗蔽空」，以船尾「舳」和船
首「艫」代替「船」。下列詩文也運用此種表現方式的選項是：

(A) 歲寒，然後知松柏之後凋也

(B) 明眸皓齒今何在？血污遊魂歸不得

(C) 沙鷗翔集，錦鱗游泳；岸芷汀蘭，郁郁青青

(D) 黃巾為害，萍浮南北，復歸邦鄉。入此歲來，已七十矣

(E) 遙想公瑾當年，小喬初嫁了，雄姿英發，羽扇綸巾，談笑間，強虜灰飛煙滅

22. 有些事情，只有親身經歷、體會，印象才會深刻，認知才會改變，這就是「經驗」的價值。下列詩句，表達上述意涵的選項是：

(A) 醉過才知酒濃／愛過才知情重

(B) 每一棵樹／都是一行會生長的絕句

(C) 陽光數著桌上的粉筆灰／時間在抽屜裡昏昏欲睡

(D) 騎單車的小孩／一點也未覺生的可喜／除非重重的／病後

(E) 小徑的青苔像銹／生在古老的劍鞘上／卻被我往復的足跡拂去

23. 閱讀下列詩歌，選出敘述正確的選項：

小時候／我不認識字／媽媽就是圖書館
我讀著媽媽——
有一天／這世界太平了／人會飛……／小麥從雪地裡出來……／
錢都沒有用……
金子用來做房屋底磚／鈔票用來糊紙鳶／銀幣用來飄水紋……
我要做一個流浪的少年／帶著一只鍍金的蘋果／一只銀髮的蠟燭／
和一隻從埃及國飛來的紅鶴／旅行童話／去向糖果城的公主求婚
……
但是／媽媽說／現在你必須工作（綠原〈小時候〉）

(A) 「媽媽就是圖書館。我讀著媽媽」指媽媽是我知識的來源

(B) 「鈔票用來糊紙鳶，銀幣用來飄水紋」顯示我的家庭很富有

(C) 小時候的我，想像自己應有美好未來、仙界般生活與神仙般愛情

(D) 現在的我，還留戀幻想童話世界，因此媽媽要我必須趕快去工作

(E) 我終於了解童話世界的虛幻，聽媽媽的話，開始認真學習、踏實工作

24. 閱讀下文，依文意選出敘述正確的選項：

朱、陸本不同，又況後學之嘵嘵乎？但門戶既分，則欲攻朱者，必竊陸、王之形似；欲攻陸、王，必竊朱子之形似。朱之形似必繁密，陸、王形似必空靈，一定之理也。而自來門戶之交攻，俱是專己守殘，束書不觀，而高談性天之流也。則自命陸、王以攻朱者，固偽陸、王；即自命朱氏以攻陸、王者，亦偽陸、王，不得號為偽朱也。同一門戶，而陸、王有偽，朱無偽者，空言易，而實學難也。（章學誠《文史通義・朱陸》）

(A) 陸、王學與朱學比較，前者遠勝後者

(B) 陸、王學者輕率，常攻擊朱子學說為空言

(C) 朱學之學者求真，批評陸、王學說為繁密

(D) 以朱學自命而攻陸、王者，未必真知朱學

(E) 作者崇尚實學，鄙視束書不觀，而高談性天者

第貳部分：非選擇題（共二大題，占 45 分）

說明：本部分共有二題，請依各題指示作答，答案必須寫在「答案卷」上，並標明題號一、二。作答務必使用筆尖較粗之黑色墨水的筆書寫，且不得使用鉛筆。

一、 文章解讀（占 18 分）

閱讀框線內文章，請依序闡釋：（一）作者認為世人對自然科學的見解，錯誤何在？（二）作者認為青年求學時，對科學精神應有何體認？

　　請將答案標明（一）（二）書寫，（一）（二）合計文長約
250 — 300字（約11 — 14行）。

> 　　科學有廣狹二義，狹義的科學係指自然科學，廣義的科
> 學則指一切有系統的學問，包括人文科學與社會科學。二次
> 世界大戰以後，自然科學極受世人重視，成為和平目標的唯
> 一寄託。其實，世人認為自然科學只能增進物質文明，是一
> 種謬見，自然科學對精神文明亦有密切關係；根據自然科學
> 制定的法律，更適合人群需要，仁義道德必須仰賴自然科學
> 才有較精確的標準。各種科學對國家社會都具有同等貢獻，
> 青年應選擇自己性情相近的學科從事研究。
>
> 　　世人還有另一種謬見，以為學人文、社會科學較易，學
> 自然科學較難。自然科學以實驗為基礎，條理容易把握；人
> 文、社會科學沒有固定研究途徑，易受「好惡」、「利害」
> 的主觀影響，故較難學習。因而，科學精神的衡度對研究學
> 問便十分重要。所謂「科學精神」即：泯除個人的主觀偏見，
> 一切以客觀事實為論斷根據。青年宜運用「毋意、毋必、毋
> 固、毋我」的科學精神做研究學問的「心習」，確實做到：
> 沒有主觀臆斷、沒有絕對化的堅持、沒有個人的私心雜念。
> 唯有如此，不管研究任何學科，才能有所成就，才能對國家
> 社會作出重大貢獻。（改寫自毛子水《毛子水文存·青年和
> 科學》）

二、作文（占27分）

　　夢，可以是憧憬、心願，也可以是抱負、理想，只要好好努
力，夢境往往也會成真。如能推己及人，甚至還可以進一步幫別
人圓夢。根據親身感受或所見所聞，以「**圓一個夢**」為題，寫一
篇文章，論說、記敘、抒情皆可，字數不限。

103年度指定科目考試國文科試題詳解

第壹部分：選擇題

一、單選題

1. **A**

   【解析】 (A) 孤獨無依的樣子。

   　　　　(B) 地位卑微低賤。／人格惡劣低下。

   　　　　(C) 指傑出不凡的人物。／形容男子處處留情，貪好
   　　　　　　女色。

   　　　　(D) 感動激奮。／真心感謝。

2. **B**

   【解析】 (A) 動詞（厭惡）／動詞（厭惡）。人民所厭惡的（為
   　　　　　　政者）也厭惡它。

   　　　　(B) 動詞（「以……為病」）／名詞（毛病）。聖人之所
   　　　　　　以沒有這個毛病，因為他把這個毛病當作毛病。

   　　　　(C) 名詞（(將領)）／動詞（率領）。

   　　　　(D) 動詞（使……彰明）／形容詞（崇高顯明的）。

3. **C**

   【解析】 (1) 由「蛙群齊心協力」、「聲浪給火煮得發沸」可知
   　　　　　　蛙鳴聲大。大哭為「號」，有聲無淚稱之「乾號」，
   　　　　　　這裡用來形容蛙鳴的聲音大。

   　　　　(2) 螢火點點，故宜用「星」。

   　　　　(3) 形容螢火蟲飛行，故宜用「漂浮」。「逡巡」為徘
   　　　　　　徊不前之意。

4. **B**

   【解析】 解題關鍵為「由脆弱逐漸增強，刻劃詩人日漸康復的
   　　　　　狀態」。最後一格由「一隻甲蟲」可知應選「觸角」；
   　　　　　「煙」無具體形象，故最脆弱。

5. **A**

【解析】　首句「原來一切都是借來的。」可知後接借來的各種
　　　　　事物。(甲) 與 (戊) 以頂真構成層遞，(乙)「也是借的」
　　　　　可知接在 (戊) 後。「然後」為連接詞，所以應置於
　　　　　(丁) 後，且「煙消雲散」與末句「各自消沉永無痕跡」
　　　　　語意相連。

6. **B**

【解析】　(甲) 由「殘螢」、「玉露」、「早雁」可知為秋初。出自
　　　　　　　　許渾〈早秋〉。語譯：殘落的螢火蟲棲息在凝結
　　　　　　　　露水的草上，早雁掠過天邊，飛向南方。

　　　　　(乙) 從「燕草如碧絲」可知為春天草木萌生之時。出
　　　　　　　　自李白〈春思〉。語譯：燕地的青草剛剛萌發，
　　　　　　　　就像是碧綠的細絲，而秦地的桑樹已經繁榮茂盛，
　　　　　　　　低垂著綠枝。

　　　　　(丙) 木槿夏日開花。由「日長」、「搖扇」等亦知為夏
　　　　　　　　日。出自錢起〈避暑納涼〉。語譯：夏日炎炎正
　　　　　　　　是木槿花開的時節，搖著扇子倚坐在繩床上乘涼。

　　　　　(丁) 由「枯草」、「凍雲」可知為冬天。出自韓偓〈冬
　　　　　　　　至夜作〉。語譯：四野的枯草從今天應要開始轉
　　　　　　　　綠了，天氣將逐漸回暖，凍雲也要散開。

7. **A**

【解析】　(A)「寂寞的」高跟鞋→擬人化形容詞。

　　　　　(B) 時間是怎麼樣爬過了我的皮膚。

　　　　　(C) 愛……，奮不顧身的綻放。

　　　　　(D) 讓險峻歲月不能在臉上撒野。

8. **D**

【解析】　(A)「傳奇」一詞始見於唐末裴鉶的故事集《傳奇》。

　　　　　(B) 以女性為中心。

　　　　　(C)《三國演義》以蜀漢為正統。

　　　　　(D)〈勞山道士〉諷刺好逸惡勞、心術不正的人終無

所成。〈范進中舉〉諷刺讀書人熱衷功名，周遭的人趨炎附勢的醜態。

9. **D**

【解析】(A)「賦、比、興」是寫作手法。

(B) 樂府詩盛行於漢魏六朝（南北朝），中唐有「新樂府」。

(C) 晚唐五代已成熟。

10. **D**

【解析】(A) 于歸：女子出嫁。

(B) 桃觴：壽宴。

(C) 洗塵：設宴歡迎遠來或歸來的人。

11. **C**

【解析】由「寂寞的歌人」、「她歌唱、她嘆息，只是為了能在幽暗中回應的人。」可知縱然「知音難尋」，這個「寂寞的歌人」仍為了尋覓知音放歌。

(A) 這裡頭蘊含人生的真諦，不是語言所能表達的。

(B)（蘭逢春而葳蕤，桂遇秋而皎潔）這是草木的本性，並非為了博得美人的折取欣賞。

(C) 人生際遇的幸或不幸有什麼值得說的，人間真正難得的是知音。

(D) 這份感情只能留待往後成為追憶，只是往事已漸漸模糊不清了。

12. **C**

【解析】（甲）是由母親過世、親人四散而生的感慨。「轉覺」是一轉折連接，故應與前文之「徒增欷歔」相反，淡然處之。（乙）缺空處與前文「生命一絲不苟的端正」語意相連。

(A) 形容離愁剪也剪不斷，理也理不清。／明知不可行，卻仍挺身去做。

(B) 心神被形體奴役（為生活所迫），悲愁失意。／輕鬆舒適，悠閒自在。

(C) 順應自然的變化，不要再多想什麼了。／急遽倉促的時候一定和仁同在，挫折困窮的時候也一定和仁同在。

(D) 歷史上的是非成敗，都成為眾人談笑的題材。／人家不瞭解我，我也不惱恨，不也是品德上有修養的人嗎？

13. **D**

【解析】(A) 張大歡迎文若虛隨船，可以多個人說說笑笑，減少寂寞。

(B) 張大並未為難文若虛。

(C) 由「我們都有貨物將去，兄並無所有，覺得空了一番往返，也可惜了。」可知張大鼓勵文若虛行商。

14. **B**

【解析】楊億，字大年。歐陽脩，字永叔。晏殊，諡號元獻。梅堯臣，字聖俞。尹洙，字師魯。皆為北宋重要文人。

【語譯】楊大年、歐陽永叔都不喜歡杜甫的詩。兩位先生難道是不懂文學的人嗎？但他們的喜好卻是這樣！晏元獻曾經喜歡誦讀梅聖俞的詩句「寒魚猶著底，白鷺已飛前」，但聖俞卻認為這不算他最好的詩句，還說難道是晏公偶然間從其中意會到什麼嗎？歐陽公也說：「我平生寫文章，只有尹師魯可以開卷快讀，一目數行，便能知曉我文章中的深意。」然而對於其他人的文章應該多有不能知曉其意的。人說文章像精美的黃金玉石，在市場上自有一定的價格，不能討價還價，大概也不盡實際吧？

15. **A**

【解析】(甲) 詩是作者詠鸚鵡，抒發自己輾轉異鄉，擔憂言語不慎招禍的心境。

（乙）詩則是表達作者嚮慕自由、不受拘束、投向自然的生活。二詩均藉由鳥的叫聲來興感抒懷。

【語譯】（甲）不要恨被關在籠子裡，剪去羽翅，江南地暖總比隴西寒冷來得好。我勸你不用把話講得太明白，明白的話反而難以出口啊！

（乙）畫眉鳥在開滿紅紅紫紫山花的枝頭上自由自在地飛翔，聽到牠們在高高低低的樹梢上盡情愉快地唱歌。這才知道與其把牠們關在漂亮的籠子裡，還不如讓牠們在山林間自由自在地啼叫。

16-17 為題組

【語譯】（甲）荷花凋謝，香氣不再，綠葉也枯萎，寒冷的秋風從枯荷綠波間吹起。青春就如同花的凋殘一般逝去，讓人不忍看。在細雨聲中從夢中醒來，思念的人遠在邊塞。孤寂清冷的小樓裡，回響着玉笙一曲終了的清越之聲。倚著欄杆，在無限的悵恨中，眼淚不斷的落下。

（乙）聽一支新曲喝一杯美酒，還是去年的天氣舊日的亭臺，西落的夕陽何時再回來？花兒落去我無可奈何，歸來的燕子似曾相識，在小園的花徑上獨自徘徊。

16. **A**

【解析】（B）「不堪看」意為「不忍看」。

（C）如同去年的天氣，也是去年時宴會的樓臺。

（D）詩人獨自在小園香徑上徘徊。

17. **D**

【解析】（A）（甲）寫自夢中醒來的惆悵；（乙）未寫到夢境。

（B）（乙）為傷春傷時。

（C）借荷花形味的消散，感嘆青春逝去。

二、多選題

18. **DE**

【解析】（A）日光／大。

    (B) 衣服／穿著。

    (C) 爲學的方法／幾，爲約舉之詞。

    (D) 輕視。

    (E) 結束、完畢。

19. **BCE**

  【解析】(A) 「爾」、「我」爲一般人稱代名詞。此句出自《論語八佾》：「子貢欲去告朔之餼羊。子曰：『賜也！爾愛其羊，我愛其禮。』」語譯：子貢要把每月初一行告朔禮時供奉的餼(ㄒㄧˋ，殺而未烹)羊免掉。孔子說：「賜啊！你愛惜那隻羊，我卻愛惜那種禮制。」)

    (B) 「君」，尊稱對方。

    (C) 「先生」，尊稱對方。出自《戰國策‧馮諼客孟嘗君》。語譯：先生不因我怠慢您而感到羞辱，竟然願意幫我到薛地收債嗎？

    (D) 「汝曹」，你們。出自顧炎武〈廉恥〉引用《顏氏家訓》顏之推告誡子孫語。語譯：如果藉由這些技藝，能獲得公卿宰相的高位，我也不願你們去做。

    (E) 「子」，您。本爲爵位，後爲尊稱對方的敬語。

  【語譯】我不能及早重用您，現在國家危急了才來求您，這是我的過錯。

20. **BD**

  【解析】(A) 出自《禮記‧大同與小康》。語譯：奸謀止息而不再興起，強盜、偷竊、作亂、害人等不法之事不會發生。(並列)

    (B) 出自《漢書‧楚元王傳》。語譯：進讒言的邪佞之徒獲得進用（因），就會讓眾賢士罷退（果），邪佞之徒勢力盛大（因），就會讓正直之士勢力消退（果）。

    (C) 出自《論語‧子路》。語譯：君子容易侍奉卻難以取悅，小人難以侍奉卻容易取悅。(映襯)。

(D) 出自《荀子‧勸學》。語譯：豎起箭靶（因），弓箭就會射來（果），林木長得茂密（因），斧頭就來砍伐（果）。

(E) 出自范仲淹＜岳陽樓記＞。語譯：居於朝廷高位，就會擔憂民生疾苦，退處在野，就會擔憂君王是否受蒙蔽。（寫古仁人在朝在野時抱持的心態。）

21. **BCD**

【解析】　此即借代修辭。

(A) 出自顧炎武＜廉恥＞。語譯：歲末寒冷，松柏仍蒼勁不凋。此爲譬喻。比喻君子堅守節操，禁得起考驗。

(B) 出自杜甫＜哀江頭＞。語譯：美人（楊貴妃）如今在哪裡呢？已經變成沾著污血的遊魂，回不了長安了吧！「明眸皓齒」借代爲「美人」。

(C) 出自范仲淹＜岳陽樓記＞。語譯：沙鷗時而飛翔，時而棲止，美麗的魚兒，時而浮游水面，時而潛行水中；岸邊、沙洲上的白芷、蘭草，香氣濃烈，花葉茂盛。「鱗」借代爲「魚」。

(D) 出自《後漢書‧鄭玄傳》。語譯：黃巾賊作亂爲害，讓我像浮萍般到處漂泊，又回到了家鄉。到今年，已經七十歲了。「黃巾」以黃巾賊頭戴的黃巾借代「黃巾賊」。

(E) 出自蘇軾＜念奴嬌‧赤壁懷古＞。語譯：遠想周瑜當年，小喬剛嫁給他，他身姿雄偉，英氣勃發，手拿羽扇，頭戴綸巾，談笑之間，強大的敵人就在他指揮下化爲灰燼，如煙消散。

22. **AD**

【解析】　(A) 「醉過才知」、「愛過才知」，可見經驗改變認知。

(B) 把樹比喻成詩。

(C) 把陽光和時間擬人化，以呈現時間緩慢之感。

(D) 「重重的／病後」才能覺「生的可喜」，可見經驗改變認知。

(E) 把小徑比喻成劍鞘，青苔比喻成劍鞘上的銹，而詩人在小徑上來回走動，將青苔踩踏消失。

23. **ACD**

【解析】　(B) 表示脫離現實的情況。即前文「錢都沒有用……」的進一步鋪敘。

(E) 媽媽的話突兀地打斷作者的幻想，想像戛然而止，作者未表示被打斷後的感受或省悟。

24. **DE**

【語譯】　朱熹和陸九淵的學術本來就不同，更何況加上後世學者的爭辯？只要門戶一分，那麼要攻擊朱學的，必會竊取類似陸、王（陽明）的論點；想攻擊陸學的，必會竊取類似朱熹的論點。論點要像朱熹，必論述繁密，像陸、王，則必空靈飄忽，這是一定的道理。從來門戶彼此攻擊，都是堅持己見，死守片面之論，放著書不好好研究，而高談「性理」、「天命」之類的議題。那麼，那些自命爲陸王學派而攻擊朱熹的，本來就是假陸王；即使是自命爲朱學而攻擊陸、王的，也是假陸王，不能稱爲假朱學。都是門戶之見，而陸、王有假的，朱學沒有假的，是因爲講空話容易，而踏實作學問很難。

【解析】　宋明理學主要可分爲「程朱理學」與「陸王心學」。朱熹主張道德的提高必須靠「格物致知」，讀書研究外在各種理，才能通達天理付諸人之理；而陸、王則主張「心即理」，「理」是人心中內在固有，不必向外尋求，不必多讀書，朱熹「格物致知」只是分散精神的「支離」做法。陸王心學因此被批評爲「束書不觀，游談無根。」

(A) 「同一門戶，而陸、王有僞，朱無僞者，空言易，
　　而實學難也。」由此可知作者較推崇重實學的「朱
　　學」。

(B) (C) 「朱之形似必繁密，陸、王形似必空靈」，可見
　　應是批評朱學繁密，批評陸王空言。

(D) 由「即自命朱氏以攻陸、王者，亦僞陸、王」可知。

(E) 由「而自來門戶之交攻，俱是專己守殘，束書不
　　觀，而高談性天之流也。」與「同一門戶，而陸、
　　王有僞，朱無僞者，空言易，而實學難也。」可知。

第貳部分：非選擇題

一、文章解讀

【參考答案】

（一）作者認爲世人對自然科學見解有兩個錯誤：

1. 世人認爲自然科學只能增進物質文明，其實自然科學與精
　神文明亦有密切關係。根據自然科學制定的法律，更適合
　人群需要，仁義道德必須仰賴自然科學才有較精確的標準。

2. 世人以爲學習自然科學較人文、社會科學難。然而自然科
　學以實驗爲基礎，條理較易把握；人文、社會科學沒有固
　定研究途徑，易受「好惡」、「利害」等主觀影響，反而較
　難學習。

（二）科學精神的衡度對研究學問十分重要。青年求學要秉持著
　　「毋意、毋必、毋固、毋我」的態度，排除主觀臆斷、絕對
　　化的堅持、個人的私心與雜念。如此才能在研究上有所成就。

二、作文

【範文】

圓一個夢

　　升上高中後，我迷上電視裡各種旅遊節目。無論是本土行腳，尋
訪鄉土民情，享受在地美食；或是浪跡天涯，探索異國風情，體驗文
化差異—我沉迷於每段「在路上」的風景，渴望成爲漫步異鄉的遊子。

看著外景主持人在一座又一座城市間流連，自由地享受各種新奇的、令人驚嘆的事物。螢幕上多采多姿的片段，讓在日常框架中的我躁動起來。於是我鼓起勇氣向爸媽提出：我想一個人出國旅行。

爸媽對我沉迷於此早已司空見慣，因此渾不在意地回答：「好啊！等你長大愛去哪就去哪！」然而等到確定我是認真且急切地想在當下實現這個夢想時，他們澆了我一大盆冷水──「你別做夢了，不可能！」。

那時，我滿腦子都是自己一個人帥氣地背個大背包，站在晴空塔前往上仰望，從雪梨大橋上俯瞰港灣，腳踏華山之巔輕撫論劍刻石，在小吳哥城前等待太陽從須彌山升起……。我的夢想是一個越灌越大的氣球，但它沒能帶我往上飛，卻被爸媽的「針言」給戳破了！

一開始我很失望，甚至憤怒，我覺得他們不支持我、否定我，因此在週記上抱怨連連，但我沒有等到預期中導師的撫慰，反而收到這樣一段話：「有一種夢想沒有阻礙──只在『夢』裡『想』。」──真是一語驚醒夢中人！除了嘴上說說，我為了「夢想」做過什麼？

於是，我再度嘗試說服父母，不再一被拒絕就惱羞成怒。他們擔心我的人身安全，擔心我面對大考「不務正業」，擔心我養成予取予求的毛病。於是我做了一份計畫書，選了一個治安良好、航程不遠的亞洲城市，把時間訂在指考後，列出預算表。在一次又一次的否定中不斷修正計畫，並力求表現，累計信用資產；省吃儉用，累積圓夢基金。四個月後，父母終於鬆口答應了！

「行百里，半九十」，我曾被拒絕到「算了」二字幾乎脫口而出；也曾在喜歡的 3C 產品前軟弱。但一想到我的第 N 版計畫書，一想到已熟悉於腦海中的異國城市，一想到我在父母面前的承諾──牙一咬，我撐下來了。從「只在夢裡想」到「連作夢都在想」，我學會了用具體的行動與充足的準備來說服別人、證明自己，想要圓夢，必須把它從虛渺的意識化為真實的存在。這段時間，因為有個明確的目標，我的生活，如同散落在紙片上的鐵砂，因為磁鐵的出現，指向規律一致。這段時間，是我覺得最充實、最有意義的日子，因為我為圓一個夢而努力，並且看到成果。

就在不久後，我將飛向那座城市，圓一個旅人的夢！

103年指考國文科非選擇題閱卷評分原則說明

閱卷召集人：李隆獻（臺灣大學中文系教授）

　　本次參與指考國文科閱卷的委員，大部分為國內各大學中文系、國文系、語文教育系或共同科之教師，亦有若干科技大學共同科教師，共 174 人，分為 16 組。除由正、副召集人統籌所有閱卷事宜外，每組均置一位協同主持人，負責該組閱卷工作，協同主持人皆為各大學之專任教授。

　　大學入學考試國文科自 99 年首次採用電腦螢幕閱卷，經過多次的程式測試、修訂，以及電腦操作的演練，今年的閱卷工作更為流暢純熟。7 月 7 日，由正、副召集人與五位協同主持人，抽取 3000 份來自全省各考區的答案卷，詳加評閱、分析、討論，草擬評分原則。每題選出「A」、「B」、「C」等第之標準卷各 1 份，及試閱卷各 18 份。7 月 8 日，再由正、副召集人與 16 位協同主持人深入討論、評比所選出的標準卷及試閱卷，並審視、修訂所擬之評分原則，確定之後，製作閱卷手冊，供 7 月 9 日正式閱卷前各組協同主持人說明及全體閱卷委員參考之用，並作為評分時之參考。

　　本次國文科考試，非選擇題共二大題，占 45 分。第一大題為「文章解讀」，占 18 分；第二大題為「作文」，占 27 分。

　　第一大題為文章解讀，評量重點分為兩部分：（一）闡釋作者認為世人對自然科學見解的兩個錯誤：1. 認為自然科學只能增進物質文明；2. 學人文、社會科學較易，自然科學較難。（二）闡釋作者認為青年求學時，對科學精神應有的體認：泯除主觀偏見，以客觀事實為論斷依據，運用「毋意、毋必、毋固、毋我」（沒有主觀臆斷、沒有

絕對化的堅持、沒有個人的私心雜念）的科學精神作研究。凡兩小題皆闡釋深入，內容完整，條理清楚，文筆流暢者，給 A 等分數（18 分～13 分）；兩小題闡釋未臻完善，內容平實，脈絡大致清楚，文筆尚稱通順者，給 B 等（12 分～7 分）；兩小題闡釋不全，內容貧乏，脈絡不清，文筆蕪亂者，則降入 C 等（6 分～1 分）。其次，再視標點符號使用恰當與否與錯別字之多寡，斟酌扣分；至於字數，則少於 9 行或多於 16 行者，酌扣 1 分。

第二大題爲作文，要求考生以「圓一個夢」爲題寫一篇文章，論說、記敘、抒情皆可。考生應就文題要求，由四個層次書寫：1. 爲什麼要圓夢；2. 究竟要圓一個什麼夢；3. 如何圓夢（圓夢的過程）；4. 圓夢後的感受或影響、價值。能書寫到前三項，始具 A 等程度。評閱重點，從「題旨發揮」、「資料掌握」、「結構安排」、「字句運用」四項指標，加以評分。凡能掌握題幹要求，緊扣題旨發揮；內容充實，思路清晰；表達適當，體悟深刻；舉證詳實貼切，材料運用恰當；結構嚴謹，前後通貫，脈絡清楚；字句妥切，邏輯清晰；文筆流暢，修辭優美，得 A 等（27 分～19 分）。尚能掌握題幹要求，依照題旨發揮；內容平實，思路尚稱清晰；表達尚稱適當，體悟稍欠深刻；舉證平淡疏略，材料運用尚稱恰當；結構大致完整，前後尚能通貫，脈絡大致清楚；字句尚稱適當，邏輯尚稱清晰；文筆平順，修辭尚可，得 B 等（18 分～10 分）。未能掌握題幹要求，題旨不明或偏離題旨；內容浮泛，思路不清；表達不當，體悟膚淺或全無體悟；舉證鬆散模糊，材料運用不當；結構鬆散，前後矛盾，脈絡不清；字句欠當，邏輯不通；文筆蕪蔓，修辭疏略，得 C 等（9 分～1 分）。

另外，文未終篇，或一段成文者，至多 18 分。並視標點符號之使用與錯別字之多寡，斟酌扣分。完全文不對題或作答內容完全照抄試題者，評給零分。

大考中心公佈 103 學年度指定科目考試
國文、英文及數學甲、乙選擇（填）題答案

國文		英文				數學甲			數學乙		
題號	答案	題號	答案	題號	答案		題號	答案		題號	答案
1	A	1	D	27	L		1	4		1	2
2	B	2	A	28	H		2	5		2	3
3	C	3	C	29	A		3	3		3	2,3,5
4	B	4	D	30	D		4	3		4	3,4
5	A	5	A	31	B		5	1,4,5		5	1,3,4
6	B	6	D	32	E		6	3,4		6	1,3,4,5
7	A	7	B	33	A		7	1,3,4		7	1,4
8	D	8	C	34	F		8	1,2	A	8	4
9	D	9	B	35	C		9	4,5		9	9
10	D	10	A	36	D	A	10	9	B	10	4
11	C	11	A	37	A		11	1		11	0
12	C	12	C	38	D	B	12	1		12	0
13	D	13	B	39	D		13	4	C	13	1
14	B	14	D	40	B					14	4
15	A	15	A	41	D					15	4
16	A	16	D	42	A						
17	D	17	A	43	A						
18	DE	18	A	44	A						
19	BCE	19	B	45	C						
20	BD	20	C	46	D						
21	BCD	21	C	47	B						
22	AD	22	I	48	D						
23	ACD	23	G	49	B						
24	DE	24	F	50	C						
		25	J	51	B						
		26	K								

大考中心公佈 103 學年度指定科目考試
歷史、地理、公民與社會選擇（填）題答案

歷 史				地 理				公 民 與 社 會			
題號	答案	題號	答案	題號	答案	題號	答案	題號	答案	題號	答案
1	B	27	D	1	A	27	B	1	A	27	D
2	B	28	B	2	D	28	C	2	C	28	A
3	D	29	A	3	D	29	B	3	C	29	A
4	C	30	C	4	B	30	C	4	A	30	D
5	B	31	B	5	B	31	A	5	D	31	B
6	C	32	B	6	D	32	C	6	D	32	C
7	D	33	D	7	D	33	A	7	B	33	D 或 B
8	A	34	D	8	D	34	C	8	D	34	B
9	A	35	C	9	B	35	B	9	A	35	B
10	B	36	A	10	A	36	A	10	C	36	B
11	C	37	ACD	11	C	37	D	11	C	37	D
12	A	38	BD	12	C	38	D	12	C	38	D
13	D	39	BDE	13	C			13	D	39	C
14	C	40	ABD	14	D			14	A	40	BE
15	A			15	C			15	A	41	AB
16	C			16	D			16	B	42	BCE
17	B			17	A			17	C	43	BCE
18	C			18	D			18	C	44	AC
19	B			19	B			19	B	45	CD
20	C			20	A			20	D	46	BCD
21	B			21	B			21	B	47	AE
22	D			22	B			22	D	48	AB
23	D			23	B			23	A	49	CD
24	A			24	C			24	B	50	AE
25	B			25	D			25	C		
26	A			26	A			26	D		

大考中心公佈 103 學年度指定科目考試
物理、化學、生物選擇題答案

物　理		化　學		生　　　　物			
題號	答案	題號	答案	題號	答案	題號	答案
1	E	1	B	1	C	27	BCE
2	C	2	A	2	A	28	BC
3	C	3	D	3	B	29	ADE
4	A	4	B	4	A	30	BCE
5	D	5	D	5	D	31	CDE
6	D	6	D	6	D	32	BCD
7	A	7	E	7	A	33	BC
8	E	8	B	8	C	34	ABC
9	E	9	B	9	A	35	AB
10	B	10	D	10	C	36	D
11	B	11	D	11	D	37	C
12	B	12	D	12	B	38	ADE
13	C	13	B	13	B	39	B
14	E	14	C	14	D	40	AE
15	C	15	D	15	C	41	CE
16	D	16	D	16	D	42	B
17	C	17	B	17	B	43	B
18	A	18	C	18	C	44	BCD
19	D	19	C	19	B		
20	A	20	E	20	A		
21	AB	21	AB	21	CD		
22	BC	22	ABE	22	ABE		
23	AD	23	BCD	23	ABD		
24	BE	24	BCD	24	AC		
		25	ABE	25	D		
		26	BE	26	ACD		

103學年度指定科目考試
各科成績標準一覽表

科　目	頂　標	前　標	均　標	後　標	底　標
國　文	69	64	57	49	42
英　文	84	76	58	36	24
數學甲	68	59	45	30	19
數學乙	89	79	58	33	20
化　學	83	73	56	39	29
物　理	78	67	50	34	26
生　物	85	78	63	45	35
歷　史	82	76	66	55	47
地　理	76	70	60	50	42
公民與社會	85	80	72	62	55

※ 以上五項標準均取為整數（小數只捨不入），且其計算均不含缺考生之成績，
　　計算方式如下：

　頂標：成績位於第88百分位數之考生成績。
　前標：成績位於第75百分位數之考生成績。
　均標：成績位於第50百分位數之考生成績。
　後標：成績位於第25百分位數之考生成績。
　底標：成績位於第12百分位數之考生成績。

例：　某科之到考考生為99982人，則該科五項標準為

　頂標：成績由低至高排序，取第87985名（99982×88%=87984.16，取整數，
　　　　小數無條件進位）考生的成績，再取整數(小數只捨不入)。

　前標：成績由低至高排序，取第74987名（99982×75%=74986.5，取整數，
　　　　小數無條件進位）考生的成績，再取整數(小數只捨不入)。

　均標：成績由低至高排序，取第49991名（99982×50%=49991）考生的成績，
　　　　再取整數(小數只捨不入)。

　後標：成績由低至高排序，取第24996名（99982×25%=24995.5，取整數，
　　　　小數無條件進位）考生的成績，再取整數(小數只捨不入)。

　底標：成績由低至高排序，取第11998名（99982×12%=11997.84，取整數，
　　　　小數無條件進位）考生的成績，再取整數(小數只捨不入)。

103 年指定科目考試英文科成績人數累計表

分　　數	人　　數	百 分 比	自高分往低分累計		自低分往高分累計	
			累計人數	累計百分比	累計人數	累計百分比
100.00	0	0.00%	0	0.00%	58986	100.00%
99.00 - 99.99	1	0.00%	1	0.00%	58986	100.00%
98.00 - 98.99	6	0.01%	7	0.01%	58985	100.00%
97.00 - 97.99	28	0.05%	35	0.06%	58979	99.99%
96.00 - 96.99	69	0.12%	104	0.18%	58951	99.94%
95.00 - 95.99	118	0.20%	222	0.38%	58882	99.82%
94.00 - 94.99	184	0.31%	406	0.69%	58764	99.62%
93.00 - 93.99	320	0.54%	726	1.23%	58580	99.31%
92.00 - 92.99	398	0.67%	1124	1.91%	58260	98.77%
91.00 - 91.99	545	0.92%	1669	2.83%	57862	98.09%
90.00 - 90.99	647	1.10%	2316	3.93%	57317	97.17%
89.00 - 89.99	682	1.16%	2998	5.08%	56670	96.07%
88.00 - 88.99	821	1.39%	3819	6.47%	55988	94.92%
87.00 - 87.99	890	1.51%	4709	7.98%	55167	93.53%
86.00 - 86.99	860	1.46%	5569	9.44%	54277	92.02%
85.00 - 85.99	973	1.65%	6542	11.09%	53417	90.56%
84.00 - 84.99	971	1.65%	7513	12.74%	52444	88.91%
83.00 - 83.99	979	1.66%	8492	14.40%	51473	87.26%
82.00 - 82.99	1017	1.72%	9509	16.12%	50494	85.60%
81.00 - 81.99	986	1.67%	10495	17.79%	49477	83.88%
80.00 - 80.99	990	1.68%	11485	19.47%	48491	82.21%
79.00 - 79.99	1009	1.71%	12494	21.18%	47501	80.53%
78.00 - 78.99	1031	1.75%	13525	22.93%	46492	78.82%
77.00 - 77.99	928	1.57%	14453	24.50%	45461	77.07%
76.00 - 76.99	979	1.66%	15432	26.16%	44533	75.50%
75.00 - 75.99	931	1.58%	16363	27.74%	43554	73.84%
74.00 - 74.99	913	1.55%	17276	29.29%	42623	72.26%
73.00 - 73.99	833	1.41%	18109	30.70%	41710	70.71%
72.00 - 72.99	920	1.56%	19029	32.26%	40877	69.30%
71.00 - 71.99	826	1.40%	19855	33.66%	39957	67.74%
70.00 - 70.99	795	1.35%	20650	35.01%	39131	66.34%
69.00 - 69.99	836	1.42%	21486	36.43%	38336	64.99%
68.00 - 68.99	827	1.40%	22313	37.83%	37500	63.57%
67.00 - 67.99	788	1.34%	23101	39.16%	36673	62.17%
66.00 - 66.99	756	1.28%	23857	40.45%	35885	60.84%
65.00 - 65.99	743	1.26%	24600	41.70%	35129	59.55%
64.00 - 64.99	714	1.21%	25314	42.92%	34386	58.30%
63.00 - 63.99	732	1.24%	26046	44.16%	33672	57.08%
62.00 - 62.99	729	1.24%	26775	45.39%	32940	55.84%
61.00 - 61.99	682	1.16%	27457	46.55%	32211	54.61%
60.00 - 60.99	732	1.24%	28189	47.79%	31529	53.45%
59.00 - 59.99	687	1.16%	28876	48.95%	30797	52.21%
58.00 - 58.99	694	1.18%	29570	50.13%	30110	51.05%
57.00 - 57.99	660	1.12%	30230	51.25%	29416	49.87%
56.00 - 56.99	663	1.12%	30893	52.37%	28756	48.75%
55.00 - 55.99	712	1.21%	31605	53.58%	28093	47.63%
54.00 - 54.99	682	1.16%	32287	54.74%	27381	46.42%
53.00 - 53.99	707	1.20%	32994	55.94%	26699	45.26%
52.00 - 52.99	684	1.16%	33678	57.09%	25992	44.06%

51.00 - 51.99	671	1.14%	34349	58.23%	25308	42.91%
50.00 - 50.99	724	1.23%	35073	59.46%	24637	41.77%
49.00 - 49.99	675	1.14%	35748	60.60%	23913	40.54%
48.00 - 48.99	654	1.11%	36402	61.71%	23238	39.40%
47.00 - 47.99	684	1.16%	37086	62.87%	22584	38.29%
46.00 - 46.99	664	1.13%	37750	64.00%	21900	37.13%
45.00 - 45.99	703	1.19%	38453	65.19%	21236	36.00%
44.00 - 44.99	644	1.09%	39097	66.28%	20533	34.81%
43.00 - 43.99	660	1.12%	39757	67.40%	19889	33.72%
42.00 - 42.99	626	1.06%	40383	68.46%	19229	32.60%
41.00 - 41.99	677	1.15%	41060	69.61%	18603	31.54%
40.00 - 40.99	665	1.13%	41725	70.74%	17926	30.39%
39.00 - 39.99	619	1.05%	42344	71.79%	17261	29.26%
38.00 - 38.99	694	1.18%	43038	72.96%	16642	28.21%
37.00 - 37.99	661	1.12%	43699	74.08%	15948	27.04%
36.00 - 36.99	678	1.15%	44377	75.23%	15287	25.92%
35.00 - 35.99	644	1.09%	45021	76.32%	14609	24.77%
34.00 - 34.99	673	1.14%	45694	77.47%	13965	23.68%
33.00 - 33.99	673	1.14%	46367	78.61%	13292	22.53%
32.00 - 32.99	670	1.14%	47037	79.74%	12619	21.39%
31.00 - 31.99	711	1.21%	47748	80.95%	11949	20.26%
30.00 - 30.99	645	1.09%	48393	82.04%	11238	19.05%
29.00 - 29.99	640	1.09%	49033	83.13%	10593	17.96%
28.00 - 28.99	677	1.15%	49710	84.27%	9953	16.87%
27.00 - 27.99	624	1.06%	50334	85.33%	9276	15.73%
26.00 - 26.99	693	1.17%	51027	86.51%	8652	14.67%
25.00 - 25.99	684	1.16%	51711	87.67%	7959	13.49%
24.00 - 24.99	639	1.08%	52350	88.75%	7275	12.33%
23.00 - 23.99	688	1.17%	53038	89.92%	6636	11.25%
22.00 - 22.99	647	1.10%	53685	91.01%	5948	10.08%
21.00 - 21.99	652	1.11%	54337	92.12%	5301	8.99%
20.00 - 20.99	635	1.08%	54972	93.19%	4649	7.88%
19.00 - 19.99	548	0.93%	55520	94.12%	4014	6.81%
18.00 - 18.99	556	0.94%	56076	95.07%	3466	5.88%
17.00 - 17.99	523	0.89%	56599	95.95%	2910	4.93%
16.00 - 16.99	464	0.79%	57063	96.74%	2387	4.05%
15.00 - 15.99	415	0.70%	57478	97.44%	1923	3.26%
14.00 - 14.99	393	0.67%	57871	98.11%	1508	2.56%
13.00 - 13.99	276	0.47%	58147	98.58%	1115	1.89%
12.00 - 12.99	261	0.44%	58408	99.02%	839	1.42%
11.00 - 11.99	205	0.35%	58613	99.37%	578	0.98%
10.00 - 10.99	130	0.22%	58743	99.59%	373	0.63%
9.00 - 9.99	100	0.17%	58843	99.76%	243	0.41%
8.00 - 8.99	70	0.12%	58913	99.88%	143	0.24%
7.00 - 7.99	33	0.06%	58946	99.93%	73	0.12%
6.00 - 6.99	21	0.04%	58967	99.97%	40	0.07%
5.00 - 5.99	9	0.02%	58976	99.98%	19	0.03%
4.00 - 4.99	3	0.01%	58979	99.99%	10	0.02%
3.00 - 3.99	1	0.00%	58980	99.99%	7	0.01%
2.00 - 2.99	1	0.00%	58981	99.99%	6	0.01%
1.00 - 1.99	0	0.00%	58981	99.99%	5	0.01%
0.00 - 0.99	5	0.01%	58986	100.00%	5	0.01%
缺考	3035					

103 年指定科目考試數學科(甲)成績人數累計表

分　　數	人　數	百 分 比	自高分往低分累計		自低分往高分累計	
			累計人數	累計百分比	累計人數	累計百分比
100.00	5	0.02%	5	0.02%	26089	100.00%
99.00 - 99.99	0	0.00%	5	0.02%	26084	99.98%
98.00 - 98.99	1	0.00%	6	0.02%	26084	99.98%
97.00 - 97.99	0	0.00%	6	0.02%	26083	99.98%
96.00 - 96.99	23	0.09%	29	0.11%	26083	99.98%
95.00 - 95.99	0	0.00%	29	0.11%	26060	99.89%
94.00 - 94.99	13	0.05%	42	0.16%	26060	99.89%
93.00 - 93.99	44	0.17%	86	0.33%	26047	99.84%
92.00 - 92.99	12	0.05%	98	0.38%	26003	99.67%
91.00 - 91.99	6	0.02%	104	0.40%	25991	99.62%
90.00 - 90.99	89	0.34%	193	0.74%	25985	99.60%
89.00 - 89.99	13	0.05%	206	0.79%	25896	99.26%
88.00 - 88.99	28	0.11%	234	0.90%	25883	99.21%
87.00 - 87.99	93	0.36%	327	1.25%	25855	99.10%
86.00 - 86.99	46	0.18%	373	1.43%	25762	98.75%
85.00 - 85.99	38	0.15%	411	1.58%	25716	98.57%
84.00 - 84.99	148	0.57%	559	2.14%	25678	98.42%
83.00 - 83.99	68	0.26%	627	2.40%	25530	97.86%
82.00 - 82.99	75	0.29%	702	2.69%	25462	97.60%
81.00 - 81.99	163	0.62%	865	3.32%	25387	97.31%
80.00 - 80.99	112	0.43%	977	3.74%	25224	96.68%
79.00 - 79.99	116	0.44%	1093	4.19%	25112	96.26%
78.00 - 78.99	176	0.67%	1269	4.86%	24996	95.81%
77.00 - 77.99	126	0.48%	1395	5.35%	24820	95.14%
76.00 - 76.99	165	0.63%	1560	5.98%	24694	94.65%
75.00 - 75.99	156	0.60%	1716	6.58%	24529	94.02%
74.00 - 74.99	239	0.92%	1955	7.49%	24373	93.42%
73.00 - 73.99	208	0.80%	2163	8.29%	24134	92.51%
72.00 - 72.99	265	1.02%	2428	9.31%	23926	91.71%
71.00 - 71.99	217	0.83%	2645	10.14%	23661	90.69%
70.00 - 70.99	259	0.99%	2904	11.13%	23444	89.86%
69.00 - 69.99	223	0.85%	3127	11.99%	23185	88.87%
68.00 - 68.99	322	1.23%	3449	13.22%	22962	88.01%
67.00 - 67.99	283	1.08%	3732	14.30%	22640	86.78%
66.00 - 66.99	308	1.18%	4040	15.49%	22357	85.70%
65.00 - 65.99	300	1.15%	4340	16.64%	22049	84.51%
64.00 - 64.99	363	1.39%	4703	18.03%	21749	83.36%
63.00 - 63.99	297	1.14%	5000	19.17%	21386	81.97%
62.00 - 62.99	361	1.38%	5361	20.55%	21089	80.83%
61.00 - 61.99	331	1.27%	5692	21.82%	20728	79.45%
60.00 - 60.99	423	1.62%	6115	23.44%	20397	78.18%
59.00 - 59.99	410	1.57%	6525	25.01%	19974	76.56%
58.00 - 58.99	425	1.63%	6950	26.64%	19564	74.99%
57.00 - 57.99	436	1.67%	7386	28.31%	19139	73.36%
56.00 - 56.99	460	1.76%	7846	30.07%	18703	71.69%
55.00 - 55.99	430	1.65%	8276	31.72%	18243	69.93%
54.00 - 54.99	518	1.99%	8794	33.71%	17813	68.28%
53.00 - 53.99	453	1.74%	9247	35.44%	17295	66.29%
52.00 - 52.99	505	1.94%	9752	37.38%	16842	64.56%

51.00 - 51.99	492	1.89%	10244	39.27%	16337	62.62%
50.00 - 50.99	445	1.71%	10689	40.97%	15845	60.73%
49.00 - 49.99	522	2.00%	11211	42.97%	15400	59.03%
48.00 - 48.99	547	2.10%	11758	45.07%	14878	57.03%
47.00 - 47.99	467	1.79%	12225	46.86%	14331	54.93%
46.00 - 46.99	535	2.05%	12760	48.91%	13864	53.14%
45.00 - 45.99	486	1.86%	13246	50.77%	13329	51.09%
44.00 - 44.99	439	1.68%	13685	52.46%	12843	49.23%
43.00 - 43.99	528	2.02%	14213	54.48%	12404	47.54%
42.00 - 42.99	421	1.61%	14634	56.09%	11876	45.52%
41.00 - 41.99	479	1.84%	15113	57.93%	11455	43.91%
40.00 - 40.99	510	1.95%	15623	59.88%	10976	42.07%
39.00 - 39.99	438	1.68%	16061	61.56%	10466	40.12%
38.00 - 38.99	449	1.72%	16510	63.28%	10028	38.44%
37.00 - 37.99	449	1.72%	16959	65.00%	9579	36.72%
36.00 - 36.99	339	1.30%	17298	66.30%	9130	35.00%
35.00 - 35.99	511	1.96%	17809	68.26%	8791	33.70%
34.00 - 34.99	404	1.55%	18213	69.81%	8280	31.74%
33.00 - 33.99	354	1.36%	18567	71.17%	7876	30.19%
32.00 - 32.99	458	1.76%	19025	72.92%	7522	28.83%
31.00 - 31.99	332	1.27%	19357	74.20%	7064	27.08%
30.00 - 30.99	328	1.26%	19685	75.45%	6732	25.80%
29.00 - 29.99	396	1.52%	20081	76.97%	6404	24.55%
28.00 - 28.99	301	1.15%	20382	78.12%	6008	23.03%
27.00 - 27.99	310	1.19%	20692	79.31%	5707	21.88%
26.00 - 26.99	418	1.60%	21110	80.92%	5397	20.69%
25.00 - 25.99	206	0.79%	21316	81.70%	4979	19.08%
24.00 - 24.99	318	1.22%	21634	82.92%	4773	18.30%
23.00 - 23.99	343	1.31%	21977	84.24%	4455	17.08%
22.00 - 22.99	233	0.89%	22210	85.13%	4112	15.76%
21.00 - 21.99	277	1.06%	22487	86.19%	3879	14.87%
20.00 - 20.99	370	1.42%	22857	87.61%	3602	13.81%
19.00 - 19.99	126	0.48%	22983	88.09%	3232	12.39%
18.00 - 18.99	357	1.37%	23340	89.46%	3106	11.91%
17.00 - 17.99	256	0.98%	23596	90.44%	2749	10.54%
16.00 - 16.99	212	0.81%	23808	91.26%	2493	9.56%
15.00 - 15.99	346	1.33%	24154	92.58%	2281	8.74%
14.00 - 14.99	336	1.29%	24490	93.87%	1935	7.42%
13.00 - 13.99	92	0.35%	24582	94.22%	1599	6.13%
12.00 - 12.99	291	1.12%	24873	95.34%	1507	5.78%
11.00 - 11.99	107	0.41%	24980	95.75%	1216	4.66%
10.00 - 10.99	171	0.66%	25151	96.40%	1109	4.25%
9.00 - 9.99	269	1.03%	25420	97.44%	938	3.60%
8.00 - 8.99	126	0.48%	25546	97.92%	669	2.56%
7.00 - 7.99	86	0.33%	25632	98.25%	543	2.08%
6.00 - 6.99	139	0.53%	25771	98.78%	457	1.75%
5.00 - 5.99	10	0.04%	25781	98.82%	318	1.22%
4.00 - 4.99	109	0.42%	25890	99.24%	308	1.18%
3.00 - 3.99	122	0.47%	26012	99.70%	199	0.76%
2.00 - 2.99	1	0.00%	26013	99.71%	77	0.30%
1.00 - 1.99	60	0.23%	26073	99.94%	76	0.29%
0.00 - 0.99	16	0.06%	26089	100.00%	16	0.06%
缺考	1665					

103 年指定科目考試數學科(乙)成績人數累計表

分　　數	人　　數	百 分 比	自高分往低分累計		自低分往高分累計	
			累計人數	累計百分比	累計人數	累計百分比
100.00	1236	2.63%	1236	2.63%	47027	100.00%
99.00 - 99.99	1	0.00%	1237	2.63%	45791	97.37%
98.00 - 98.99	190	0.40%	1427	3.03%	45790	97.37%
97.00 - 97.99	0	0.00%	1427	3.03%	45600	96.97%
96.00 - 96.99	1184	2.52%	2611	5.55%	45600	96.97%
95.00 - 95.99	0	0.00%	2611	5.55%	44416	94.45%
94.00 - 94.99	420	0.89%	3031	6.45%	44416	94.45%
93.00 - 93.99	616	1.31%	3647	7.76%	43996	93.55%
92.00 - 92.99	976	2.08%	4623	9.83%	43380	92.24%
91.00 - 91.99	137	0.29%	4760	10.12%	42404	90.17%
90.00 - 90.99	770	1.64%	5530	11.76%	42267	89.88%
89.00 - 89.99	134	0.28%	5664	12.04%	41497	88.24%
88.00 - 88.99	1149	2.44%	6813	14.49%	41363	87.96%
87.00 - 87.99	325	0.69%	7138	15.18%	40214	85.51%
86.00 - 86.99	607	1.29%	7745	16.47%	39889	84.82%
85.00 - 85.99	742	1.58%	8487	18.05%	39282	83.53%
84.00 - 84.99	707	1.50%	9194	19.55%	38540	81.95%
83.00 - 83.99	375	0.80%	9569	20.35%	37833	80.45%
82.00 - 82.99	890	1.89%	10459	22.24%	37458	79.65%
81.00 - 81.99	332	0.71%	10791	22.95%	36568	77.76%
80.00 - 80.99	752	1.60%	11543	24.55%	36236	77.05%
79.00 - 79.99	556	1.18%	12099	25.73%	35484	75.45%
78.00 - 78.99	660	1.40%	12759	27.13%	34928	74.27%
77.00 - 77.99	607	1.29%	13366	28.42%	34268	72.87%
76.00 - 76.99	678	1.44%	14044	29.86%	33661	71.58%
75.00 - 75.99	498	1.06%	14542	30.92%	32983	70.14%
74.00 - 74.99	658	1.40%	15200	32.32%	32485	69.08%
73.00 - 73.99	466	0.99%	15666	33.31%	31827	67.68%
72.00 - 72.99	705	1.50%	16371	34.81%	31361	66.69%
71.00 - 71.99	460	0.98%	16831	35.79%	30656	65.19%
70.00 - 70.99	613	1.30%	17444	37.09%	30196	64.21%
69.00 - 69.99	552	1.17%	17996	38.27%	29583	62.91%
68.00 - 68.99	603	1.28%	18599	39.55%	29031	61.73%
67.00 - 67.99	530	1.13%	19129	40.68%	28428	60.45%
66.00 - 66.99	614	1.31%	19743	41.98%	27898	59.32%
65.00 - 65.99	424	0.90%	20167	42.88%	27284	58.02%
64.00 - 64.99	658	1.40%	20825	44.28%	26860	57.12%
63.00 - 63.99	397	0.84%	21222	45.13%	26202	55.72%
62.00 - 62.99	587	1.25%	21809	46.38%	25805	54.87%
61.00 - 61.99	464	0.99%	22273	47.36%	25218	53.62%
60.00 - 60.99	586	1.25%	22859	48.61%	24754	52.64%
59.00 - 59.99	453	0.96%	23312	49.57%	24168	51.39%
58.00 - 58.99	597	1.27%	23909	50.84%	23715	50.43%
57.00 - 57.99	429	0.91%	24338	51.75%	23118	49.16%
56.00 - 56.99	603	1.28%	24941	53.04%	22689	48.25%
55.00 - 55.99	360	0.77%	25301	53.80%	22086	46.96%
54.00 - 54.99	592	1.26%	25893	55.06%	21726	46.20%
53.00 - 53.99	394	0.84%	26287	55.90%	21134	44.94%
52.00 - 52.99	542	1.15%	26829	57.05%	20740	44.10%

51.00 - 51.99	411	0.87%	27240	57.92%	20198	42.95%
50.00 - 50.99	518	1.10%	27758	59.03%	19787	42.08%
49.00 - 49.99	392	0.83%	28150	59.86%	19269	40.97%
48.00 - 48.99	566	1.20%	28716	61.06%	18877	40.14%
47.00 - 47.99	399	0.85%	29115	61.91%	18311	38.94%
46.00 - 46.99	548	1.17%	29663	63.08%	17912	38.09%
45.00 - 45.99	341	0.73%	30004	63.80%	17364	36.92%
44.00 - 44.99	535	1.14%	30539	64.94%	17023	36.20%
43.00 - 43.99	388	0.83%	30927	65.76%	16488	35.06%
42.00 - 42.99	511	1.09%	31438	66.85%	16100	34.24%
41.00 - 41.99	360	0.77%	31798	67.62%	15589	33.15%
40.00 - 40.99	526	1.12%	32324	68.73%	15229	32.38%
39.00 - 39.99	359	0.76%	32683	69.50%	14703	31.27%
38.00 - 38.99	516	1.10%	33199	70.60%	14344	30.50%
37.00 - 37.99	340	0.72%	33539	71.32%	13828	29.40%
36.00 - 36.99	596	1.27%	34135	72.59%	13488	28.68%
35.00 - 35.99	308	0.65%	34443	73.24%	12892	27.41%
34.00 - 34.99	517	1.10%	34960	74.34%	12584	26.76%
33.00 - 33.99	388	0.83%	35348	75.17%	12067	25.66%
32.00 - 32.99	523	1.11%	35871	76.28%	11679	24.83%
31.00 - 31.99	446	0.95%	36317	77.23%	11156	23.72%
30.00 - 30.99	499	1.06%	36816	78.29%	10710	22.77%
29.00 - 29.99	325	0.69%	37141	78.98%	10211	21.71%
28.00 - 28.99	661	1.41%	37802	80.38%	9886	21.02%
27.00 - 27.99	248	0.53%	38050	80.91%	9225	19.62%
26.00 - 26.99	554	1.18%	38604	82.09%	8977	19.09%
25.00 - 25.99	485	1.03%	39089	83.12%	8423	17.91%
24.00 - 24.99	441	0.94%	39530	84.06%	7938	16.88%
23.00 - 23.99	519	1.10%	40049	85.16%	7497	15.94%
22.00 - 22.99	578	1.23%	40627	86.39%	6978	14.84%
21.00 - 21.99	305	0.65%	40932	87.04%	6400	13.61%
20.00 - 20.99	729	1.55%	41661	88.59%	6095	12.96%
19.00 - 19.99	227	0.48%	41888	89.07%	5366	11.41%
18.00 - 18.99	609	1.30%	42497	90.37%	5139	10.93%
17.00 - 17.99	523	1.11%	43020	91.48%	4530	9.63%
16.00 - 16.99	352	0.75%	43372	92.23%	4007	8.52%
15.00 - 15.99	469	1.00%	43841	93.23%	3655	7.77%
14.00 - 14.99	590	1.25%	44431	94.48%	3186	6.77%
13.00 - 13.99	135	0.29%	44566	94.77%	2596	5.52%
12.00 - 12.99	513	1.09%	45079	95.86%	2461	5.23%
11.00 - 11.99	245	0.52%	45324	96.38%	1948	4.14%
10.00 - 10.99	295	0.63%	45619	97.01%	1703	3.62%
9.00 - 9.99	441	0.94%	46060	97.94%	1408	2.99%
8.00 - 8.99	228	0.48%	46288	98.43%	967	2.06%
7.00 - 7.99	167	0.36%	46455	98.78%	739	1.57%
6.00 - 6.99	215	0.46%	46670	99.24%	572	1.22%
5.00 - 5.99	10	0.02%	46680	99.26%	357	0.76%
4.00 - 4.99	120	0.26%	46800	99.52%	347	0.74%
3.00 - 3.99	123	0.26%	46923	99.78%	227	0.48%
2.00 - 2.99	2	0.00%	46925	99.78%	104	0.22%
1.00 - 1.99	68	0.14%	46993	99.93%	102	0.22%
0.00 - 0.99	34	0.07%	47027	100.00%	34	0.07%
缺考	2976					

103 年指定科目考試地理科成績人數累計表

分　　數	人　　數	百分比	自高分往低分累計		自低分往高分累計	
			累計人數	累計百分比	累計人數	累計百分比
100.00	0	0.00%	0	0.00%	36152	100.00%
99.00 - 99.99	0	0.00%	0	0.00%	36152	100.00%
98.00 - 98.99	0	0.00%	0	0.00%	36152	100.00%
97.00 - 97.99	0	0.00%	0	0.00%	36152	100.00%
96.00 - 96.99	1	0.00%	1	0.00%	36152	100.00%
95.00 - 95.99	0	0.00%	1	0.00%	36151	100.00%
94.00 - 94.99	8	0.02%	9	0.02%	36151	100.00%
93.00 - 93.99	2	0.01%	11	0.03%	36143	99.98%
92.00 - 92.99	23	0.06%	34	0.09%	36141	99.97%
91.00 - 91.99	3	0.01%	37	0.10%	36118	99.91%
90.00 - 90.99	46	0.13%	83	0.23%	36115	99.90%
89.00 - 89.99	15	0.04%	98	0.27%	36069	99.77%
88.00 - 88.99	113	0.31%	211	0.58%	36054	99.73%
87.00 - 87.99	29	0.08%	240	0.66%	35941	99.42%
86.00 - 86.99	256	0.71%	496	1.37%	35912	99.34%
85.00 - 85.99	45	0.12%	541	1.50%	35656	98.63%
84.00 - 84.99	392	1.08%	933	2.58%	35611	98.50%
83.00 - 83.99	76	0.21%	1009	2.79%	35219	97.42%
82.00 - 82.99	563	1.56%	1572	4.35%	35143	97.21%
81.00 - 81.99	119	0.33%	1691	4.68%	34580	95.65%
80.00 - 80.99	784	2.17%	2475	6.85%	34461	95.32%
79.00 - 79.99	160	0.44%	2635	7.29%	33677	93.15%
78.00 - 78.99	919	2.54%	3554	9.83%	33517	92.71%
77.00 - 77.99	207	0.57%	3761	10.40%	32598	90.17%
76.00 - 76.99	1167	3.23%	4928	13.63%	32391	89.60%
75.00 - 75.99	247	0.68%	5175	14.31%	31224	86.37%
74.00 - 74.99	1241	3.43%	6416	17.75%	30977	85.69%
73.00 - 73.99	281	0.78%	6697	18.52%	29736	82.25%
72.00 - 72.99	1417	3.92%	8114	22.44%	29455	81.48%
71.00 - 71.99	297	0.82%	8411	23.27%	28038	77.56%
70.00 - 70.99	1426	3.94%	9837	27.21%	27741	76.73%
69.00 - 69.99	281	0.78%	10118	27.99%	26315	72.79%
68.00 - 68.99	1529	4.23%	11647	32.22%	26034	72.01%
67.00 - 67.99	322	0.89%	11969	33.11%	24505	67.78%
66.00 - 66.99	1541	4.26%	13510	37.37%	24183	66.89%
65.00 - 65.99	337	0.93%	13847	38.30%	22642	62.63%
64.00 - 64.99	1598	4.42%	15445	42.72%	22305	61.70%
63.00 - 63.99	347	0.96%	15792	43.68%	20707	57.28%
62.00 - 62.99	1591	4.40%	17383	48.08%	20360	56.32%
61.00 - 61.99	307	0.85%	17690	48.93%	18769	51.92%
60.00 - 60.99	1653	4.57%	19343	53.50%	18462	51.07%
59.00 - 59.99	323	0.89%	19666	54.40%	16809	46.50%
58.00 - 58.99	1483	4.10%	21149	58.50%	16486	45.60%
57.00 - 57.99	285	0.79%	21434	59.29%	15003	41.50%
56.00 - 56.99	1469	4.06%	22903	63.35%	14718	40.71%
55.00 - 55.99	300	0.83%	23203	64.18%	13249	36.65%
54.00 - 54.99	1377	3.81%	24580	67.99%	12949	35.82%
53.00 - 53.99	229	0.63%	24809	68.62%	11572	32.01%
52.00 - 52.99	1334	3.69%	26143	72.31%	11343	31.38%

51.00 - 51.99	219	0.61%	26362	72.92%	10009	27.69%
50.00 - 50.99	1235	3.42%	27597	76.34%	9790	27.08%
49.00 - 49.99	150	0.41%	27747	76.75%	8555	23.66%
48.00 - 48.99	1147	3.17%	28894	79.92%	8405	23.25%
47.00 - 47.99	151	0.42%	29045	80.34%	7258	20.08%
46.00 - 46.99	1065	2.95%	30110	83.29%	7107	19.66%
45.00 - 45.99	106	0.29%	30216	83.58%	6042	16.71%
44.00 - 44.99	928	2.57%	31144	86.15%	5936	16.42%
43.00 - 43.99	78	0.22%	31222	86.36%	5008	13.85%
42.00 - 42.99	750	2.07%	31972	88.44%	4930	13.64%
41.00 - 41.99	75	0.21%	32047	88.65%	4180	11.56%
40.00 - 40.99	693	1.92%	32740	90.56%	4105	11.35%
39.00 - 39.99	43	0.12%	32783	90.68%	3412	9.44%
38.00 - 38.99	604	1.67%	33387	92.35%	3369	9.32%
37.00 - 37.99	32	0.09%	33419	92.44%	2765	7.65%
36.00 - 36.99	554	1.53%	33973	93.97%	2733	7.56%
35.00 - 35.99	21	0.06%	33994	94.03%	2179	6.03%
34.00 - 34.99	466	1.29%	34460	95.32%	2158	5.97%
33.00 - 33.99	20	0.06%	34480	95.38%	1692	4.68%
32.00 - 32.99	381	1.05%	34861	96.43%	1672	4.62%
31.00 - 31.99	8	0.02%	34869	96.45%	1291	3.57%
30.00 - 30.99	294	0.81%	35163	97.26%	1283	3.55%
29.00 - 29.99	11	0.03%	35174	97.29%	989	2.74%
28.00 - 28.99	269	0.74%	35443	98.04%	978	2.71%
27.00 - 27.99	1	0.00%	35444	98.04%	709	1.96%
26.00 - 26.99	194	0.54%	35638	98.58%	708	1.96%
25.00 - 25.99	2	0.01%	35640	98.58%	514	1.42%
24.00 - 24.99	163	0.45%	35803	99.03%	512	1.42%
23.00 - 23.99	2	0.01%	35805	99.04%	349	0.97%
22.00 - 22.99	127	0.35%	35932	99.39%	347	0.96%
21.00 - 21.99	0	0.00%	35932	99.39%	220	0.61%
20.00 - 20.99	84	0.23%	36016	99.62%	220	0.61%
19.00 - 19.99	0	0.00%	36016	99.62%	136	0.38%
18.00 - 18.99	53	0.15%	36069	99.77%	136	0.38%
17.00 - 17.99	0	0.00%	36069	99.77%	83	0.23%
16.00 - 16.99	32	0.09%	36101	99.86%	83	0.23%
15.00 - 15.99	0	0.00%	36101	99.86%	51	0.14%
14.00 - 14.99	25	0.07%	36126	99.93%	51	0.14%
13.00 - 13.99	0	0.00%	36126	99.93%	26	0.07%
12.00 - 12.99	14	0.04%	36140	99.97%	26	0.07%
11.00 - 11.99	0	0.00%	36140	99.97%	12	0.03%
10.00 - 10.99	8	0.02%	36148	99.99%	12	0.03%
9.00 - 9.99	0	0.00%	36148	99.99%	4	0.01%
8.00 - 8.99	2	0.01%	36150	99.99%	4	0.01%
7.00 - 7.99	1	0.00%	36151	100.00%	2	0.01%
6.00 - 6.99	0	0.00%	36151	100.00%	1	0.00%
5.00 - 5.99	0	0.00%	36151	100.00%	1	0.00%
4.00 - 4.99	1	0.00%	36152	100.00%	1	0.00%
3.00 - 3.99	0	0.00%	36152	100.00%	0	0.00%
2.00 - 2.99	0	0.00%	36152	100.00%	0	0.00%
1.00 - 1.99	0	0.00%	36152	100.00%	0	0.00%
0.00 - 0.99	0	0.00%	36152	100.00%	0	0.00%
缺考	2184					

103 年指定科目考試歷史科成績人數累計表

分　　數	人　數	百 分 比	自高分往低分累計		自低分往高分累計	
			累計人數	累計百分比	累計人數	累計百分比
100.00	2	0.01%	2	0.01%	36435	100.00%
99.00 - 99.99	2	0.01%	4	0.01%	36433	99.99%
98.00 - 98.99	3	0.01%	7	0.02%	36431	99.99%
97.00 - 97.99	11	0.03%	18	0.05%	36428	99.98%
96.00 - 96.99	23	0.06%	41	0.11%	36417	99.95%
95.00 - 95.99	34	0.09%	75	0.21%	36394	99.89%
94.00 - 94.99	67	0.18%	142	0.39%	36360	99.79%
93.00 - 93.99	122	0.33%	264	0.72%	36293	99.61%
92.00 - 92.99	137	0.38%	401	1.10%	36171	99.28%
91.00 - 91.99	187	0.51%	588	1.61%	36034	98.90%
90.00 - 90.99	253	0.69%	841	2.31%	35847	98.39%
89.00 - 89.99	300	0.82%	1141	3.13%	35594	97.69%
88.00 - 88.99	369	1.01%	1510	4.14%	35294	96.87%
87.00 - 87.99	461	1.27%	1971	5.41%	34925	95.86%
86.00 - 86.99	498	1.37%	2469	6.78%	34464	94.59%
85.00 - 85.99	494	1.36%	2963	8.13%	33966	93.22%
84.00 - 84.99	571	1.57%	3534	9.70%	33472	91.87%
83.00 - 83.99	629	1.73%	4163	11.43%	32901	90.30%
82.00 - 82.99	658	1.81%	4821	13.23%	32272	88.57%
81.00 - 81.99	726	1.99%	5547	15.22%	31614	86.77%
80.00 - 80.99	779	2.14%	6326	17.36%	30888	84.78%
79.00 - 79.99	791	2.17%	7117	19.53%	30109	82.64%
78.00 - 78.99	769	2.11%	7886	21.64%	29318	80.47%
77.00 - 77.99	836	2.29%	8722	23.94%	28549	78.36%
76.00 - 76.99	878	2.41%	9600	26.35%	27713	76.06%
75.00 - 75.99	869	2.39%	10469	28.73%	26835	73.65%
74.00 - 74.99	917	2.52%	11386	31.25%	25966	71.27%
73.00 - 73.99	855	2.35%	12241	33.60%	25049	68.75%
72.00 - 72.99	915	2.51%	13156	36.11%	24194	66.40%
71.00 - 71.99	950	2.61%	14106	38.72%	23279	63.89%
70.00 - 70.99	914	2.51%	15020	41.22%	22329	61.28%
69.00 - 69.99	909	2.49%	15929	43.72%	21415	58.78%
68.00 - 68.99	873	2.40%	16802	46.11%	20506	56.28%
67.00 - 67.99	891	2.45%	17693	48.56%	19633	53.89%
66.00 - 66.99	905	2.48%	18598	51.04%	18742	51.44%
65.00 - 65.99	872	2.39%	19470	53.44%	17837	48.96%
64.00 - 64.99	855	2.35%	20325	55.78%	16965	46.56%
63.00 - 63.99	826	2.27%	21151	58.05%	16110	44.22%
62.00 - 62.99	913	2.51%	22064	60.56%	15284	41.95%
61.00 - 61.99	833	2.29%	22897	62.84%	14371	39.44%
60.00 - 60.99	849	2.33%	23746	65.17%	13538	37.16%
59.00 - 59.99	762	2.09%	24508	67.26%	12689	34.83%
58.00 - 58.99	796	2.18%	25304	69.45%	11927	32.74%
57.00 - 57.99	746	2.05%	26050	71.50%	11131	30.55%
56.00 - 56.99	770	2.11%	26820	73.61%	10385	28.50%
55.00 - 55.99	692	1.90%	27512	75.51%	9615	26.39%
54.00 - 54.99	724	1.99%	28236	77.50%	8923	24.49%
53.00 - 53.99	636	1.75%	28872	79.24%	8199	22.50%
52.00 - 52.99	618	1.70%	29490	80.94%	7563	20.76%

51.00 - 51.99	606	1.66%	30096	82.60%	6945	19.06%
50.00 - 50.99	598	1.64%	30694	84.24%	6339	17.40%
49.00 - 49.99	553	1.52%	31247	85.76%	5741	15.76%
48.00 - 48.99	499	1.37%	31746	87.13%	5188	14.24%
47.00 - 47.99	469	1.29%	32215	88.42%	4689	12.87%
46.00 - 46.99	445	1.22%	32660	89.64%	4220	11.58%
45.00 - 45.99	408	1.12%	33068	90.76%	3775	10.36%
44.00 - 44.99	365	1.00%	33433	91.76%	3367	9.24%
43.00 - 43.99	355	0.97%	33788	92.74%	3002	8.24%
42.00 - 42.99	307	0.84%	34095	93.58%	2647	7.26%
41.00 - 41.99	283	0.78%	34378	94.35%	2340	6.42%
40.00 - 40.99	255	0.70%	34633	95.05%	2057	5.65%
39.00 - 39.99	211	0.58%	34844	95.63%	1802	4.95%
38.00 - 38.99	220	0.60%	35064	96.24%	1591	4.37%
37.00 - 37.99	162	0.44%	35226	96.68%	1371	3.76%
36.00 - 36.99	161	0.44%	35387	97.12%	1209	3.32%
35.00 - 35.99	110	0.30%	35497	97.43%	1048	2.88%
34.00 - 34.99	135	0.37%	35632	97.80%	938	2.57%
33.00 - 33.99	102	0.28%	35734	98.08%	803	2.20%
32.00 - 32.99	113	0.31%	35847	98.39%	701	1.92%
31.00 - 31.99	89	0.24%	35936	98.63%	588	1.61%
30.00 - 30.99	77	0.21%	36013	98.84%	499	1.37%
29.00 - 29.99	52	0.14%	36065	98.98%	422	1.16%
28.00 - 28.99	68	0.19%	36133	99.17%	370	1.02%
27.00 - 27.99	41	0.11%	36174	99.28%	302	0.83%
26.00 - 26.99	47	0.13%	36221	99.41%	261	0.72%
25.00 - 25.99	31	0.09%	36252	99.50%	214	0.59%
24.00 - 24.99	42	0.12%	36294	99.61%	183	0.50%
23.00 - 23.99	23	0.06%	36317	99.68%	141	0.39%
22.00 - 22.99	28	0.08%	36345	99.75%	118	0.32%
21.00 - 21.99	15	0.04%	36360	99.79%	90	0.25%
20.00 - 20.99	20	0.05%	36380	99.85%	75	0.21%
19.00 - 19.99	8	0.02%	36388	99.87%	55	0.15%
18.00 - 18.99	16	0.04%	36404	99.91%	47	0.13%
17.00 - 17.99	6	0.02%	36410	99.93%	31	0.09%
16.00 - 16.99	7	0.02%	36417	99.95%	25	0.07%
15.00 - 15.99	6	0.02%	36423	99.97%	18	0.05%
14.00 - 14.99	3	0.01%	36426	99.98%	12	0.03%
13.00 - 13.99	0	0.00%	36426	99.98%	9	0.02%
12.00 - 12.99	5	0.01%	36431	99.99%	9	0.02%
11.00 - 11.99	0	0.00%	36431	99.99%	4	0.01%
10.00 - 10.99	2	0.01%	36433	99.99%	4	0.01%
9.00 - 9.99	0	0.00%	36433	99.99%	2	0.01%
8.00 - 8.99	0	0.00%	36433	99.99%	2	0.01%
7.00 - 7.99	0	0.00%	36433	99.99%	2	0.01%
6.00 - 6.99	0	0.00%	36433	99.99%	2	0.01%
5.00 - 5.99	0	0.00%	36433	99.99%	2	0.01%
4.00 - 4.99	1	0.00%	36434	100.00%	2	0.01%
3.00 - 3.99	0	0.00%	36434	100.00%	1	0.00%
2.00 - 2.99	0	0.00%	36434	100.00%	1	0.00%
1.00 - 1.99	0	0.00%	36434	100.00%	1	0.00%
0.00 - 0.99	1	0.00%	36435	100.00%	1	0.00%
缺考	2218					

103 年指定科目考試公民與社會科成績人數累計表

分　　數	人　數	百分比	自高分往低分累計		自低分往高分累計	
			累計人數	累計百分比	累計人數	累計百分比
100.00	0	0.00%	0	0.00%	31435	100.00%
99.00 - 99.99	3	0.01%	3	0.01%	31435	100.00%
98.00 - 98.99	5	0.02%	8	0.03%	31432	99.99%
97.00 - 97.99	17	0.05%	25	0.08%	31427	99.97%
96.00 - 96.99	44	0.14%	69	0.22%	31410	99.92%
95.00 - 95.99	58	0.18%	127	0.40%	31366	99.78%
94.00 - 94.99	129	0.41%	256	0.81%	31308	99.60%
93.00 - 93.99	133	0.42%	389	1.24%	31179	99.19%
92.00 - 92.99	273	0.87%	662	2.11%	31046	98.76%
91.00 - 91.99	253	0.80%	915	2.91%	30773	97.89%
90.00 - 90.99	436	1.39%	1351	4.30%	30520	97.09%
89.00 - 89.99	311	0.99%	1662	5.29%	30084	95.70%
88.00 - 88.99	601	1.91%	2263	7.20%	29773	94.71%
87.00 - 87.99	405	1.29%	2668	8.49%	29172	92.80%
86.00 - 86.99	757	2.41%	3425	10.90%	28767	91.51%
85.00 - 85.99	540	1.72%	3965	12.61%	28010	89.10%
84.00 - 84.99	912	2.90%	4877	15.51%	27470	87.39%
83.00 - 83.99	611	1.94%	5488	17.46%	26558	84.49%
82.00 - 82.99	981	3.12%	6469	20.58%	25947	82.54%
81.00 - 81.99	676	2.15%	7145	22.73%	24966	79.42%
80.00 - 80.99	1025	3.26%	8170	25.99%	24290	77.27%
79.00 - 79.99	701	2.23%	8871	28.22%	23265	74.01%
78.00 - 78.99	1108	3.52%	9979	31.74%	22564	71.78%
77.00 - 77.99	752	2.39%	10731	34.14%	21456	68.26%
76.00 - 76.99	1178	3.75%	11909	37.88%	20704	65.86%
75.00 - 75.99	759	2.41%	12668	40.30%	19526	62.12%
74.00 - 74.99	1130	3.59%	13798	43.89%	18767	59.70%
73.00 - 73.99	780	2.48%	14578	46.38%	17637	56.11%
72.00 - 72.99	1177	3.74%	15755	50.12%	16857	53.62%
71.00 - 71.99	789	2.51%	16544	52.63%	15680	49.88%
70.00 - 70.99	1087	3.46%	17631	56.09%	14891	47.37%
69.00 - 69.99	769	2.45%	18400	58.53%	13804	43.91%
68.00 - 68.99	1109	3.53%	19509	62.06%	13035	41.47%
67.00 - 67.99	671	2.13%	20180	64.20%	11926	37.94%
66.00 - 66.99	1066	3.39%	21246	67.59%	11255	35.80%
65.00 - 65.99	654	2.08%	21900	69.67%	10189	32.41%
64.00 - 64.99	918	2.92%	22818	72.59%	9535	30.33%
63.00 - 63.99	628	2.00%	23446	74.59%	8617	27.41%
62.00 - 62.99	851	2.71%	24297	77.29%	7989	25.41%
61.00 - 61.99	548	1.74%	24845	79.04%	7138	22.71%
60.00 - 60.99	715	2.27%	25560	81.31%	6590	20.96%
59.00 - 59.99	448	1.43%	26008	82.74%	5875	18.69%
58.00 - 58.99	625	1.99%	26633	84.72%	5427	17.26%
57.00 - 57.99	416	1.32%	27049	86.05%	4802	15.28%
56.00 - 56.99	564	1.79%	27613	87.84%	4386	13.95%
55.00 - 55.99	331	1.05%	27944	88.89%	3822	12.16%
54.00 - 54.99	390	1.24%	28334	90.14%	3491	11.11%
53.00 - 53.99	273	0.87%	28607	91.00%	3101	9.86%
52.00 - 52.99	355	1.13%	28962	92.13%	2828	9.00%

51.00 - 51.99	246	0.78%	29208	92.92%	2473	7.87%
50.00 - 50.99	307	0.98%	29515	93.89%	2227	7.08%
49.00 - 49.99	174	0.55%	29689	94.45%	1920	6.11%
48.00 - 48.99	222	0.71%	29911	95.15%	1746	5.55%
47.00 - 47.99	123	0.39%	30034	95.54%	1524	4.85%
46.00 - 46.99	178	0.57%	30212	96.11%	1401	4.46%
45.00 - 45.99	118	0.38%	30330	96.48%	1223	3.89%
44.00 - 44.99	134	0.43%	30464	96.91%	1105	3.52%
43.00 - 43.99	81	0.26%	30545	97.17%	971	3.09%
42.00 - 42.99	115	0.37%	30660	97.53%	890	2.83%
41.00 - 41.99	97	0.31%	30757	97.84%	775	2.47%
40.00 - 40.99	87	0.28%	30844	98.12%	678	2.16%
39.00 - 39.99	38	0.12%	30882	98.24%	591	1.88%
38.00 - 38.99	73	0.23%	30955	98.47%	553	1.76%
37.00 - 37.99	53	0.17%	31008	98.64%	480	1.53%
36.00 - 36.99	47	0.15%	31055	98.79%	427	1.36%
35.00 - 35.99	50	0.16%	31105	98.95%	380	1.21%
34.00 - 34.99	54	0.17%	31159	99.12%	330	1.05%
33.00 - 33.99	31	0.10%	31190	99.22%	276	0.88%
32.00 - 32.99	37	0.12%	31227	99.34%	245	0.78%
31.00 - 31.99	21	0.07%	31248	99.41%	208	0.66%
30.00 - 30.99	31	0.10%	31279	99.50%	187	0.59%
29.00 - 29.99	28	0.09%	31307	99.59%	156	0.50%
28.00 - 28.99	25	0.08%	31332	99.67%	128	0.41%
27.00 - 27.99	19	0.06%	31351	99.73%	103	0.33%
26.00 - 26.99	17	0.05%	31368	99.79%	84	0.27%
25.00 - 25.99	14	0.04%	31382	99.83%	67	0.21%
24.00 - 24.99	16	0.05%	31398	99.88%	53	0.17%
23.00 - 23.99	7	0.02%	31405	99.90%	37	0.12%
22.00 - 22.99	7	0.02%	31412	99.93%	30	0.10%
21.00 - 21.99	6	0.02%	31418	99.95%	23	0.07%
20.00 - 20.99	6	0.02%	31424	99.97%	17	0.05%
19.00 - 19.99	3	0.01%	31427	99.97%	11	0.03%
18.00 - 18.99	3	0.01%	31430	99.98%	8	0.03%
17.00 - 17.99	1	0.00%	31431	99.99%	5	0.02%
16.00 - 16.99	0	0.00%	31431	99.99%	4	0.01%
15.00 - 15.99	0	0.00%	31431	99.99%	4	0.01%
14.00 - 14.99	2	0.01%	31433	99.99%	4	0.01%
13.00 - 13.99	0	0.00%	31433	99.99%	2	0.01%
12.00 - 12.99	1	0.00%	31434	100.00%	2	0.01%
11.00 - 11.99	1	0.00%	31435	100.00%	1	0.00%
10.00 - 10.99	0	0.00%	31435	100.00%	0	0.00%
9.00 - 9.99	0	0.00%	31435	100.00%	0	0.00%
8.00 - 8.99	0	0.00%	31435	100.00%	0	0.00%
7.00 - 7.99	0	0.00%	31435	100.00%	0	0.00%
6.00 - 6.99	0	0.00%	31435	100.00%	0	0.00%
5.00 - 5.99	0	0.00%	31435	100.00%	0	0.00%
4.00 - 4.99	0	0.00%	31435	100.00%	0	0.00%
3.00 - 3.99	0	0.00%	31435	100.00%	0	0.00%
2.00 - 2.99	0	0.00%	31435	100.00%	0	0.00%
1.00 - 1.99	0	0.00%	31435	100.00%	0	0.00%
0.00 - 0.99	0	0.00%	31435	100.00%	0	0.00%
缺考	2233				

103 年指定科目考試物理科成績人數累計表

分　　數	人　　數	百 分 比	自高分往低分累計		自低分往高分累計	
			累計人數	累計百分比	累計人數	累計百分比
100.00	4	0.02%	4	0.02%	23861	100.00%
99.00 - 99.99	9	0.04%	13	0.05%	23857	99.98%
98.00 - 98.99	13	0.05%	26	0.11%	23848	99.95%
97.00 - 97.99	23	0.10%	49	0.21%	23835	99.89%
96.00 - 96.99	32	0.13%	81	0.34%	23812	99.79%
95.00 - 95.99	46	0.19%	127	0.53%	23780	99.66%
94.00 - 94.99	61	0.26%	188	0.79%	23734	99.47%
93.00 - 93.99	69	0.29%	257	1.08%	23673	99.21%
92.00 - 92.99	84	0.35%	341	1.43%	23604	98.92%
91.00 - 91.99	106	0.44%	447	1.87%	23520	98.57%
90.00 - 90.99	117	0.49%	564	2.36%	23414	98.13%
89.00 - 89.99	119	0.50%	683	2.86%	23297	97.64%
88.00 - 88.99	130	0.54%	813	3.41%	23178	97.14%
87.00 - 87.99	164	0.69%	977	4.09%	23048	96.59%
86.00 - 86.99	199	0.83%	1176	4.93%	22884	95.91%
85.00 - 85.99	181	0.76%	1357	5.69%	22685	95.07%
84.00 - 84.99	175	0.73%	1532	6.42%	22504	94.31%
83.00 - 83.99	198	0.83%	1730	7.25%	22329	93.58%
82.00 - 82.99	223	0.93%	1953	8.18%	22131	92.75%
81.00 - 81.99	219	0.92%	2172	9.10%	21908	91.82%
80.00 - 80.99	226	0.95%	2398	10.05%	21689	90.90%
79.00 - 79.99	268	1.12%	2666	11.17%	21463	89.95%
78.00 - 78.99	255	1.07%	2921	12.24%	21195	88.83%
77.00 - 77.99	255	1.07%	3176	13.31%	20940	87.76%
76.00 - 76.99	262	1.10%	3438	14.41%	20685	86.69%
75.00 - 75.99	288	1.21%	3726	15.62%	20423	85.59%
74.00 - 74.99	283	1.19%	4009	16.80%	20135	84.38%
73.00 - 73.99	270	1.13%	4279	17.93%	19852	83.20%
72.00 - 72.99	301	1.26%	4580	19.19%	19582	82.07%
71.00 - 71.99	321	1.35%	4901	20.54%	19281	80.81%
70.00 - 70.99	302	1.27%	5203	21.81%	18960	79.46%
69.00 - 69.99	286	1.20%	5489	23.00%	18658	78.19%
68.00 - 68.99	305	1.28%	5794	24.28%	18372	77.00%
67.00 - 67.99	323	1.35%	6117	25.64%	18067	75.72%
66.00 - 66.99	340	1.42%	6457	27.06%	17744	74.36%
65.00 - 65.99	313	1.31%	6770	28.37%	17404	72.94%
64.00 - 64.99	311	1.30%	7081	29.68%	17091	71.63%
63.00 - 63.99	368	1.54%	7449	31.22%	16780	70.32%
62.00 - 62.99	317	1.33%	7766	32.55%	16412	68.78%
61.00 - 61.99	306	1.28%	8072	33.83%	16095	67.45%
60.00 - 60.99	321	1.35%	8393	35.17%	15789	66.17%
59.00 - 59.99	336	1.41%	8729	36.58%	15468	64.83%
58.00 - 58.99	357	1.50%	9086	38.08%	15132	63.42%
57.00 - 57.99	340	1.42%	9426	39.50%	14775	61.92%
56.00 - 56.99	347	1.45%	9773	40.96%	14435	60.50%
55.00 - 55.99	368	1.54%	10141	42.50%	14088	59.04%
54.00 - 54.99	357	1.50%	10498	44.00%	13720	57.50%
53.00 - 53.99	368	1.54%	10866	45.54%	13363	56.00%
52.00 - 52.99	348	1.46%	11214	47.00%	12995	54.46%

51.00 - 51.99	356	1.49%	11570	48.49%	12647	53.00%
50.00 - 50.99	388	1.63%	11958	50.12%	12291	51.51%
49.00 - 49.99	357	1.50%	12315	51.61%	11903	49.88%
48.00 - 48.99	379	1.59%	12694	53.20%	11546	48.39%
47.00 - 47.99	372	1.56%	13066	54.76%	11167	46.80%
46.00 - 46.99	373	1.56%	13439	56.32%	10795	45.24%
45.00 - 45.99	429	1.80%	13868	58.12%	10422	43.68%
44.00 - 44.99	372	1.56%	14240	59.68%	9993	41.88%
43.00 - 43.99	349	1.46%	14589	61.14%	9621	40.32%
42.00 - 42.99	397	1.66%	14986	62.81%	9272	38.86%
41.00 - 41.99	418	1.75%	15404	64.56%	8875	37.19%
40.00 - 40.99	390	1.63%	15794	66.19%	8457	35.44%
39.00 - 39.99	407	1.71%	16201	67.90%	8067	33.81%
38.00 - 38.99	409	1.71%	16610	69.61%	7660	32.10%
37.00 - 37.99	378	1.58%	16988	71.20%	7251	30.39%
36.00 - 36.99	438	1.84%	17426	73.03%	6873	28.80%
35.00 - 35.99	407	1.71%	17833	74.74%	6435	26.97%
34.00 - 34.99	403	1.69%	18236	76.43%	6028	25.26%
33.00 - 33.99	398	1.67%	18634	78.09%	5625	23.57%
32.00 - 32.99	373	1.56%	19007	79.66%	5227	21.91%
31.00 - 31.99	362	1.52%	19369	81.17%	4854	20.34%
30.00 - 30.99	378	1.58%	19747	82.76%	4492	18.83%
29.00 - 29.99	329	1.38%	20076	84.14%	4114	17.24%
28.00 - 28.99	356	1.49%	20432	85.63%	3785	15.86%
27.00 - 27.99	334	1.40%	20766	87.03%	3429	14.37%
26.00 - 26.99	343	1.44%	21109	88.47%	3095	12.97%
25.00 - 25.99	309	1.30%	21418	89.76%	2752	11.53%
24.00 - 24.99	347	1.45%	21765	91.22%	2443	10.24%
23.00 - 23.99	250	1.05%	22015	92.26%	2096	8.78%
22.00 - 22.99	282	1.18%	22297	93.45%	1846	7.74%
21.00 - 21.99	270	1.13%	22567	94.58%	1564	6.55%
20.00 - 20.99	187	0.78%	22754	95.36%	1294	5.42%
19.00 - 19.99	195	0.82%	22949	96.18%	1107	4.64%
18.00 - 18.99	214	0.90%	23163	97.07%	912	3.82%
17.00 - 17.99	122	0.51%	23285	97.59%	698	2.93%
16.00 - 16.99	129	0.54%	23414	98.13%	576	2.41%
15.00 - 15.99	131	0.55%	23545	98.68%	447	1.87%
14.00 - 14.99	58	0.24%	23603	98.92%	316	1.32%
13.00 - 13.99	67	0.28%	23670	99.20%	258	1.08%
12.00 - 12.99	58	0.24%	23728	99.44%	191	0.80%
11.00 - 11.99	20	0.08%	23748	99.53%	133	0.56%
10.00 - 10.99	38	0.16%	23786	99.69%	113	0.47%
9.00 - 9.99	35	0.15%	23821	99.83%	75	0.31%
8.00 - 8.99	9	0.04%	23830	99.87%	40	0.17%
7.00 - 7.99	12	0.05%	23842	99.92%	31	0.13%
6.00 - 6.99	6	0.03%	23848	99.95%	19	0.08%
5.00 - 5.99	2	0.01%	23850	99.95%	13	0.05%
4.00 - 4.99	4	0.02%	23854	99.97%	11	0.05%
3.00 - 3.99	3	0.01%	23857	99.98%	7	0.03%
2.00 - 2.99	0	0.00%	23857	99.98%	4	0.02%
1.00 - 1.99	0	0.00%	23857	99.98%	4	0.02%
0.00 - 0.99	4	0.02%	23861	100.00%	4	0.02%
缺考	1269					

103 年指定科目考試化學科成績人數累計表

分　　數	人　　數	百分比	自高分往低分累計		自低分往高分累計	
			累計人數	累計百分比	累計人數	累計百分比
100.00	32	0.13%	32	0.13%	24409	100.00%
99.00 - 99.99	16	0.07%	48	0.20%	24377	99.87%
98.00 - 98.99	42	0.17%	90	0.37%	24361	99.80%
97.00 - 97.99	80	0.33%	170	0.70%	24319	99.63%
96.00 - 96.99	70	0.29%	240	0.98%	24239	99.30%
95.00 - 95.99	104	0.43%	344	1.41%	24169	99.02%
94.00 - 94.99	133	0.54%	477	1.95%	24065	98.59%
93.00 - 93.99	139	0.57%	616	2.52%	23932	98.05%
92.00 - 92.99	180	0.74%	796	3.26%	23793	97.48%
91.00 - 91.99	180	0.74%	976	4.00%	23613	96.74%
90.00 - 90.99	229	0.94%	1205	4.94%	23433	96.00%
89.00 - 89.99	278	1.14%	1483	6.08%	23204	95.06%
88.00 - 88.99	224	0.92%	1707	6.99%	22926	93.92%
87.00 - 87.99	285	1.17%	1992	8.16%	22702	93.01%
86.00 - 86.99	280	1.15%	2272	9.31%	22417	91.84%
85.00 - 85.99	245	1.00%	2517	10.31%	22137	90.69%
84.00 - 84.99	293	1.20%	2810	11.51%	21892	89.69%
83.00 - 83.99	287	1.18%	3097	12.69%	21599	88.49%
82.00 - 82.99	262	1.07%	3359	13.76%	21312	87.31%
81.00 - 81.99	303	1.24%	3662	15.00%	21050	86.24%
80.00 - 80.99	318	1.30%	3980	16.31%	20747	85.00%
79.00 - 79.99	301	1.23%	4281	17.54%	20429	83.69%
78.00 - 78.99	357	1.46%	4638	19.00%	20128	82.46%
77.00 - 77.99	299	1.22%	4937	20.23%	19771	81.00%
76.00 - 76.99	341	1.40%	5278	21.62%	19472	79.77%
75.00 - 75.99	347	1.42%	5625	23.04%	19131	78.38%
74.00 - 74.99	348	1.43%	5973	24.47%	18784	76.96%
73.00 - 73.99	357	1.46%	6330	25.93%	18436	75.53%
72.00 - 72.99	358	1.47%	6688	27.40%	18079	74.07%
71.00 - 71.99	331	1.36%	7019	28.76%	17721	72.60%
70.00 - 70.99	335	1.37%	7354	30.13%	17390	71.24%
69.00 - 69.99	349	1.43%	7703	31.56%	17055	69.87%
68.00 - 68.99	353	1.45%	8056	33.00%	16706	68.44%
67.00 - 67.99	354	1.45%	8410	34.45%	16353	67.00%
66.00 - 66.99	333	1.36%	8743	35.82%	15999	65.55%
65.00 - 65.99	370	1.52%	9113	37.33%	15666	64.18%
64.00 - 64.99	349	1.43%	9462	38.76%	15296	62.67%
63.00 - 63.99	329	1.35%	9791	40.11%	14947	61.24%
62.00 - 62.99	364	1.49%	10155	41.60%	14618	59.89%
61.00 - 61.99	357	1.46%	10512	43.07%	14254	58.40%
60.00 - 60.99	393	1.61%	10905	44.68%	13897	56.93%
59.00 - 59.99	379	1.55%	11284	46.23%	13504	55.32%
58.00 - 58.99	338	1.38%	11622	47.61%	13125	53.77%
57.00 - 57.99	342	1.40%	11964	49.01%	12787	52.39%
56.00 - 56.99	392	1.61%	12356	50.62%	12445	50.99%
55.00 - 55.99	356	1.46%	12712	52.08%	12053	49.38%
54.00 - 54.99	357	1.46%	13069	53.54%	11697	47.92%
53.00 - 53.99	393	1.61%	13462	55.15%	11340	46.46%
52.00 - 52.99	360	1.47%	13822	56.63%	10947	44.85%

51.00 - 51.99	391	1.60%	14213	58.23%	10587	43.37%
50.00 - 50.99	346	1.42%	14559	59.65%	10196	41.77%
49.00 - 49.99	384	1.57%	14943	61.22%	9850	40.35%
48.00 - 48.99	364	1.49%	15307	62.71%	9466	38.78%
47.00 - 47.99	361	1.48%	15668	64.19%	9102	37.29%
46.00 - 46.99	366	1.50%	16034	65.69%	8741	35.81%
45.00 - 45.99	372	1.52%	16406	67.21%	8375	34.31%
44.00 - 44.99	350	1.43%	16756	68.65%	8003	32.79%
43.00 - 43.99	360	1.47%	17116	70.12%	7653	31.35%
42.00 - 42.99	363	1.49%	17479	71.61%	7293	29.88%
41.00 - 41.99	345	1.41%	17824	73.02%	6930	28.39%
40.00 - 40.99	372	1.52%	18196	74.55%	6585	26.98%
39.00 - 39.99	378	1.55%	18574	76.09%	6213	25.45%
38.00 - 38.99	352	1.44%	18926	77.54%	5835	23.91%
37.00 - 37.99	304	1.25%	19230	78.78%	5483	22.46%
36.00 - 36.99	334	1.37%	19564	80.15%	5179	21.22%
35.00 - 35.99	353	1.45%	19917	81.60%	4845	19.85%
34.00 - 34.99	335	1.37%	20252	82.97%	4492	18.40%
33.00 - 33.99	319	1.31%	20571	84.28%	4157	17.03%
32.00 - 32.99	315	1.29%	20886	85.57%	3838	15.72%
31.00 - 31.99	304	1.25%	21190	86.81%	3523	14.43%
30.00 - 30.99	289	1.18%	21479	88.00%	3219	13.19%
29.00 - 29.99	271	1.11%	21750	89.11%	2930	12.00%
28.00 - 28.99	287	1.18%	22037	90.28%	2659	10.89%
27.00 - 27.99	273	1.12%	22310	91.40%	2372	9.72%
26.00 - 26.99	233	0.95%	22543	92.36%	2099	8.60%
25.00 - 25.99	239	0.98%	22782	93.33%	1866	7.64%
24.00 - 24.99	229	0.94%	23011	94.27%	1627	6.67%
23.00 - 23.99	201	0.82%	23212	95.10%	1398	5.73%
22.00 - 22.99	192	0.79%	23404	95.88%	1197	4.90%
21.00 - 21.99	158	0.65%	23562	96.53%	1005	4.12%
20.00 - 20.99	153	0.63%	23715	97.16%	847	3.47%
19.00 - 19.99	122	0.50%	23837	97.66%	694	2.84%
18.00 - 18.99	99	0.41%	23936	98.06%	572	2.34%
17.00 - 17.99	88	0.36%	24024	98.42%	473	1.94%
16.00 - 16.99	94	0.39%	24118	98.81%	385	1.58%
15.00 - 15.99	58	0.24%	24176	99.05%	291	1.19%
14.00 - 14.99	55	0.23%	24231	99.27%	233	0.95%
13.00 - 13.99	48	0.20%	24279	99.47%	178	0.73%
12.00 - 12.99	37	0.15%	24316	99.62%	130	0.53%
11.00 - 11.99	24	0.10%	24340	99.72%	93	0.38%
10.00 - 10.99	33	0.14%	24373	99.85%	69	0.28%
9.00 - 9.99	11	0.05%	24384	99.90%	36	0.15%
8.00 - 8.99	7	0.03%	24391	99.93%	25	0.10%
7.00 - 7.99	6	0.02%	24397	99.95%	18	0.07%
6.00 - 6.99	6	0.02%	24403	99.98%	12	0.05%
5.00 - 5.99	1	0.00%	24404	99.98%	6	0.02%
4.00 - 4.99	2	0.01%	24406	99.99%	5	0.02%
3.00 - 3.99	1	0.00%	24407	99.99%	3	0.01%
2.00 - 2.99	0	0.00%	24407	99.99%	2	0.01%
1.00 - 1.99	0	0.00%	24407	99.99%	2	0.01%
0.00 - 0.99	2	0.01%	24409	100.00%	2	0.01%
缺考	1326					

103 年指定科目考試生物科成績人數累計表

分　　數	人　　數	百　分　比	自高分往低分累計		自低分往高分累計	
			累計人數	累計百分比	累計人數	累計百分比
100.00	0	0.00%	0	0.00%	16356	100.00%
99.00 - 99.99	2	0.01%	2	0.01%	16356	100.00%
98.00 - 98.99	5	0.03%	7	0.04%	16354	99.99%
97.00 - 97.99	19	0.12%	26	0.16%	16349	99.96%
96.00 - 96.99	37	0.23%	63	0.39%	16330	99.84%
95.00 - 95.99	76	0.46%	139	0.85%	16293	99.61%
94.00 - 94.99	90	0.55%	229	1.40%	16217	99.15%
93.00 - 93.99	106	0.65%	335	2.05%	16127	98.60%
92.00 - 92.99	141	0.86%	476	2.91%	16021	97.95%
91.00 - 91.99	166	1.01%	642	3.93%	15880	97.09%
90.00 - 90.99	220	1.35%	862	5.27%	15714	96.07%
89.00 - 89.99	230	1.41%	1092	6.68%	15494	94.73%
88.00 - 88.99	265	1.62%	1357	8.30%	15264	93.32%
87.00 - 87.99	262	1.60%	1619	9.90%	14999	91.70%
86.00 - 86.99	301	1.84%	1920	11.74%	14737	90.10%
85.00 - 85.99	304	1.86%	2224	13.60%	14436	88.26%
84.00 - 84.99	298	1.82%	2522	15.42%	14132	86.40%
83.00 - 83.99	279	1.71%	2801	17.13%	13834	84.58%
82.00 - 82.99	317	1.94%	3118	19.06%	13555	82.87%
81.00 - 81.99	306	1.87%	3424	20.93%	13238	80.94%
80.00 - 80.99	323	1.97%	3747	22.91%	12932	79.07%
79.00 - 79.99	269	1.64%	4016	24.55%	12609	77.09%
78.00 - 78.99	296	1.81%	4312	26.36%	12340	75.45%
77.00 - 77.99	332	2.03%	4644	28.39%	12044	73.64%
76.00 - 76.99	301	1.84%	4945	30.23%	11712	71.61%
75.00 - 75.99	263	1.61%	5208	31.84%	11411	69.77%
74.00 - 74.99	287	1.75%	5495	33.60%	11148	68.16%
73.00 - 73.99	286	1.75%	5781	35.34%	10861	66.40%
72.00 - 72.99	282	1.72%	6063	37.07%	10575	64.66%
71.00 - 71.99	287	1.75%	6350	38.82%	10293	62.93%
70.00 - 70.99	279	1.71%	6629	40.53%	10006	61.18%
69.00 - 69.99	258	1.58%	6887	42.11%	9727	59.47%
68.00 - 68.99	255	1.56%	7142	43.67%	9469	57.89%
67.00 - 67.99	249	1.52%	7391	45.19%	9214	56.33%
66.00 - 66.99	259	1.58%	7650	46.77%	8965	54.81%
65.00 - 65.99	237	1.45%	7887	48.22%	8706	53.23%
64.00 - 64.99	223	1.36%	8110	49.58%	8469	51.78%
63.00 - 63.99	252	1.54%	8362	51.12%	8246	50.42%
62.00 - 62.99	273	1.67%	8635	52.79%	7994	48.88%
61.00 - 61.99	244	1.49%	8879	54.29%	7721	47.21%
60.00 - 60.99	252	1.54%	9131	55.83%	7477	45.71%
59.00 - 59.99	226	1.38%	9357	57.21%	7225	44.17%
58.00 - 58.99	219	1.34%	9576	58.55%	6999	42.79%
57.00 - 57.99	217	1.33%	9793	59.87%	6780	41.45%
56.00 - 56.99	214	1.31%	10007	61.18%	6563	40.13%
55.00 - 55.99	223	1.36%	10230	62.55%	6349	38.82%
54.00 - 54.99	187	1.14%	10417	63.69%	6126	37.45%
53.00 - 53.99	237	1.45%	10654	65.14%	5939	36.31%
52.00 - 52.99	221	1.35%	10875	66.49%	5702	34.86%

51.00 - 51.99	200	1.22%	11075	67.71%	5481	33.51%
50.00 - 50.99	197	1.20%	11272	68.92%	5281	32.29%
49.00 - 49.99	214	1.31%	11486	70.22%	5084	31.08%
48.00 - 48.99	198	1.21%	11684	71.44%	4870	29.78%
47.00 - 47.99	213	1.30%	11897	72.74%	4672	28.56%
46.00 - 46.99	218	1.33%	12115	74.07%	4459	27.26%
45.00 - 45.99	194	1.19%	12309	75.26%	4241	25.93%
44.00 - 44.99	218	1.33%	12527	76.59%	4047	24.74%
43.00 - 43.99	212	1.30%	12739	77.89%	3829	23.41%
42.00 - 42.99	197	1.20%	12936	79.09%	3617	22.11%
41.00 - 41.99	245	1.50%	13181	80.59%	3420	20.91%
40.00 - 40.99	207	1.27%	13388	81.85%	3175	19.41%
39.00 - 39.99	232	1.42%	13620	83.27%	2968	18.15%
38.00 - 38.99	194	1.19%	13814	84.46%	2736	16.73%
37.00 - 37.99	209	1.28%	14023	85.74%	2542	15.54%
36.00 - 36.99	193	1.18%	14216	86.92%	2333	14.26%
35.00 - 35.99	190	1.16%	14406	88.08%	2140	13.08%
34.00 - 34.99	187	1.14%	14593	89.22%	1950	11.92%
33.00 - 33.99	169	1.03%	14762	90.25%	1763	10.78%
32.00 - 32.99	157	0.96%	14919	91.21%	1594	9.75%
31.00 - 31.99	160	0.98%	15079	92.19%	1437	8.79%
30.00 - 30.99	128	0.78%	15207	92.98%	1277	7.81%
29.00 - 29.99	139	0.85%	15346	93.82%	1149	7.02%
28.00 - 28.99	126	0.77%	15472	94.60%	1010	6.18%
27.00 - 27.99	135	0.83%	15607	95.42%	884	5.40%
26.00 - 26.99	101	0.62%	15708	96.04%	749	4.58%
25.00 - 25.99	88	0.54%	15796	96.58%	648	3.96%
24.00 - 24.99	74	0.45%	15870	97.03%	560	3.42%
23.00 - 23.99	85	0.52%	15955	97.55%	486	2.97%
22.00 - 22.99	68	0.42%	16023	97.96%	401	2.45%
21.00 - 21.99	77	0.47%	16100	98.43%	333	2.04%
20.00 - 20.99	42	0.26%	16142	98.69%	256	1.57%
19.00 - 19.99	47	0.29%	16189	98.98%	214	1.31%
18.00 - 18.99	41	0.25%	16230	99.23%	167	1.02%
17.00 - 17.99	32	0.20%	16262	99.43%	126	0.77%
16.00 - 16.99	26	0.16%	16288	99.58%	94	0.57%
15.00 - 15.99	20	0.12%	16308	99.71%	68	0.42%
14.00 - 14.99	16	0.10%	16324	99.80%	48	0.29%
13.00 - 13.99	7	0.04%	16331	99.85%	32	0.20%
12.00 - 12.99	5	0.03%	16336	99.88%	25	0.15%
11.00 - 11.99	10	0.06%	16346	99.94%	20	0.12%
10.00 - 10.99	2	0.01%	16348	99.95%	10	0.06%
9.00 - 9.99	2	0.01%	16350	99.96%	8	0.05%
8.00 - 8.99	1	0.01%	16351	99.97%	6	0.04%
7.00 - 7.99	1	0.01%	16352	99.98%	5	0.03%
6.00 - 6.99	1	0.01%	16353	99.98%	4	0.02%
5.00 - 5.99	0	0.00%	16353	99.98%	3	0.02%
4.00 - 4.99	0	0.00%	16353	99.98%	3	0.02%
3.00 - 3.99	0	0.00%	16353	99.98%	3	0.02%
2.00 - 2.99	0	0.00%	16353	99.98%	3	0.02%
1.00 - 1.99	1	0.01%	16354	99.99%	3	0.02%
0.00 - 0.99	2	0.01%	16356	100.00%	2	0.01%
缺考	1358					

103 年指定科目考試國文科成績人數累計表

分　　數	人　　數	百 分 比	自高分往低分累計 累計人數	累計百分比	自低分往高分累計 累計人數	累計百分比
100.00	0	0.00%	0	0.00%	58991	100.00%
99.00 - 99.99	0	0.00%	0	0.00%	58991	100.00%
98.00 - 98.99	0	0.00%	0	0.00%	58991	100.00%
97.00 - 97.99	0	0.00%	0	0.00%	58991	100.00%
96.00 - 96.99	0	0.00%	0	0.00%	58991	100.00%
95.00 - 95.99	0	0.00%	0	0.00%	58991	100.00%
94.00 - 94.99	0	0.00%	0	0.00%	58991	100.00%
93.00 - 93.99	0	0.00%	0	0.00%	58991	100.00%
92.00 - 92.99	0	0.00%	0	0.00%	58991	100.00%
91.00 - 91.99	0	0.00%	0	0.00%	58991	100.00%
90.00 - 90.99	1	0.00%	1	0.00%	58991	100.00%
89.00 - 89.99	2	0.00%	3	0.01%	58990	100.00%
88.00 - 88.99	1	0.00%	4	0.01%	58988	99.99%
87.00 - 87.99	4	0.01%	8	0.01%	58987	99.99%
86.00 - 86.99	8	0.01%	16	0.03%	58983	99.99%
85.00 - 85.99	8	0.01%	24	0.04%	58975	99.97%
84.00 - 84.99	22	0.04%	46	0.08%	58967	99.96%
83.00 - 83.99	42	0.07%	88	0.15%	58945	99.92%
82.00 - 82.99	54	0.09%	142	0.24%	58903	99.85%
81.00 - 81.99	96	0.16%	238	0.40%	58849	99.76%
80.00 - 80.99	121	0.21%	359	0.61%	58753	99.60%
79.00 - 79.99	177	0.30%	536	0.91%	58632	99.39%
78.00 - 78.99	252	0.43%	788	1.34%	58455	99.09%
77.00 - 77.99	296	0.50%	1084	1.84%	58203	98.66%
76.00 - 76.99	373	0.63%	1457	2.47%	57907	98.16%
75.00 - 75.99	505	0.86%	1962	3.33%	57534	97.53%
74.00 - 74.99	623	1.06%	2585	4.38%	57029	96.67%
73.00 - 73.99	720	1.22%	3305	5.60%	56406	95.62%
72.00 - 72.99	832	1.41%	4137	7.01%	55686	94.40%
71.00 - 71.99	928	1.57%	5065	8.59%	54854	92.99%
70.00 - 70.99	1187	2.01%	6252	10.60%	53926	91.41%
69.00 - 69.99	1254	2.13%	7506	12.72%	52739	89.40%
68.00 - 68.99	1400	2.37%	8906	15.10%	51485	87.28%
67.00 - 67.99	1598	2.71%	10504	17.81%	50085	84.90%
66.00 - 66.99	1645	2.79%	12149	20.59%	48487	82.19%
65.00 - 65.99	1777	3.01%	13926	23.61%	46842	79.41%
64.00 - 64.99	1947	3.30%	15873	26.91%	45065	76.39%
63.00 - 63.99	1931	3.27%	17804	30.18%	43118	73.09%
62.00 - 62.99	1957	3.32%	19761	33.50%	41187	69.82%
61.00 - 61.99	2039	3.46%	21800	36.95%	39230	66.50%
60.00 - 60.99	2069	3.51%	23869	40.46%	37191	63.05%
59.00 - 59.99	2075	3.52%	25944	43.98%	35122	59.54%
58.00 - 58.99	2157	3.66%	28101	47.64%	33047	56.02%
57.00 - 57.99	2080	3.53%	30181	51.16%	30890	52.36%
56.00 - 56.99	2015	3.42%	32196	54.58%	28810	48.84%
55.00 - 55.99	2008	3.40%	34204	57.98%	26795	45.42%
54.00 - 54.99	1956	3.32%	36160	61.30%	24787	42.02%
53.00 - 53.99	1882	3.19%	38042	64.49%	22831	38.70%
52.00 - 52.99	1770	3.00%	39812	67.49%	20949	35.51%

51.00 - 51.99	1700	2.88%	41512	70.37%	19179	32.51%
50.00 - 50.99	1577	2.67%	43089	73.04%	17479	29.63%
49.00 - 49.99	1551	2.63%	44640	75.67%	15902	26.96%
48.00 - 48.99	1409	2.39%	46049	78.06%	14351	24.33%
47.00 - 47.99	1322	2.24%	47371	80.30%	12942	21.94%
46.00 - 46.99	1196	2.03%	48567	82.33%	11620	19.70%
45.00 - 45.99	1167	1.98%	49734	84.31%	10424	17.67%
44.00 - 44.99	1040	1.76%	50774	86.07%	9257	15.69%
43.00 - 43.99	962	1.63%	51736	87.70%	8217	13.93%
42.00 - 42.99	841	1.43%	52577	89.13%	7255	12.30%
41.00 - 41.99	795	1.35%	53372	90.47%	6414	10.87%
40.00 - 40.99	663	1.12%	54035	91.60%	5619	9.53%
39.00 - 39.99	626	1.06%	54661	92.66%	4956	8.40%
38.00 - 38.99	545	0.92%	55206	93.58%	4330	7.34%
37.00 - 37.99	481	0.82%	55687	94.40%	3785	6.42%
36.00 - 36.99	439	0.74%	56126	95.14%	3304	5.60%
35.00 - 35.99	380	0.64%	56506	95.79%	2865	4.86%
34.00 - 34.99	337	0.57%	56843	96.36%	2485	4.21%
33.00 - 33.99	294	0.50%	57137	96.86%	2148	3.64%
32.00 - 32.99	249	0.42%	57386	97.28%	1854	3.14%
31.00 - 31.99	203	0.34%	57589	97.62%	1605	2.72%
30.00 - 30.99	237	0.40%	57826	98.03%	1402	2.38%
29.00 - 29.99	173	0.29%	57999	98.32%	1165	1.97%
28.00 - 28.99	125	0.21%	58124	98.53%	992	1.68%
27.00 - 27.99	131	0.22%	58255	98.75%	867	1.47%
26.00 - 26.99	102	0.17%	58357	98.93%	736	1.25%
25.00 - 25.99	96	0.16%	58453	99.09%	634	1.07%
24.00 - 24.99	74	0.13%	58527	99.21%	538	0.91%
23.00 - 23.99	82	0.14%	58609	99.35%	464	0.79%
22.00 - 22.99	66	0.11%	58675	99.46%	382	0.65%
21.00 - 21.99	49	0.08%	58724	99.55%	316	0.54%
20.00 - 20.99	49	0.08%	58773	99.63%	267	0.45%
19.00 - 19.99	41	0.07%	58814	99.70%	218	0.37%
18.00 - 18.99	29	0.05%	58843	99.75%	177	0.30%
17.00 - 17.99	28	0.05%	58871	99.80%	148	0.25%
16.00 - 16.99	20	0.03%	58891	99.83%	120	0.20%
15.00 - 15.99	14	0.02%	58905	99.85%	100	0.17%
14.00 - 14.99	13	0.02%	58918	99.88%	86	0.15%
13.00 - 13.99	13	0.02%	58931	99.90%	73	0.12%
12.00 - 12.99	12	0.02%	58943	99.92%	60	0.10%
11.00 - 11.99	10	0.02%	58953	99.94%	48	0.08%
10.00 - 10.99	9	0.02%	58962	99.95%	38	0.06%
9.00 - 9.99	8	0.01%	58970	99.96%	29	0.05%
8.00 - 8.99	5	0.01%	58975	99.97%	21	0.04%
7.00 - 7.99	6	0.01%	58981	99.98%	16	0.03%
6.00 - 6.99	2	0.00%	58983	99.99%	10	0.02%
5.00 - 5.99	1	0.00%	58984	99.99%	8	0.01%
4.00 - 4.99	1	0.00%	58985	99.99%	7	0.01%
3.00 - 3.99	1	0.00%	58986	99.99%	6	0.01%
2.00 - 2.99	1	0.00%	58987	99.99%	5	0.01%
1.00 - 1.99	0	0.00%	58987	99.99%	4	0.01%
0.00 - 0.99	4	0.01%	58991	100.00%	4	0.01%
缺考	2997